KB260328

민중신학과 예술

죽재서남동목사 탄생100주년기념논문집
민중신학과 예술

2018년 12월 1일 초판 1쇄 인쇄
2018년 12월 4일 초판 1쇄 발행

지은이 | 권진관, 김봉준, 김종수, 김희헌, 박혜경, 손호현, 이영재, 최만자, 최순양, 한기양,
        Volker Küster
엮은이 | 죽재서남동기념사업회
펴낸이 | 김영호
펴낸곳 | 도서출판 동연
등 록 | 제1-1383호(1992. 6. 12)
주 소 | 서울시 마포구 월드컵로 163-3
전 화 | (02)335-2630
전 송 | (02)335-2640
이메일 | yh4321@gmail.com

ISBN 978-89-6447-478-5   93200

이 책은 연세대학교 신과대학의 후원으로 출판되었습니다.

민중신학과 예술

죽재서남동기념사업회 **엮음** | 권진관 · 김봉준 외 9명 **함께 씀**

동연

竹齋 徐南同 牧師 연보

(1918.7.5~1984.7.19)

1918. 7.	전라남도 신안 출생
1936. 3.	전주 신흥고등학교 졸업
1941. 3.	일본 동지사대학 문학부 신학과 졸업(문학사)
1956. 5.	캐나다 임마누엘신학교 졸업(신학사)
1957. 5.	캐나다 임마누엘신학교 대학원 졸업(신학석사)
1943. 1.~1952. 8.	대구제일교회, 범어교회, 동문교회 담임목사
1952. 9.~1962. 12.	한국신학대학교 교수
1961. 9.~1975. 6.	연세대학교 신과대학 신학과 교수(교양학부부장, 신과대학장, 교목실장, 연합신학대학원장 역임)
1974.	한국기독자교수협의회 초대 회장
1976. 3.~1977. 12.	<3.1민주구국선언> 사건으로 입건(22개월 수감)
1978. 2.~1984. 7.	한국기독교장로회 총회교육원 2대 원장
1980. 5.	<김대중내란음모> 사건에 연루되어 5개월 수감
1984. 5.	빅토리아신학교 명예신학박사
1984. 7. 19.	오후 2시 45분 소천 (병상에서 장공 김재준 목사로부터 아호 '竹齋'를 받음)
주요논문	그리스도론적 무신론(65년), 현재적 그리스도(67년), 자연에 관한 신학/생태학적 윤리를 지향하며(72년), 예수·교회사·한국교회(75년), 성령의 제3시대(79년), 오늘의 과학정신을 말한다(78년), 두 이야기의 합류(79년), 한의 사제(79년), 한의 형상화와 그 신학적 성찰(79년), 민중은 누구인가(80년), 민담의 신학-반신학(83년), 빈곤의 사회학과 빈곤의 신학(83년), 문화신학-민중신학/세계의 생명과 그리스도(83년)
저서	전환시대의 신학(1975년) 민중과 한국신학(1979년) 민중신학의 탐구(1984년) 민중신학의 탐구(개정증보판, 2018년)

올해는 고 죽재 서남동 목사님 탄생 백주년이 되는 해입니다. 이제 백주년을 마감하는 즈음에『민중신학과 예술』을 출간하게 되었습니다. 올해 죽재 선생님을 사랑하는 많은 이들이 힘을 모아 참 뜻 깊은 일들을 해냈습니다. 2월 초에는 죽재 선생님 탄생 백주년 기념사업회가 결성되었습니다. 죽재 선생님과 가까이 지내셨던 김상근, 최만자, 김용복 선생님이 공동대표를 맡아주시고 고문으로 서광선 선생님 등이 맡아주셨습니다. 특히 서대문의 한국기독교장로회(기장) 선교교육원 동문들이 이 기념사업에 적극적으로 참여해 주었을 뿐 아니라, 물심양면으로 도왔습니다.

처음 사업으로 올 2월 20일에 "민중신학과 민중예술"이라는 주제로 작은 심포지엄을 했습니다. 거기에서 발표된 논문과 논찬들이 이 책에 실려 있습니다. 그리고 이 심포지엄의 주제가 이 책의 제목이 되었습니다. 작년에 죽재 선생님이 10대 시기에 다니셨던 전주 신흥고등학교에서 신흥을 빛낸 인물로 선정되었고, 올해 5월 24일에는 신흥고등학교의 백주년기념관을 서남동홀로 명명하는 행사를 가졌습니다. 신흥학교와 신흥학교 동문들의 도움이 컸습니다. 이뿐 아니라, 기장 총회에서는 죽재를 비롯하여 문익환, 장준하 탄생 백주년 행사를 열어주었습니다. 기장 총회는 죽재의 대표적인 저술인『민중신학의 탐구』를 재출간하는데 크게 도와주었고, 여기에 민주화운동 기념사업회도 일조했습니다.

7월 16-17 양일간은 매년 했던 대로 선교교육원 동문들 중심으로 전남 광주에 모였습니다. 17일에는 국립 5·18 민주묘지에서 국가 의례에 따라서 먼저 영령들 특히 죽재의 영령을 위해서 꽃을 바쳤습니다. 그리고 모셔진 묘를 찾아 예배드리고, 추모시도 낭독하고, 큰 절을 올렸습니다. 죽재의 후배이신 서광선 선생님의 설교를 감명 깊게 들었습니다. 16일 오후에는 광주 YMCA 무진관에서 추모예배를 드리고 '민중교회와 민중신학'이라는 주제로 심포지움을 했는데, 그 내용도 이 책에 게재되어 있습니다. 이어서 문화제를 했는데 참으로 뜻깊은 시간이었습니다. 남도의 한이 깃들어 있는 음악, 장구와 북, 기타의 음 위에서 부르는 남도의 노래를 들으며 죽재의 한의 신학을 정서로 공감했습니다. 민중의 한을 그렇게 많이 말씀하고 쓰신 죽재가 남도 신안에서 태어나서 자란 분이었고, 그의 신학 안에 남도의 정서가 깃들어 있음을 확인할 수 있었습니다.

가을로 접어들어 우리는 나름 야심찬 계획을 실행했습니다. 그것은 민중신학과 민중예술의 합류를 위한 미술전시회의 개최(8월 27일 ~9월 4일)였습니다. 처음부터 민중 미술전시회는 불가능할 수도 있겠다는 의심을 가지고 있었습니다. 그런데 비록 깎이기는 했지만 문체부에서 재정적인 지원을 해 주었고, 연세대 신과대학에서 적극적으로 호스트해 주어서 연세대 백주년기념관에서 제법 성대하게 민중미술전을 개최할 수 있었습니다. '민중미술과 영성: 신학과 미술, 두 이야기의 합류'라는 주제로 연 전시회에는 가장 활발하게 활동하고 있는 민중화가 김봉준, 박은태, 이윤엽, 임의진, 최병수 등 다섯 분의 백여 점의 작품이 전시되었고 꽤 많은 분들이 와서 관람했습니다. 이 전시회를 죽재를 기억하는 신학동인들과 미술동인들이 함께 하여 개최할 수 있었다는 것이 큰 성과였습니다.

미술전시회를 마치고 9월 10일에 기념사업회는 연세대 신과대학과 공동으로 죽재 탄생 백주년기념 학술제를 개최하였습니다. 그때 발표되었던 논문들도 이 책에 포함되어 있습니다. 이 학술제는 죽재가 교수와 학장으로 봉직했던 연세대 신과대학의 적극적인 지원이 없었다면 할 수 없었을 것입니다. 이 모든 일로 연세대 신과대학에 감사의 마음을 갖고 있습니다.

지난 한 해를 돌이켜 보면 어느 한 곳도 하느님의 은총의 손길이 닿지 않은 곳이 없었습니다. 필요한 재정도 부족하지 않게 마련해 주셨습니다. '여호와 이레'입니다. 모든 것을 하느님께서 준비해 주셨습니다. 열심을 낸 동지들도 충분히 있었습니다. 모든 일이 합하여 선을 이루었습니다. 이 모든 것을 감사합니다. 우리는 최선을 다하지만 하느님이 이루신다는 것을 올 한 해 동안 경험했습니다. 앞으로의 과제도 많습니다. 아직은 계획 단계이지만 죽재가 타계할 때까지 봉직했던 기장 선교교육원의 담 벽화 작업이 있고, 죽재의 민중신학을 좀 더 체계 있게 정리하고 발전시키는 작업도 있고, 그의 신학 작품을 영문화하는 작업도 있습니다. 이 모든 일들은 열심을 내는 주체들이 있는 한 가능할 것입니다.

죽재의 아호는 장공이 죽재의 마지막 병상에 헌정한 것입니다. 서남동 선생이 죽재라고 불려본 적이 살아생전에는 없었습니다. 그만큼 그는 황망히 우리를 떠나셨습니다. 신학이라는 것이 한 사람의 천재가 이루어 놓는 것이 아니라, 함께 이루는 것이라고 할 때, 그만큼 하나의 창조적인 신학은 잉태되기가 어렵고 시간도 오래 걸린다는 얘기입니다. 오늘의 현실은 죽재 선생이 잊혀 가고 있고, 신학계와 교회는 그의 신학을 박물관에다가 가두어 두려 하고 있습니다. 물론 그의 신학사상이 완벽한 것이라고 할 수는 없습니다마는 적어도 그는 우리 시대에 필요한 화두를 던져놓았습니다. 우리는 이것을

지나칠 수 없는 것입니다. 그의 신학을 반복해서는 안 되겠지만 그가
남겨놓은 작업은 이어가야 하고 화두는 계속 풀어가야 합니다. 주지
하는 대로 그의 화두는 이야기와 사회(과학)적 분석입니다. 특히 후
자는 신학적 개념이 사회경제적인 문제 해결과 직결될 수 있어야 한
다는 화두였습니다. 사회현실과 동떨어진 신학적 개념은 현재의 질
서를 강화해 주는 역할 밖에 할 수 없다는 것입니다. 그러한 개념은
민중을 억압하는 쪽으로 작용한다는 것입니다. 오늘의 한국 신학계
의 모습에 대한 큰 경종이라 아니할 수 없습니다.

2018년 11월 20일
죽재 선생의 선교교육원 제자들과 기념사업회를 대신하여
권진관 올림

2018년은 한국의 대표적인 토착신학인 '민중신학'의 싹을 틔우고 꽃피우는 과정 중에 주도적인 역할을 하셨던 서남동 교수님의 탄생 100주년을 기념하는 해입니다. 연세대학교 제10대 신과대학장과 제2대 연합신학대학원장을 역임하셨던 죽재 서남동 교수님을 기억하면서, 연세대학교가 <죽재서남동목사 탄생백주년기념사업회>와 함께 기념학술심포지엄과 문화예술제를 개최하게 되었던 것을 매우 기쁘게 생각합니다.

한국 신학의 맥과 역사를 정리하면서 유동식 교수님은 '서구 신학의 안테나'라는 서남동 교수님의 별명을 언급하셨습니다. 당시 한국 신학계에서 서구에서 일어나는 신학적 담론을 가장 먼저 습득하고 전달하는 학자였다는 의미였을 텐데, 후대 신학도들에게 서 교수님의 학문 세계는 그 별명만으로는 결코 다 담아낼 수 없을 것입니다. 누가 뭐래도 서남동 교수님은 서구 신학계에 제일 먼저 자신의 이름을 최초로 널리 알린 가장 독창적인 한국 신학자였기 때문입니다.

100주년 기념행사를 준비하던 중 저는 당시 서남동 교수님의 수업을 수강하셨던 목회자로부터 또 다른 별명 하나를 전해 들었습니다. 그것은 다름 아닌 '보자기' 선생님! 평소에 책을 보자기에 싸가지고 다니시던 습관이 있으셨다고 합니다. 보자기도 죽재 선생님의 삶과 학문을 잘 드러내는 별명이 아닐까 싶습니다. 그의 학문과 삶은 분리되지 않았으며, 학문에서 전개된 두 이야기의 합류, 성서와 민담을 한 보자기에 넣고 새로운 실천을 위한 자신만의 방법론을 만들어내셨기 때문입니다.

아시아계 성서학자 Kwok Pui-lan은 일찍이 비서구신학, 특히 아시아, 아프리카, 남미의 신학적 해석학의 방법론을 "Dialogical Imagination"(대화를 위한 상상)이라고 소개하면서, 그 전형적인 예로 민중신학자 서남동 교수님의 방법론을 제시한 적이 있습니다. 성서와 민담, 기독교 교리와 민간신앙, 신학교와 교회, 교실과 일터, 학문과 예술, 남성과 여성 등 그분의 방법론은 늘 대화가 목적이었고, 결국 의미 있는 통합을 일구어내셨습니다.

특히나 통섭과 융복합을 노래하는 오늘날의 학문 현실에서 선각자 서남동 교수님의 방법론은 여전히 우리 시대를 관통하는 빛을 발하고 있다고 믿습니다. 여기 서남동 탄생 100주년 기념 논문집에 모아진 학문적인 결실도 이런 죽재 선생님의 특별한 통합의 통찰과 합류의 설득력을 이어가는 후속 작업이 되리라고 믿습니다. 귀한 연구를 진행하시고 본 논문집을 완성도 있게 만들어 주신 여러 교수님들과 연구자 모든 분들께 머리 숙여 감사드립니다.

한국적인 신학의 뿌리를 더듬어 보고 미래의 창의적인 결실을 꿈꾸며 나아가는 모든 신학도와 민중의 마음을 헤아리려는 목회자들, 그리고 사회 곳곳을 향한 성찰적인 실천에 동참하는 모든 그리스도인들을 위해 마음 깊이 추천의 말씀을 드립니다.

권수영
(연세대학교 신과대학장 겸 연합신학대학원장)

차 례

1 장

죽재 서남동의 민중신학과
한국여성신학의 만남의 가능성에 대하여

최만자

(전 여성신학회 회장)

I. 들어가면서

서남동 목사님 탄생 100주년을 맞아 그 기념사업회가 드디어 후학들의 글을 모아 책을 출판하기에 이르렀다. 목사님이 세상 떠나신 지도 벌써 34년의 세월이 흘렀으니 세상은 물론 신학 담론들에도 많은 변화가 있었음을 보게 된다. 특히 여성신학의 출현과 전개는 목사님 떠나신 후 발전 확장되었기에 죽재신학에서 여성신학의 자리는 찾기 어렵다. 한국여성신학은 1980년 한국여신학자협의회 창립이후 발전하여 왔는데 필자는 죽재의 민중신학이 여성신학적 관점과는 연결되지 않았다는 아쉬움을 늘 가졌다. 그러다 1992년 죽재의 7주기 추모를 기념하여 한국신학연구소에서 펴낸 죽재 서남동 목사 기념

논문집에 '죽재의 두 이야기의 합류의 여성신학적 적용'이란 논문을 쓰게 되면서 두 신학의 연결을 시도한 바 있다. 그 책에는 필자와 함께 김윤옥의 '서남동의 생태학적 여성신학'과 이현숙의 '분단 후 민중여성의 고난과 한국교회 여성운동'이라는 두 글이 실리게 되어 '서남동과 여성신학'과의 연관성을 찾으려는 여성신학적 노력이 있었지만 그 이후 더 진전되지 못하였고 한국여성신학자들은 한국 민중신학이 가부장적 이데올로기에 대한 비판을 간과하고 있다는 점을 계속 비판적으로 지적해 왔음이 사실이다.

그럼에도 불구하고 필자는 죽재의 민중신학이 여성신학과 만날 수 있는 몇 지점들이 있다고 생각하며 이를 찾아볼 필요성을 느꼈다. 이 두 신학의 만남을 시도해 보는 것은 한국 민중신학과 한국여성신학 모두의 신학의 근본정신을 재확인하게 될 뿐 아니라 이를 오늘의 상황에서 더 발전시켜 나아갈 방향과 주제를 확립하는데 큰 도움이 되리라 생각하기 때문이며 앞으로 두 신학이 지속적인 대화를 이루어 나갈 출발점이 될 수 있으리라 기대해 본다. 본 글에서 필자는 두 신학이 만날 수 있는 몇 지점을 중심으로 내용을 전개해 나가고자 한다.

II. 급진적(radical) 신학의 입장: 서남동의 신학과 여성신학

1. 죽재신학의 급진성 - 민중 주제

죽재는 한국 신학계에서 신학의 안테나로 불릴 정도로 세계 신학의 흐름을 가장 먼저 한국 신학계에 알리면서 한국 신학의 지평을 넓힌 선구적 신학자임은 널리 알려진 바이다. 김경재는 서남동의 신학 형성에 영향을 끼친 네 가지 요소를 1) 실존주의 신학사상 2) 세속화 신학사상 3) 과학신학사상 4)정치신학사상으로 본다.[1] 그의 신학이 1970년대 과학신학사상(떼야르 샤르댕)의 영향으로 열정을 쏟던 중 1970년대 독재정권과 경제개발 자본 논리에 착취, 억압당하던 한국노동자들의 억압경험에 눈 뜨면서 그의 신학은 정치신학사상으로 집중되었다. 그의 신학은 한국 민중신학으로 채워졌고 복음의 본질과 교회의 사명을 민중신학으로 새롭게 제시하였다. 새로운 신학적 관점으로 급격히 전환하는 죽재의 신학을 김경재는 '레디칼 신학'이라 이름 하였다. 이는 새롭게 대두된 신학이 언제나 기존 사고의 뿌리부터 재검토하여 급진적 논리로 발전시킨다고 보기 때문이다.

민중신학을 시작한 죽재의 모든 신학적 관점은 급격히 전환되었고 모든 신학의 출발이 민중의 현실로부터 시작되어야 한다고 주장한다. 민중의 현실로부터 출발함의 의미는 신학적 성찰의 근거가 성서나 교회전통 자체에 한정되지 않고 지금 이 역사 한복판에서 살아 움직이고 있는 민중들의 해방실천에 있다는 것이다. 그것은 복음 자체가 민중을 위한 것이라고 보기 때문이다. 예수는 무조건 가난한 자, 눌린 자, 당시 로마의 식민지인 유대땅의 '암하아레쯔'와 자기를 동일화했다. 그는 "복음은 원래 가난한 자들의 복음이었던 것이 부자들의 복음으로 변해버렸다…"라고 한탄했고 신학의 주제와 중심은 민중이고 민중의 해방임을 주창한다. 그러므로 교회는 민중의 종교로 복귀하여 복음의 본질을 회복해야 한다는 것이다. 이 점이 다음 시대의 교회와 교회사의 규범이라고 말한다.[2] 그에게는 민중의 해방

---

1 김경재, "죽재 서남동의 신학사상,"「신학사상」 1984년 가을호, 487-493; 김윤옥, "서남동의 생태신학과 생태학적 여성신학,"「여성 평화」, 170에서 재인용.

2 서남동, 『민중신학의 탐구』, 20.

없이 복음은 없고 민중을 위한 복음을 전하지 않는 교회는 교회가 아니었다. 이렇게 민중 주제를 중심한 죽재의 신학은 이전의 신학과 교회 전통에 대한 급진적 전환을 요구하고 있다.

2. 한국여성신학의 비판적 급진성 -여성의 경험에서 출발한다

한국여신학자협의회는 1980년에 출발하였고 죽재는 1984년 소천하시어 한국여성신학의 면모를 살피기에는 부족한 시간이었다. 그런데 죽재는 그의 어느 글에서 여성신학에 대하여 기독교의 뿌리부터 흔들어 새롭게 형성하려는 신학이라 하면서 여성신학의 급진성을 갈파하고 있다. 아마도 여성신학을 짧게 접했던 것으로 짐작되는데 그럼에도 여성신학이 레디칼한 신학이고 이를 통해 현재의 기독교가 새로워질 수 있으리라 기대하셨던 것으로 생각된다.

죽재의 신학만큼 아니 더 이상으로 여성신학은 급진적, 비판적 신학이다. 여성신학은 지금까지 기독교 전통이 남성중심적으로 이루어져 오면서 여성의 경험은 교회와 신학 안에서 배제되고 간과되고 왜곡되고 사라져버리기도 했다고 지적한다. 따라서 모든 교회전통과 신학은 여성의 경험과 관점에서 다시 해석되고 수정되고 재정립되어야 한다는 것이다. 페미니즘은 성 차별과 여성 억압현실을 초래한 인류문명에 대한 '문명비판' 운동이므로 여성신학은 기독교의 가부장적 문명에 대한 비판신학이 될 수밖에 없다. 교회내의 성 차별을 인식한 교회 여성들은 성서가 가부장적 이데올로기의 산물임을 인정해야 한다고 주장한다. 따라서 성서에 나타나는 여성비하적, 여성차별적, 여성혐오적 여성관은 수정, 재해석 되어야 하며, 남녀관계의 설정도 비판적으로 숙고되어야 한다는 것을 밝힌다. 그러므로 기독교의 모든 신학과 전통은 여성의 눈으로 다시 보아야 하기에 남성중심적 기독교 상징이 여성의 영성을 남성에 대한 예속적 상태로 만들었고 기독교를 남성중심적 종교로 강화시켰음을 지적하고 하나님 상징의 재상징화를 주창한다. 그리고 성서해석, 교회전통과 역사와 관습 등에 대해서도 비판적 성찰을 요구한다. 예를 들면 휘오렌자는 가부장적 산물인 성서를 '성서는 가부장적 산물이다'라고 말하는 '선포의 해석학', 성서의 모든 기록에 가부장적 여성억압적 기록과 해석을 찾는 '의심의 해석학' 성서에 있는 여성억압과 폭력의 이야기들을 지금의 시대로 기억해 내어 다시 이야기 하는 '회상의 해석학' 그리고 성서 기록 너머에 있는 여성의 소리와 삶을 창조적으로 상상해서 확장하는 '창조적 상상력의 해석학' 등을 발전시켜 성서를 새롭게 읽고 해석하기를 제시한다.[3] 죽재의 표현대로 여성신학은 기독교의 뿌리부터 비판적으로 성찰하여 새로운 기독교 역사를 재건하려는 레디칼한 신학이다.

이렇게 죽재의 신학은 민중 주제를 새롭게 회복하여 이 시대에 진정한 예수의 복음을 선포하고 억눌린 민중해방의 복음을 찾으려 했고, 여성신학은 배제되고 간과되고 왜곡된 여성의 경험을 살려 기독교의 가부장적 우상들을 걷어내고 교회와 사회에서 가장 차별받고 억눌린 여성들의 해방의 복음을 회복하여 교회와 사회를 평등하고 자유롭고 온전한 세상으로 만들고자 하는 레디칼한 신학이기에 두 신학은 이 지점에서 공통되고 확실한 만남을 가질 수 있다.

---

3 Elizabeth Shuessler Fiorenza/김윤옥 역, 『돌이 아니라 빵을』(Bread Not Stone).

III. 성서의 민중전통과 한국 민중 전통의 만남 – 죽재의 두 이야기의 합류 그리고 여성신학적 비판과 재고

1. 죽재의 두 이야기의 합류

1) 민중전통 찾기

죽재의 민중신학에서 주제는 단연 '민중'이다. 죽재는 성서의 민중전통을 찾아 기독교 복음의 정수를 세우려 한다. 그리고 동시에 교회사와 한국역사에서 나타나는 민중운동사를 찾아 성서의 전통과 연결하고 두 민중 전통이 복음으로 합류된다는 사실을 밝히는데 심혈을 기우렸다. 이것이 그의 '두 이야기의 합류'의 논지이다. 죽재는 성서의 민중운동 전통을 구약에서는 출애굽사건과 원 이스라엘 공동체로 그리고 신약성서에서는 십자가 사건과 예수의 갈릴리 선교활동 그리고 십자가와 부활까지를 포함한다. [4]그리고 교회사적 전거로는 천년왕국 운동을 꼽고, 한국 민중운동사[5]에서는 역사의 주체를 민중으로 하여 통사적으로 관찰하면서 고구려 봉상왕 때의 민중 봉기로부터 시작하여 오늘의 인권운동까지를 관통하고 있다고 한다. [6] 이렇게 성서를 민중의 관점과 동시에 우리 삶의 현장의 관점으로 새롭게 읽으셨고 그래서 '민중적' '한국적' 신학을 전개하였다. 죽재는 특히 '두이야기의 합류'라는 성서읽기 방식을 통해 예수사건의 민중전통

---

4 서남동, 『민중신학의 탐구』, 50-55.

5 죽재는 한국사를 읽음에 있어 역사를 아래로부터 보는 이기백의 『한국사 신론』을 주목할 것을 권한다.

6 서남동, 앞의 책, 67-69.

과 전봉준의 혁명인 한국의 민중전통이 공시적으로 합류된다고 생각했고 죽재는 선교교육원 원장 재직 시에 집무 책상 맞은편 벽에 전봉준 선생 사진만 걸어 놓았다는 후담이 있다. 그런데 죽재는 당시 김지하의 영향을 많이 받았다. 그는 성서전통과 한국사 전통의 구체적인 합류의 사례로 김지하의 담시 '장일담'을 제시한다. 물론 한 서술에 불과함을 전제하고 있다. 장일담은 노동자, 농민보다 더 밑바닥의 인류상실자로까지 내려간 메시아이며, 모든 것의 통합을 이루되 '단'의 행위를 통해 한풀이를 에네르기화한다고 말한다. 그리고 그 가능성은 한의 사제역할에서 가능하다는[7] 요지의 '합류' 메시아상을 제시해 본다.

2) 민중의 한

그런데 죽재의 민중이해는 민중을 대자적 실체와 즉자적 실체라는 두 측면을 함께 본다. 대자적 측면은 민중이 자기 운명결정의 주체로 성장해 나간 모습이며 위의 통사는 바로 그 대자적 측면에 해당한다. 그러나 다른 하나의 민중은 즉자적 실체로서 민중의 혼이 부각되는 민중의 내면적 정체성을 말하는데 이 즉자적 정체성을 '민중의 한'으로 규정하였다. 민중신학자들이 민중의 고난을 신학의 출발점으로 삼으면서 깨달은 것이 '민중의 한'이다.

죽재의 한에 대한 주장은 민중이 구체적인 현실관계들에서 정치적으로는 억눌리는 자들로, 경제적으로는 수탈당하는 자들로, 사회적으로는 권리를 박탈당하는 자들로, 문화적으로는 아이덴티티를 상실하고 있거나 왜곡당한 자들로 나타난다는 것이다. '한'이란 '억눌려

---

7 최만자, 『여성의 삶 그리고 신학』, 68.

살아온 모든 서민들의 심층에 쌓이고 쌓인 감정을 꿈틀거리게 하는 원시적 힘을 지닌 상징적 어휘'로 한국인이 생각한 '한'에 의하면 민중의 삶 그 자체가 한스런 것이다. 한의 담론은 민중의 삶의 경험을 총체적으로 표현한 것이다. 따라서 민중의 집단적 혼이 부각되는 문학과 예술, 사회학적 전거들이 그의 민중 전통 찾기에 모두 동원된다. 이 즉자적 실체는 한국의 문학과 예술사에서 그 양식의 변화과정을 통해 인간화, 인간해방 과정을 겪고 있음을 밝혀주기 때문이다.[8]그러므로 죽재의 민중신학은 주제인 민중과 민중의 한을 동일하게 주제로 설정하고 있으며 이 주제들의 전개는 민중 예술 차원에서 발전되고 있다. 그러나 본 글에서는 이 민중 예술 관련 부분은 더 전개하지 않는다.

3) 사회경제사적(사회과학적) 방법론

민중과 그 한을 주제로 하는 죽재 신학은 민중의 한을 발굴하고 이해하기 위해 사회과학(사회경제학)적 방법론을 불가피하게 요청하게 된다. 즉 문학적 서술과 과학적 규명의 통합이라 하겠다. 김용복은 이를 "한은 민중의 절규요 민중의 체험적 언어였고 죽재의 민중의 한에 대한 감성은 노동자(특히 여성) 도시빈민의 한을 이해하려는 지식인의 몸부림이다"라면서 서남동은 이 한의 실체를 방법론적으로 한국 문학에서 발견하였고 동시에 민중의 한은 사회적 역사적 모순을 극복하는 사회과학적 방법이 필요하다고 말한다. 그리고 "이 민중의 한이야 말로 사회와 역사를 바꾸는 창조적 저항의 원동력이고 생명의 힘이다"라고 죽재의 민중신학의 '한'을 이해한다. [9]죽재는 이 땅

---

8 최만자, 앞의 책, 68.

에서 하느님의 선교에 종사하는 일꾼들은 민중의 한을 풀어주는 사제가 되어야 한다고 강조했다. 민중은 역사상 지배계층에 의해 눌림을 당하기만 했고 민중의 그 한은 복수의 악순환을 거듭 겪었기 때문에 풀길 없이 반복되기 때문이라는 것이다. 사회정의와 결부하여 민중의 한을 말해야 하고 풀어주는 과정을 가져야 한다는 것이 죽재의 민중신학이며 사회과학적 방법을 요구하는 이유이다.

이러한 민중 주제의 신학적 관점이 정치, 해방신학과 연관되며, 그 신학들은 마르크스시스트, 특히 신마르크시스트의 도전에서 촉발된 것이었다고 죽재는 자인한다.[10] 그리고 이 대화와 경쟁에서 기독교가 새로운 활력을 얻어 복음의 본질을 회복할 수 있다는 것이다.[11] 죽재는 "민중이 당하는 고난이 하나님의 역사경영을 알아보는 색인(index)"이라고 한다. 따라서 민중 신학의 성서해석 과정은 민중의 사회적 역사적 현실을 알 수 있는 사회경제사적 방법을 매개로 해야만 한다는 것이고 이 지점이 성서를 해석하는 방법에 혁명적 전환점을 이룬다. 이것이 교회신학이 아닌 정치와 세계의 신학이며 하느님의 선교다. 이로 인해 교회는 '기독교시대 이후'에 혁명적 잠세력이 발휘하여 민중의 종교로 될 지평을 열게 된다고 한다. 곧 복음은 종말론적 해방의 언어라는 것이다.

---

9 김용복, "서남동의 한 담론에 관하여,"『서남동과 오늘의 민중신학』, 21.

10 위의 글 25.

11 이런 의미에서 기독교 관점의 변화 내용을 다음과 같이 정리한다. 1) 기독교는 잃어버렸던 복음의 사회적 차원, 사회적 구원을 되찾다 2) 기독교는 신의 초월을 형이상학적인 영역으로부터 미래의 초월로 환원한다. 3) 기독교는 지금까지의 억압자의 이데올로기로부터 민중의 종교, 해방의 복음으로 복귀한다 4) 기독교는 정통적 교리가 절대적으로 주어진 규범이라는 생각에서 탈출하여 역사적 현실에서 실험과 행동으로 진리를 검증하는 태도로 바꾼다. 5) 교회는 정통적인 교회사의 족보를 자랑하는 것을 의심하고 이 시점에서 소종파들과 이단들의 동기와 족보를 찾기 시작한다. 복음을 삶의 모든 영역에 접합시킨다. 탐구 25.

2. 한국여성신학의 주제

1) 중층적 억압경험을 가진 민중여성 주제 찾기

한국여성신학은 자신의 정체성을 '한국 민중여성신학'으로 정의 내린다.[12]사실 한국여성신학은 1970년대 말부터 미국여성신학의 영향을 받으면서 일차적으로 교회 내의 성차별 문제를 인식하고 비판적 관점을 갖기 시작하였다. 초기 한국여성신학의 출발점은 여성들이 당하는 일반적 억압, 주로 가부장적 사회구조가 가하는 성차별의 경험에서부터였다. 서구 여성신학은 그러한 비판적 성찰의 근거를 제공했다고 하겠다. 그러나 한국여성신학은 '가부장적인 것' 만으로는 민족억압, 계급억압, 성 억압의 삼중구조를 다 설명 할 수 없다는 사실을 인식하게 된다. 초기 한국여성신학은 이우정의 '민담 속에 나타난 여성억압'의 사례들을 통하여 여성들이 얼마나 가부장적 문화와 관습 속에서 비인간적 상황에서 살아왔는지를 새삼 확인하면서 남성중심적 유교문화와 가부장적 이데올로기에 대한 비판에 날을 세웠다. 그러나 시간이 지나면서 한국여성들의 삶의 역사가 단순히 가부장적 억압만이 아니라 매우 중층적 억압아래 있음을 발견하게 된다. 그것은 한국여성의 경험이 미국여성의 것과 차별된다는 깨달음으로부터 시작하였다. 성, 민족, 계급 모순이 중층적으로 경험되고 있는 한국여성 경험의 특수성으로부터 한국여성신학이 출발되어야 하며 이 측면에서는 제국주의 모순과 계급모순 그리고 가부장적 억압을 동시에 한국여성의 경험 안에 담고 있음을 확인할 필요성을 갖게 된다.

---

12 김윤옥, "한국여성신학의 해석학," 『신학하며 사랑하며』, 91-94.

이런 성찰적 인식은 80년대 한국 사회에 일어났던 변혁적 사회운동의 영향도 받았다고 볼 수 있다. 이 시기에 민중 주체적 운동이 급성장 했으며 민중여성운동 또한 급격하게 그 역량이 드러난 시기였다.[13] 따라서 민중여성에 대한 한국여성신학의 관심은 자연스러운 것이었고 당시 성장하고 있던 기독여성운동의 영향이 맞물리기도 하였다. 70년대 후반 우리 사회는 경제개발정책으로 발생한 이농과 도시 빈민화로 민중들의 처절한 생존권 요구와 투쟁이 터져 나왔고 기독여성들도 사회 구조 악에 눈뜨게 되었으며 민중 중의 민중인 민중여성의 고통에 눈뜨게 되었다. 기독여성들은 소외된 여성들의 삶과 민주화를 위한 여성노동자 투쟁지원, 기생관광반대운동, 원폭피해자 활동 등에 참여하게 되었고 여성운동의 기층담론, 민중신학의 영향 등으로 여성들의 고난을 해방으로 이끌어 내는 실천적 신학을 전개하게 되었다.[14]그리하여 한국여성신학의 주제와 주체는 '한국 민중여성'으로 규정되었다. 한국 여성신학 정립협의회(1984년)에서 한국 여성신학자들은 한국 여성신학의 자리와 출발점을 '중층적으로 억압받는 가난한 노동여성, 농민여성, 도시빈민여성'으로 삼았다. 여성해방이 자본주의, 제국주의 억압 극복과 동시에 가부장적 억압의 극복을 통해 총체적으로 이루어진다고 본 것이다. 그러므로 다층적 억압 경험을 가진 한국 민중여성이 한국여성신학의 당연한 주제가 되었다.

2) 한국여성의 한

그러므로 한국여성들의 '한'은 한국 역사와 문화 안에서 다층적으

---

13 최만자, 앞의 글, 139.
14 최만자, 앞의 글, 140.

로 여성들의 삶에 뿌리 깊게 내려졌다. 우선 가부장적 여성억압에 의해 특히 남성 중심적 유교문화에 의해 여성은 비인간적 삶을 살았고 한은 겹겹이 쌓였다. 여성은 단지 출산의 도구요 노동력이며 노예적이고 자유를 갖지 못하는 삶을 살았다. 대표적 관습으로 삼종지도, 열녀관, 남존여비 등의 문화적 억압을 들 수 있다. 한국여성신학 초기 이우정은 민중문화 속에서 이어져온 구비문화—민담, 민요, 전설, 신화, 무가, 속담— 속에 나타나는 여성들의 이야기를 찾아 한국여성들의 억압현실을 드러내었다.[15]그런데 한국 여성의 한은 일제 강점기에 정신대로 끌려간 여성들의 '한'에서 극대화된다. 이 한은 전통 종교 문화로 인해 겪은 한의 수위를 훨씬 능가했고 제국주의 악행에 의한 민족 억압과 여성에 대한 억압, 성폭력의 경험이 중층적으로 쌓이게 되었다. 이에 더하여 산업사회에서 대두된 여성노동자가 당하는 착취와 억압의 경험은 또 다른 형태의 여성에 대한 폭력으로 여성의 한을 더하였고 도시화 과정에서 당하게 되는 빈민여성의 한, 성폭력에 의한 여성의 한 등 말로 다 할 수 없는 여성들의 한은 몇 겹의 층으로 쌓인 현실로 나타났다. 그리고 분단의 역사에서 당하는 여성억압의 경험이 중층적으로 겹쳐있음을 확인하면서 서구여성신학과의 차별성을 확인하게 됐다. 레티 러셀은 자신의 경험을 기독교인, 백인, 중산층, 도심지 목회를 하는 여성으로 한정하듯 서구여성신학에서 말하는 여성의 경험은 민족해방, 계급해방, 통일이라는 당면과제를 안고 있는 한국여성과는 다르다.

김정수는 "한국 여성에게 나타나는 한은 억눌리고 멸시당하는 비인간적 상황에서 이를 풀지 못하는 억울함이 가슴에 쌓이고 그래서 생긴 감정의 응집물이다. 이는 한편 허무감, 체념으로 나타나고 끈기

---

15 이우정, "한국 속담과 여성의 비인간화,"『한국여성신학의 과제』, 1983.

있게 살아가려는 집념으로도 나타난다. 한은 거의 구조적 모순에서 쌓였다. 여성들에게 한을 품게 하는 구조는 가부장적 지배문화, 자본주의 경제적 불평등의 구조, 분단구조가 만든 권위주의적 정치 체제 등이다"라고 말한다.[16] 한국여성의 삶은 '한'의 덩어리라고 표현될 만큼 크고 깊고 넓다. 그러므로 한국여성신학의 주제는 '민중여성-여성의 한'이다.

3) 한국 여성경험에 대한 사회전기적 성서읽기

죽재가 사회과학적 성서해석 방법론을 주장한 것처럼 민중여성의 경험 또한 단순한 개인적 삶의 이야기가 아니라 사회 구조와 긴밀히 얽힌 사회 역사적 사건 속에 있다. 더욱이 여성의 삶은 단순한 민중 착취의 구조가 아니라 여성의 성에 대한 폭력과 연결되고 있고 여성의 삶이 완전히 파괴되는 결과를 초래한다. 따라서 민중여성의 경험은 사회구조와 가부장적 지배에 의한 폭력의 구조를 동시에 파헤쳐야만 여성의 고통과 한의 근원을 드러낼 수 있다. 죽재 또한 '석문전설', YH 노조 '김경숙의 한' 등 여성의 한을 중심으로 민중의 한을 사회경제사적으로 풀어내지만 가부장적 이데올로기 분석과 비판에는 한계를 가지고 있다. 김용복은 민중여성의 억압과 한을 드러낼 수 있는 방법으로 '사회전기적 방법'(socio-biographical method)이 가능함을 주장한다.[17] 이는 한 개인의 이야기 안에 내포된 사회 역사적 상황들을 사회전기적으로 읽어 내는 방법이다. 그것은 역사적, 사회과학적 분석 도구에 의한 것이라기보다는 한 사람의 삶의 이야기

---

16 김정수, "한국여성신학의 해석학," 「여성 평화」, 5호(1991), 235-237.
17 김용복, "여성문제와 민중의 사회전기," 『한국여성신학의 과제』, 1983, 79-92.

를 통하여 그를 둘러싼 사회 정황을 그려낸다. 그는 예로 한국 정신대 여성들의 삶을 사회전기적으로 읽어 내었다. 그들은 가난한 집 딸들이며 돈을 벌기 위해 군수 공장으로 갔다가 군 위안부로 강제로 끌려가 고난당하고 전쟁이 끝난 후 고향에 돌아왔으나 정절 이데올로기에 의해 고향 공동체와 이별되는 삶을 살 수 밖에 없었고 한 평생 '한'을 안고 비인간적으로 살게 되었다는 것이다. 여성의 삶의 이야기에서 사회 역사적 , 경제적 구조와 그 뿌리에 있는 제국주의의 악과 가부장제의 여성 억압적 성 이데올로기와 사회적 통념들과 관습들 그리고 한 개인의 심리적 고통과 갈등 등 이 모두를 풀어낼 수 있다는 것이다. 민중 여성들의 경험은 논리적 분석 도구보다는 이야기 방식이 적절하고 사회 전기적 서술은 더 심층적 심리적 영역까지 파고들어 지극히 개인적 이야기를 통해 사회 구조적 악과 불의를 폭로하게 된다는 것이다. 이 방법은 한국 여성신학자들로부터 많은 공감을 얻었고 이를 실제로 한국여성신학에 적용하는 사례들도 많았다.

4) 여성신학적 비판과 재고

위의 죽재의 신학에서 성서와 한국 민중 전통 찾기와 합류의 시도를 한국여성신학 관점에서 볼 때 신학의 주제를 민중/민중여성과 민중의 한/민중여성의 한으로 찾음은 두 신학의 만남의 가능성을 열어준다고 보겠다. 그러나 여성신학의 관점에서 보면 죽재의 두 이야기의 합류에서 성서로부터나 한국 통사를 통하여 해방적 민중전통을 쉽게 찾아 합류를 이룰 수 있다고 보는 것과는 달리 여성들은 성서로부터도 한국사를 통해서도 여성주체적 해방적 전거들을 찾을 수 없다. 여성들은 스스로 주체적으로 변혁적, 해방적 운동을 일으킬 인프

라도 갖추지 못하였고 오로지 가부장적 억압 상황에 억눌려 있었기 때문에 그런 힘을 발휘할 수 없는 삶을 살았기 때문이다. 죽재가 찾아낸 성서의 민중운동 전거인 출애굽 운동이나 초기 이스라엘 공동체에서 실제로 여성들은 제외되고 있으며(출애 12:37), 새 공동체에서도 율법 수여의 대상은 남성에게만 한정되어 있어 남성만이 책임 있는 사회적 구성원이다. 철저한 남성중심적 새 공동체에서 여성해방적인 성서의 전거는 없다. 더욱이 초기 평등 공동체 기간에 판관기에 등장하는 최대 비극적 두 여성의 희생 이야기가 있고(판관기 11장, 19장), 사회가 철저히 가부장적 여성억압적 남성중심적임을 벗어날 수 없다. 죽재에게서 여성에 대한 관심과 가부장적 질서에 대한 비판은 전혀 나타나지 않는다.[18]더구나 장일담을 메시아상으로 제시함에 대해서는 김애영을 비롯한 많은 여성신학자들의 비판이 크다. 남성의 폭력성에 대한 철저한 숙고 없는 민중신학이라는 것이다.

사실 여성들에게는 억압당하는 즉자적 측면의 실체는 수없이 드러나지만 대자적 측면의 실체는 근대사회에 이르러서야 나타난다.[19] 그러므로 여성민중의 대자적 측면의 민중전통을 찾기란 어렵다. 단지 민담이나 예술을 통해 형상화 되고 있을 뿐이다. 한국 여성은 대자적 측면의 실체를 거의 갖지 못하고 있는데 여성들이 주체가 되어 스스로의 해방사건을 주도한 경험이 역사상 거의 없었다.

그럼에도 한국사를 통사해 볼 때 여성의 자유로운 삶의 시대도 있었고 상대적으로 덜 불평등한 시대도 있었으며 특히 18세기 천주

---

18 이런 관점에서의 비판은 최만자의 "죽재의 두 이야기 합류의 여성신학적 적용"에서 많이 다루어져 있다. 최만자, 『여성의 삶 그리고 신학』, 73-75.

19 반론들이 있긴 하지만 필자는 기독교 전래 이후 한국여성들의 자주적 해방역량이 발전되었다고 생각한다. 최만자, "한국 그리스도교 여성의 경험에서 본 성서해석," 『여성의 삶 그리고 신학』, 29 이하.

교의 전래와 철종 때 동학농민운동의 경험을 통해 남녀평등에 대한 인식이 싹텄고 기독교의 전래로 평등사상과 여성해방운동이 확산되었다.[20] 이로부터 한국여성들의 대자적 측면의 해방운동이 발전되었다. 일제 강점기 동안에도 여성노동자들의 파업투쟁 사건들[21]과 봉건적 억압으로부터의 여성해방 즉 남녀평등과 함께 민족해방 운동의 여성운동들이 전개되었다. 찬양회운동, 국채보상운동, 송죽결사대, 삼일운동, 근우회 등 구국운동과 여성해방운동으로 나타난 여성들의 해방운동들이 활발히 전개되었다.

이제는 1970년대 한국 민중여성신학을 밀어 올린 민중여성운동의 발전으로 한국여성들의 대자적 운동이 활발하다. 비록 죽재의 민중신학이 여성의 다층적 한을 분석해내지는 못했을지라도 한국여성신학에서 민중여성을 주제로 찾는 데는 어느 정도의 영향을 주었다고 본다. 그리고 죽재의 민중신학이 알아내지 못했던 성서의 여성해방적 전거를 여성신학은 성서를 신화적 원형(mythical archytype)으로서가 아니라 역사적 원형(historical prototype)으로 이해함으로써 성서를 통해서 여성 역사를 재건하여 여성해방의 성서적 전거를 찾아내는 휘오렌자의 성서해석 방법을 통해 가능성을 가지게 되었다.[22] 이렇게 죽재의 신학을 비판적으로 더 발전시켜 여성신학과의 접맥을 시도하는 것은 한국 민중신학의 지평을 넓혀 나가고 민중여성의 자리를 더욱 확실하게 밝힐 수 있게 할 것으로 생각된다. 죽재는 전통적 성서 읽기를 넘어서서 한국적, 민중적 신학을 모색하였고 그 모색의 방향을 여성신학도 충분히 수용하고 발전시킬 수 있음이 큰 공헌이 된다.

---

20 최만자, 위의 책 90-95.

21 "1923년 경성 고무공장의 파업," "1929년 부산 고무공장의 파업" 등, 양미강, 『지배질서와 여성』.

22 최만자, 위의 책, 70.

IV. 해석학적 방법의 전환

1. 우리가 텍스트이다

신학함의 방법 곧 해석학의 틀이라는 것은 신학자의 지평 내지 시각을 의미한다. 전통적 신학의 방법 곧 교의학적 신학은 현재의 상황과 상관없이 교의학적 틀 안에서 숙고되었다. 그러나 죽재는 "최근 실존주의는 인간의 인격적 실존 속에 케리그마를 해소시켜 버렸다"라는 틸리히의 비판을 인용하면서 '케리그마와 상황'을 물음과 대답으로 상관시키는 신학을 제시했다. 그는 오늘 우리의 사건에 '성서가 힘이 되는가 아닌가' 하는 점이 먼저 생기는 질문이라고 하면서 그렇기 때문에 '우리가 텍스트'이고 성서는 그 전거(reference)가 된다는 것이다. 즉 신학은 온전히 우리의 상황, 현실로부터 시작해야 한다는 것이다. 정치신학이 그 해석의 틀을 사회경제사 내지 문학사회학이라고 하는 것은 인간의 인격적 실존이 그 틀이 아니라 인간의 사회적 조건이 그 틀이 됨을 말하고 있다고 한다. 죽재는 오늘의 신학은 '탈 기독교 시대의 신학'이라고 하면서 그러기에 오늘의 세속, 희망, 혁명, 해방, 정치, 민중 그리고 성령을 주제로 하는 신학은 이 시대의 신학이라는 것이다.[23] 지금까지의 기독교 신학은 기독교 시대에 안주하여 원래의 성서적 복음이 비정치화되어서 콘스탄틴의 종교, 지배 이데올로기의 기능을 했고, 그래서 매양 혁명과 미래와 성령을 표방하는 신앙운동들은 이단이라 낙인찍혀 교회 밖으로 추방당했다고 한다.

정현경은 "하나님의 백성에 대한 진정한 기억은 이천년 전에 완성되지 않았다. 그리고 그것은 기독교 정경 속에도 가두어질 수 없었

---

23 서남동, 『민중신학의 탐구』, 79.

다. 하나님의 계시의 텍스트는 과거에도 현재에도 미래에도 날마다 이루어지는 생존과 해방을 위한 우리 삶과 우리 몸부림에 의해 씌어지고 있다"라고 한다. 그러므로 지금 여기 우리들이 우리 삶의 고유한 경험으로부터 발견하게 되는 예수를 선포하는 것이라고 한다. [24]

2. 살림의 권위

죽재의 이 '우리가 텍스트이고, 성서는 전거다'라는 역동적 관점은 여성신학적 성서 읽음에 해방적 자리를 주며 여성신학을 가능하게 하는 힘을 준다. 성서가 절대불변의 규범적 경전으로 권위를 가진다면 여성해방의 근거를 성서에서 찾기는 거의 불가능하기 때문이다. 그는 "성서가 이렇게 말하기 때문에 내가 … 한 결단을 하는 것이 아니라 오늘 이 자리에 내가 해방이 필요한데 그 해방에 성서가 지지하는 힘이 되기 때문에 권위가 있는 것"이라고 한다. 성서가 그것을 읽는 사람의 변화, 살림, 해방을 필요로 하는 지금의 상황에 변화의 힘으로 작용할 때 성서가 권위를 가진다는 죽재의 성령론적-공시적 해석, 곧 성서와 상황을 만나게 해주는 이런 성서해석 방법이 여성해방을 요청하는 모든 상황에 힘을 줄 수 있기 때문이다. 성령론적-공시적 해석 방법은 지금 현실에서 해방시키는 힘을 주는 탈-규범적 성서해석이다.

이런 관점에서 보면 종교의 우월성 또는 신학의 규범이란 다른데 있지 않고 그것이 억압당한 사람에게(여성에게) 생명이 되느냐 그렇지 않느냐에 의하여 결정된다 하겠다. 생명을 부여할 때 그것이 신학이며 우월한 종교가 되는 것이다. 그래서 정현경은 '여성에게 생명을

---

24 최만자, 『여성의 삶 그리고 신학』, 114.

주는가 아닌가'라는 것이 여성신학의 규범이 되며 따라서 여성신학에서는 모든 경전 위에 여성의 인간성 회복, 그 생명과 자유와 해방의 문제가 우선된다는 것을 명확하게 제시한다.[25] 그리고 신학의 자료가 한국여성의 살아 있는 경험, 특히 억압과 해방의 역사적 경험과 지배의 이데올로기를 비판하는 예민한 비판의식과 한국의 전통에서 찾을 수 있다고 한다.

그러나 모든 전통이 무비판적으로 자료가 될 수 없다. 그러므로 한국여성신학의 규범은 해방(한풀이)과 살림의 힘이 되는 자료를 말한다. 경전의 권위나 교리적 타당성에 신학의 규범이 있는 것이 아니라 사람을 살리는 힘인가 아닌가에 근거하여 신학이며 경전이 되거나 되지 않거나 한다고 보기 때문이다. [26]

위와 같이 죽재에게서나 여성신학에서 모두 해석학적 전환의 방법을 주장하면서 '우리가 텍스트이다'라고 말한다. 이러한 관점은 죽재의 민중신학과 여성신학이 동일한 해석학적 방법을 지향한다는 점에서 둘의 만남이 확실하게 이루어진 지점이라 하겠다.

V. 나가면서

두 신학이 각각 민중과 여성의 구체적 현실과 억압으로부터 해방을 추구하는 신학이라는 점에서 공통성을 갖지만 그럼에도 상호 비판적 논점을 가지고 있다. 무엇보다 민중신학이 여성의 경험을 깊이

---

25 정현경, "Hanpu-ri," *Doing Theology from Korean Women's Perspective, We Dare to Dream, Doing Theology as Asian Women*, (AWRC and EATWOT), 135-146.

26 최만자, 『여성의 삶 그리고 신학』, 116.

인식하지 못한다는 점에서 여성신학의 비판을 넘어설 수 없다. 여러 민중 신학자들이 여성 이야기는 하고 있지만 여성문제에 대한 인식을 제대로 갖지 못하고 있음이다.

그럼에도 민중신학이 '민중'을 신학의 주제로 삼고 그들 삶으로부터 신학적 성찰을 시작한 것은 여성신학자들로 하여금 '여성일반'으로부터 '민중'에 대한 관심을 갖도록 하는데 일조한다. 그러나 이를 비판적으로 수용한다. 그 이유는 민중신학이 주제로 삼은 민중 개념에 성차별적 억압 받는 여성이 포함되지 않았다고 보기 때문이다.27 민중의 한을 말하면서도 여성의 한스런 삶에 거의 관심을 갖지 않고 있다. 전통적으로 한은 여성들의 것이었고 가부장적 질곡 아래 신음하는 여성 모습을 드러내는 언어이다. 그런데 가장 구체적 민중인 여성민중 문제의 구체성이 추상화된 민중에서 상실된 것이라고 김정수는 말한다. 이우정은 '민중신학자들이 민중의 해방에 대해 말하나 여성의 눈으로 볼 때 그것은 엄밀히 남성민중의 해방이다'라고 비판한다. 여성은 모든 억압에 더하여 성차별의 억압을 더 가지고 있음이 민중신학 시각에는 없다는 것이고 따라서 민중신학 또한 남성지배 이데올로기로 둔갑할 수 있다는 우려를 그는 하고 있다.

민중/여성에게 생명을 주는가 아닌가 라는 규범을 우선적으로 가지는 여성신학적 관점이 두 신학 모두에게 있어야 할 것이다. 그리고 여성신학이 지향하는 '모든 경전 위에 여성의 인간성 회복, 그 생명과 자유와 해방의 문제'가 어떠한 신학에서도 우선되어야 하며 동시에 사회 구조 악을 극복하는 힘을 가지는 신학을 추구해야 함이 죽재의 민중신학에서나 여성신학에서 모두 지향해야 할 방향이다. 한국여성신학은 신학의 규범이 해방(한풀이)과 살림의 힘을 근거해야 한다고

---

27 김정수, 위의 글, 236.

위에서 언급한 바 있다. 경전의 권위나 교리적 타당성에 근거하여 신학이며 경전이 되는 것이 아니라는 것이며 이러한 규범의 이해는 모든 여성신학과 남성 신학에 적용 될 수 있으며 적용되어야 한다고 생각한다.

오늘 우리의 현실은 삶의 희망을 찾기 어렵고 복음의 주소도 소리도 알 수 없고 들리지 않는 듯하다. 민중의 소소한 삶의 기쁜 단계 단계들을 포기하는 우리 젊은이들, 알바로 겨우 생계를 유지하는 청년들, 빈곤한 노년들, 갑질에 억울한 수많은 을들, 권력의 횡포에 인간임을 포기해야 하는 사람들, 인간으로 취급 받지 못하는 성소수자들, 너무나 만연해진 남성들의 성폭력, 성희롱, 여성혐오, 등등 오늘 현실의 모순은 이전의 세상보다 몇 갑절 더 두텁고 질겨 보인다.

이제 서남동 목사님 탄생 100년을 맞는 시점에서 민중을 중심으로 민중을 주제로 하셨던 목사님의 신학을 다시 오늘 우리의 삶의 자리에서 되짚어 보는 때 죽재의 신학을 여성신학적 영역으로 확대시키는 일이 나의 한 과제라는 생각을 한다.

민중의 현실이 너무 춥고 고통스러운 현금에 죽재 서남동 목사님의 민중신학이 다시 회자되고 그에 바탕한 민중예술 또한 활기차게 피어나기를 간절히 바라는 마음이다.

2 장

이야기와 주체

권진관

(성공회대학교 은퇴교수)

I. 들어가는 말

죽재 서남동 선생이 세상을 떠나신 지 34년이 되었으므로 한 세대가 지났다. 10년이면 강산도 변하는데 강산이 세 번 이상 바뀌었다. 죽재 선생이 시작한 민중신학에 새로운 세대가 자리하고 있고, 다시 다음 세대로 교체되고 있다. 그리고 우리나라는 경제적으로 발전하였고 민주화도 많이 진척되고, 최근에는 남북한 간의 긴장도 완화되고 평화와 공존의 새로운 국면으로 진입하고 있다. 죽재 선생의 민중신학적 글들은 1970년대에서부터 80년대 전반부까지의 시대적 배경 속에서 쓰였다. 이 시기는 박정희 유신 군부독재의 긴 시기와 광주민중 학살로 들어선 전두환 신군부의 독재의 시기였다. 죽재의 민중신학은 이렇게 엄혹한 시대에 탄생되었다. 그 당시는 경제적으로는 민중의 절대 빈곤의 상황이었고, 정치적으로는 군부독재의 무자비한 탄압의 시대였다. 선생은 1976년부터 약 2년간 옥고를 치루었고 다시 광주민주화운동에 연루되어 1980년 5월에 체포되어 약 5개월간 고문당하고 옥고를 당했다. 이처럼 고문과 옥고와 교수직 박탈의 개인사와 한국 민중들의 절대적 빈곤과 고난사 속에서 죽재 선생의 민중신학은 급진적일 수밖에 없었을 것이다. 그는 부자는 주기도문을 드릴 자격이 없다고 했고, 민중은 죄가 아니라 한을 품은 존재라는 것 그리고 우리에게 필요한 것은 종교적 믿음(신앙)이 아니라, 역사적 지식이라고 했다. 죽재 선생의 가장 빛나던 시기는 1978년 초부터 1984년, 소천하기 전까지 약 7년 가까이 한국기독교장로회 선교교육원 원장직을 맡으면서 이 필자를 포함한 대학에서 쫓겨난 제적 학생들에게 민중신학을 가르치던 시기였다.

서남동의 시대와 오늘날은 매우 다르다. 남한은 70년대의 후진국을 넘어서고 중진국을 거친 후, 선진국의 문턱에 도달했다. 군부독재가 타파되고 민주화가 이루어졌다. 그러나 군부독재의 타파로 민중이 직면해 있는 문제들이 사라진 것이 아니다. 아직도 남북한 간의 평화와 통일의 문제가 남아 있고, 일제 강점과 남북 전쟁과 분단으로 인한 역사의 왜곡의 문제가 남아 있고 남북한에 대한 강대국 지배가 강고하다. 오늘의 상황에서 우리는 죽재의 민중신학을 달라진 상황에서 고려해야 한다.

이 글에서는 죽재의 신학적 요소들이 오늘날의 새로운 상황에서 어떻게 새롭게 이해되고 적용될 수 있겠는가를 밝혀 보려고 한다. 그것은 그의 민중신학의 주요 이론적 개념들인 이야기(민담), 주체, 사건에 관련된 논의가 될 것이다. 이야기, 주체, 사건 사이의 역동적인 관련성을 가지고 서남동의 민중신학을 다시 이해해 보려는 것이다. 이 세 가지에서 가장 중심적이면서 통합하는 개념은 주체이다. 주체를 중심에 두고 이야기와 사건이 연결된다. 이 점은 논의 과정에서 확인될 것이다.

이야기란 무엇인가? 이야기는 우선 사건적인 것이다. 사건은 항상 이야기(story)의 틀에서 전달된다. 스토리는 형태적으로 볼 때, 등장인물, 장소, 시간, 사건의 내용을 구조로 가지고 있다. 그런데 사람마다 사건을 다르게 표현할 수 있다. 다르게 표현되어 말해진 이야기를 어떤 사람들은 내러티브(narrative)라고 부르기도 한다. 그러나 스토리든 내러티브이든 모두 등장인물, 장소, 시간 등을 가지고 사건을 전달해 주므로 우리는 이 모두를 이야기라고 불러도 무방할 것이다. 사건과 그 사건을 담는 이야기는 원래 하나이지만, 그 스토리를 다시 말하는 내러티브는 다양하다. 예수 사건과 예수의 이야기는 하나이지만, 신약성서에 나타난 예수 내러티브인 복음서들은 4개인 것을 생각하면 된다. 그럼에도 불구하고 우리는 뭉뚱그려서 이 모두를 예수의 이야기로 말한다. 형태상으로 같기 때문이다. 이 글에서는 이전의 내러티브들, 복음서들의 예수 이야기들은 물론, 한국의 민담들, 판소리 등 모든 장르의 이야기들과 언어들을 이야기의 범주에 넣는다. 이들은 외형적으로 모두 스토리의 구조를 가지고 있고 기능상으로 이야기적 효과를 지니고 있기 때문이다. 이야기는 민중의 언어로서 외형적으로나 기능적으로 볼 때 관념적, 개념적 언어라고 하는 문자의 언어와 구별된다.

이제, 이야기의 기능적인 측면을 기술하려고 한다. 먼저, 민중의 언어인 이야기는 상부구조에 속하는가 아니면 하부구조에 속하는가? 즉 역사에서 이야기가 어떤 기능을 하는가 하는 문제이다. 필자는 민중의 언어인 이야기는 하부구조에 속한 것이라고 생각한다. 죽재의 생애 후반인 1983년에 쓴 세 편의 글들에는 민중의 이야기가 물러나고, 사회경제적 분석이 전면으로 포진되어 있다. 이 논문들을 보면, 가난한 자들의 사회경제적 상황을 분석하는 것에 주로 지면을 할애하면서, 하부구조의 주요한 요소인 민담과 이야기를 고려하지 않고 있다. 민중의 이야기는 죽재가 일찍이 밝혔듯이 민중의 내면적 주체성과 관련된 민중의 고난과 갈망을 표현해 주는 자료다. 이제 필자는 이야기적 언어의 역사변혁적 기능에 대해서 숙고하면서, 이야기는 주체를 형성하는 주요한 요소로 생각하게 되었다. 나아가서 사회경제사 속에서 민중을 주체로 역동화하는 기능을 가지고 있음을 밝히려고 한다.

II. 몸의 언어로서의 이야기

서남동은 한국의 민중신학이 세계 신학에서 새롭게 공헌한다고 할 때 그 공헌의 핵심은 민담에서 온다고 말했다(228).[1] 죽재는 민담을 몸의 언어라고 한다. 왜 민담이 몸의 언어가 될 수 있는가? 그리고 몸의 언어와 머리의 언어의 다른 점은 무엇인가? 몸의 언어라고 하면 제스처나 춤을 떠올릴 수 있겠다. 그러나 죽재의 몸의 언어는 이런 것과 다르다. 죽재는 몸의 언어에 대해서 자세하게 설명하지는 않았지만, 머리의 언어를 추상적 언어, 지배자의 언어라고 하였고, 이에 대해서 민중의 구체적인 삶이 반영된 언어, 이야기를 몸의 언어라고 하였다. 민중의 몸에서 우러나오는 이야기는 민중의 꿈과 좌절이 담겨 있는 이야기이며, 주체의 언어(민중 자신의 언어)로서 역사적 사실

---

1 괄호 안은 서남동, 『민중신학의 탐구』(동연, 2018)의 쪽수임. 이하 동일.

(historical facts)을 넘어선다. 역사적 사실이 중요하기는 하지만 그것으로 민중의 이야기를 다 설명할 수 없다. 왜냐하면 민중의 이야기는 민중의 심장과 창자로부터 터져 나오는 것이기 때문이다. 예를 들면, 세월호 희생자들의 어머니, 아버지의 피맺힌 외침과 기도는 바로 몸의 언어인 것이다. 그것은 머리로 하는 언어가 아니라, 몸의 언어이다. 그들의 몸으로부터 직접 나오는 언어이며 동시에 그들의 시대적 아픔에서 터져 나오는 함성이며 외침이다.

민중의 이야기가 몸의 언어가 되는 것을 좀 더 분명하게 규명하기 위해서 서남동은 사건이라는 개념을 가져온다. 태초에 말씀이 있었던 것이 아니라, 사건이 있었다고 서남동은 주장한다. 이것은 동료 민중신학자인 안병무가 세웠던 명제였다. 서남동은 성서에서의 계시는 명제나 말씀이 아니라, 역사적 사건이라는 것이다. 또 이렇게 말했다. 말씀이 계시의 그릇이 아니라, 사건이 계시의 그릇이다(297). 사건이란 물질적이고 구체적인 상황 속에서 일어난다. 그렇다면 사건은 물질적인 것이다. 그런데 사건은 이야기에 담겨 전달된다(297). 사건을 담지하는 이야기는 물질적인 언어이고, 몸의 언어가 된다. 사건은 주체를 동반한다. 사건이 내포하고 있는 진실을 받아들이는 주체들이 있어야 사건은 사건일 수가 있는 것이다. 사건과 주체는 상호 동반자적인 관계다. 주체가 없으면 사건은 더 이상 사건일 수 없다. 주체는 사건을 이야기한다. 진실된 주체는 사건의 진실에 무조건적인 가치를 부여하며, 온몸을 던져 사건을 증언한다. 세월호 사건에서 대두된 역사적 주체들의 언어는 몸의 언어였다. 결국 필자가 이해하는 물질적 언어, 몸의 언어는 주체가 있는 역사의 현장(사건)으로부터 발생하는 주체의 언어를 가리킨다. 그리고 **그러한 언어는 역사의 하부구조에 참여하고 하부구조를 주체적으로 동력화하는 동인이 된다(**고딕 글자는 필자의 강조). 주체를 움직여서 하부구조를 바꾸는 변혁적 역량은 직접적으로는 민중의 언어의 변화에서 발생한다. 즉 "머리의 언어," "백성의 언어"가 아니라, "민중의 몸의 언어"가 말해질 때, 역사 변혁의 힘이 분출된다.

죽재는 계시는 역사적 사건이며, 계시의 담지자는 빈자이고, 빈자는 계시의 구성인자가 된다고 했다. 사건 속에 나타나는 계시를 운반하고 증거 하는 자는 빈자라는 것이다. 그렇다면 빈자 자체가 계시가 되는 것일까? 죽재가 활동하던 당시의 절대적 가난의 상황에서, 가난한 자에게 해준 것이 곧 그리스도에게 해준 것이라고 하는 마태 25장의 최후심판의 비유의 말씀처럼, 죽재는 빈자를 그리스도라는 생각을 했던 것으로 보인다. 빈자에게 도움과 위로를 주는 것은 절대적인 명령이다. 이것은 그 후 민중교회운동의 경험에 의해서 수정이 가해진다. 빈자들을 위한 도움과 위로는 필요한 일이지만, 일반적인 빈자 안에 한(恨)뿐만 아니라, 인간적인 한계와 죄성 그리고 백성의 언어를 본 것이다. 빈자가 항상 역사의 주체가 되는 것이 아니라, 빈자가 아니더라도 역사의 주체로 서는 경우도 있다. 이번 세월호의 희생자들의 가족들의 경우도 그렇다. 그들은 보통사람들이었다. 그들이 촛불혁명을 이끈 역사의 주체가 된 것은 그들의 사회경제적 조건 때문이 아니라, 세월호 사건으로 인해 역사적 사건에 몸담게 된 우연한 동기 때문이었다. 그들은 세월호 사건 속에 담겨진 역사적 진리에 진실하였던 사건의 주체들이다.

민중을 빈자로 본 죽재는 빈자가 처해 있는 경제적, 사회적 상황을 분석하는 데에 많은 지면을 할애했다. 『민중신학의 탐구』에 있는 "세계의 생명과 그리스도"와 "빈곤의 사회학과 빈민의 신학"에서 이를 엿볼 수 있다. 그러나 죽재는 이미 사회사적 방법이나 사회과학적 방법론은 "민중의 수난이나 갈망" 등을 파악하는 데는 한계가 있다고 지적한 바가 있다(279). 또 사회사적 접근은 신학의 탈신학화 과정을 위한 제일보이지만, 그 이상은 아니라고 못 박았다(297). 민중의 고난과 갈망을 담아내는 언어와 이야기들을 찾아서 듣고 말함으로써 민중을 보다 "주체적으로" 파악할 수 있게 된다고 하였다(279). 죽재의 후배이자 동료였던 김용복은 이러한 이야기들을 "민중의 사회전기"라고 불렀다.

죽재의 이야기 신학을 이어가기 위해서 이제 민중을 빈자로 보는 것을 넘어서 그들을 주체로 보고, 어떻게 주체화되는가를 살펴볼 필요가 있다. 민중을 주체의 관점으로 볼 때, 민중신학이 사회경제적인 연구를 넘어서, 민중의 언어와 이야기, 즉 민중의 사회전기를 조명하게 된다. 죽재도 이를 확인하고 있다.

민중의 대자적인 실체 파악에는 사회경제사적 연구가 크게 공헌하지만, 민중의 즉자적인 실체라 할까 민중의 주체적·집단적인 혼이 부각되는 데는 문학 예술사회학적 연구가 공헌할 것이다(64).

민중이 사건 속에서 주체로 일어서면서 민중은 자기의 언어로 말하기 시작한다. 사건의 경험을 통하여 주체로 일어서기 전 민중은 자기 언어를 상실했다. 자기언어를 상실했으므로, "백성의 언어", "소시민의 언어"를 말한다고 하였다(146). 이러한 언어들은 지배자의 언어를 내면화한 것이다. 죽재는 민중의 언어를 찾기 위해서 지배자의 언어를 배제하는 것과 함께 민중의 언어 속에 스며든 백성(혹은 소시민)의 언어를 벗겨내야 한다고 했다(146).

III. 민중의 언어로서의 민담

죽재에게 이야기는 주로 민담이었다. 죽재의 1982년도 논문 제목들인 "민담에 관한 탈신학적 고찰", "민담의 신학-반신학"에서 이를 잘 볼 수 있다. 그러나 한국 민중 고유의 이야기인 민담만이 이야기의 범주에 속한 것은 아니다. 예수의 이야기, 출애굽 이야기 등 성서의 이야기들도 여기에 속한다. 뿐만 아니라, 우리 시대의 수많은 사건들의 이야기들도 이에 속한다. 이들은 '머리의 언어'가 아니라 '몸의 언어'이다(305). 머리의 언어란 예를 들어, 십자가의 대속신학을 말한다. 이에 대해서 몸의 언어는 하느님의 나라를 위해 행동했던 예수가 권력자들에 의해 십자가에서 처형당했음을 전하는 이야기이다. 십자가의 이야기는 몸의 언어이며, 십자가에 대한 신학적 이론 혹은 교리는 추상화된 문자의 언어, 머리의 언어다.

죽재에게 이야기는 "물질적인 언어"였다(303-304). 문자는 의미가 확정된 것이라고 한다면, 물질적 언어란 관념으로 확정되기 이전의 언어이다. 의미가 확정되지 않은 기표는 물질적이라고 자크 라깡(Jacques Lacan)이 언급한 것과 이치가 같다. 즉, 이야기는 하나의 의미를 창출하는 것이 아니라, 여러 의미를 창출할 수 있다는 말이 된다. 예수의 이야기들(비유, 수난, 십자가, 부활 등)은 이 천년 동안 강단이나 학교에서 회자되고 그때마다 새롭게 해석되어 왔다. 그러나 그 예수의 이야기가 교리화되면 하나의 의미로 고착된다. 교리는 머리의 언어, 정신적 언어, 관념이 되며, 이에 비해서 예수의 이야기는 몸의 언어, 물질적 언어, 실제적 언어가 된다. 후자는 새로운 의미를 가지고 우리에게 온다. 왜냐하면 이야기는 의미의 확장이나, 변혁을 가져올 수 있기 때문이다.

죽재는 의미의 확장, 변혁을 효과적으로 조성하기 위해 "두 이야기의 합류"라는 말을 썼는데, 실은 두 이야기 속의 두 전통의 합류였다. 그는 이렇게 명시했다: "한국의 민중신학의 과제는 기독교의 민중전통과 한국의 민중전통이 현재 한국 교회의 '신의 선교' 활동에서 합류되고 있는 것을 증언하는 것이다"(79). 즉, 두 민중 전통 혹은 두 민중 문화의 합류다. 각 전통과 문화에 다양한 이야기들이 있으므로 실제의 현실에서는 두 개의 이야기가 아니라 많은 이야기들 사이에서 합류가 이루어지는 것이다. 합류가 어떻게 이루어지는가? 이 부분은 다음 절에서 논의할 예정이다. 우리의 글이 예수의 해방적인 것이 되기 위해서는 기독교 특히 예수의 이야기가 들어오지 않을 수 없으며, 우리의 신학이 우리의 색깔을 가지기 위해서는 민중 이야기가 들어오지 않을 수 없다. 그런데 이 두 개의 전통에 우열이 따로 없다. 이 둘은 차이가 있으나 등가적이다. 예수의 이야기는 민중신학에서 분명 유일적이고 필수불가결한 요소를 가진다. 그러나 그것 때문에 그것이 우월하다고 말할 수는 없다. 그러므로 기독교 전통이 한국민중의 전통을 지배할 수 없으며, 후자가 전자를 지배할 수 없다. 이러한 관점에서 죽재는 성서와 민담을 "참고서" 혹은 "전거"(reference)로 보자고 제안했다(166).

IV. 합류는 어떻게 일어나는가?

1. 합류의 장

우선, 죽재가 말하는 합류의 장은 어디인가? 그는 두 전통이 한국

교회의 '신의 선교' 활동에서 합류된다고 하였다(78). 물려받은 두 전통은 우리 시대의 상황에서 성령이 어떻게 활동하고 계시는가를 해석하기 위한 전거의 역할을 한다고 하였다(79). 그러면서 한국에서 두 이야기가 합류된 한 사례를 소개하는데 그것은 민중신학자이자 시인이었던 김지하의 담시 "장일담"이다(79-82). 장일담은 동학으로부터 한국전쟁를 거치면서 학살당하는 밑바닥의 족보를 가진 백정의 자식인데 그를 시인은 한국민중사 속의 예수로 그리고 있다(102- 105). 이 담시가 당시의 상황에서 활동하시는 성령을 분간하는 데에 영감을 주었다.

이제 이 필자는 죽재의 이론에 힘입어 다음과 같이 명제를 제시해 보고자 한다. 즉, 이야기들의 합류는 신의 선교가 일어나고 있는 역사적 사건들(카이로스) 속에서 일어나며, 특히 그 역사에 참여하는 크리스천 주체들 안에서 일어난다. 그리고 이 합류는 주체를 형성(shape)한다. 주체 안에서 합류가 일어나고 있기 때문에 그것이 일정하게 주체를 형성하는 것은 사실이다. 그러나 변혁적인 사건에 접할 때 이러한 주체 안에 변화가 일어나서 역사참여적 변혁적 주체가 탄생한다. 카이로스의 시기에 이러한 변혁적 주체들은 합류를 보다 의식적으로 일으킨다. 이들은 진리를 수행하는 자들이기 때문에 모든 것을 새롭게 이해하는 자들이다. 크리스천은 일상이 카이로스이다. 아시아의 크리스천들에게 두 이야기들의 합류가 일어난다. 합류는 하나로 통일 혹은 통합되는 것이 아니라, 합류에 참여하는 이야기들, 요소들이 변화한다는 것을 의미한다. 각자 자기 안에서 변화가 일어난다. 따라서 합류는 합류에 참여하는 여러 구성인자들이 함께 일정한 방향으로 걷는 것(그 방향이 인간의 해방의 길일 수 있다)을 말한다. 걸으면서 대화하고 친교하고 혹은 토론하면서 서로 변화한다.

이제 이 명제들을 역사적으로 설명해야 한다. 2016년 10월부터 2017년 5월까지 일어난 촛불혁명이라고 하는 역사적 사건은 다양한 전통과 흐름들의 합류가 이루어진 대표적인 사례다. 촛불혁명은 단일한 세력, 이념, 집단, 이론, 이야기에 의해서 이루어진 것이 아니라, 다양함의 합류로 일어난 것이다. 촛불 혁명은 다양한 집단들과 그 이야기들의 합류가 얼마나 큰 힘과 집단적 창조성을 발휘할 수 있는지를 보여준 사례라고 하겠다. 이것은 각 주체들 안에서 다양한 민중의 언어들, 다양한 이야기들 사이에 일어난 합류였다. 그 합류는 곧바로 성령의 새 역사를 일으키는 에너지를 주체들을 통하여 방출하였다. 그러므로 카이로스적 사건 속에서의 합류는 창조적인 영을 불러온다.

그런데 합류가 일어나는 지점은 사건 속에 참여하는 주체들 사이와 주체들 안이다. 여기서 주체는 기독교인 민중 주체를 말한다. 죽재도 "기독교의 민중사와 한국의 민중사가 한국 기독교인에게서 지금 합류되고 있다"고 선언한바 있다(77). 그러나 민중신학이 기독교인에게만 해당되는 담론이 아닐진데, 굳이 크리스천 주체로 한정할 필요는 없을 것이다. 여기서 필자가 자아 대신에 주체란 말을 쓰고 있는데, 그 이유는 주체는 역사적 개념인데 자아는 개인적인 개념이기 때문이다. 주체는 변화 속에 있는 역사적인 개념이다. 그리고 주체는 민중이란 단어보다 좀 더 의식적인 차원이 강조되는 말이다. 죽재는 "민중의 집단적 영혼, 민중의 의식과 그들의 갈망"을 볼 수 있기 위하여 민중의 사회전기나 이야기를 문학사회학적인 해석방법으로 사용해야 한다고 했다(48). 사건 속에 있는 주체들 안에 이러한 이야기들의 합류가 일어남으로써 새로운 주체가 창조된다.

2. 이야기와 주체

사건과 이야기가 주체를 형성한다. 사건은 특수한 현상이지만, 이야기는 보편적인 현상이다. 주체가 이야기를 창조하고 말하지만, 동시에 이야기가 주체를 창조한다. 그리고 죽재가 말한 대로, 이야기의 원천은 사건이다. 이야기는 주체 이전에 존재한다. 이야기가 주체를 만들기 때문이다. 여기에서 주체란 역사 변혁적인 주체를 꼭 의미하는 것은 아니다. 주체는 항상 변화의 도상에 있고, 이전의 주체와 다음의 주체 사이에 도약이 있을 수 있기 때문이다. 그러므로 이야기와 언어에 대한 관심은 이러한 주체의 형성과 변화에 대한 관심으로 직결된다. 좀 더 거슬러 올라가면 이야기는 주체를 만들기 이전에 이 세상(world)을 형성해 놓는다. BBC 방송에 "세상을 형성한 이야기들"(Stories that Shape the World)이라는 프로그램이 있다. 이런 이야기들 중에는 성서를 비롯하여 셰익스피어, 일리아드 등도 포함되겠다. 태초에 말씀(언어)이 있었고, 이야기가 있었다. 한반도를 조선이라고 하는 세상으로 만든 이야기들이 있다. 삼국유사에 나오는 이야기들, 심청전, 춘향전, 홍길동전 등 많은 민담들, 이순신 이야기, 속담들, 격언들, 신화들, 역사적 이야기들(동학, 삼일운동 등)이 한반도의 자연을 조선(한국)이라는 하나의 세상으로 만들었다. 이야기의 저자가 있을 수 있겠지만, 대부분 구전으로 내려오는 저자 미상의 짧은 이야기들이다. 일단 저자의 손에서 떠난 이야기들은 독립적인 언어로 입과 입을 통하여 우리들에게 전달되어진다. 하이데거에 의하면, 우리가 말하는 것이 아니라, 이야기들이 말하는 것이다. 우리의 담화는 이야기들에 대한 응답일 뿐이다. 사람은 이야기들이 있는 세상 안으로 태어난다. 처음에는 어머니의 언어와 이야기를 듣지만, 자라면서 아버지의 언어 세계로 들어간다.

　이처럼 주체는 이야기의 산물이다. 죽재는 백성의 언어는 ‘백성’을 형성하고, 민중의 몸의 언어는 주체적 민중을 형성한다고 했다(146). 여기에서 우리는 담론으로서의 언어(speech, 담론, parole, 빠롤)는 다양하다는 것을 알 수 있다. 그러나 이러한 담론적 언어들 뒤에 존재하는 보다 본래적 언어가 있다. 의식을 가진 우리는 그 언어의 저장고로부터 필요한 것을 끄집어내어 우리의 언어(담론, parole)를 말한다. 백성의 언어, 민중의 언어, 여성의 언어, 남성의 언어 등이 그 예일 것이다. 그러면 이러한 담론의 원천인 언어(language, langue)를 상정할 수 있을 것이고, 언어가 세상의 토대가 된다. 이야기(story) 특히 민담은 여기에서 본래적 언어 즉 langue(랑그)에 해당하며 하부 구조에 속하여 민중의 집단적 무의식 속에 남는다. 그러므로 오래된 이야기는 담론의 원천이다.

　사건과 이야기는 선후가 있지만 연장선상에 있다. 물론 역사적 사건은 이야기 속에 다 담겨지지는 못한다. 그럼에도 인간의 세상은 언어에 의해서 형성되기 때문에 사건은 이야기와 언어로 전달되어진다. 이야기와 대칭되는 범주는 담론인데, 이야기(story)가 사건 자체(what)에 충실한 것이라면, 담론은 화자가 그 이야기를 의식적인 방식(how)으로 말한 것이다. 의식적으로 자기 방식으로 말하는 과정에서 사건의 의미가 바뀔 수도 있다. 그러므로 담론은 이야기의 조작(manipulation)이라고도 말할 수 있다. 예를 들어, 세월호 사건이 일어났는데, 이 사건을 박근혜 정부측이 해상 교통사고라는 방식으로 말했다면 이것은 하나의 담론(조작)이 된다. 반면, 세월호 희생자 가족들에게 이것은 피할 수 있었던 인재(人災)로 정부와 해운 당사자들을 비롯한 전사회의 구조적인 무능과 무책임을 보여준 역사적 사건이었다. 이것도 하나의 담론이라고 하겠다. 이처럼 하나의 스토리(사건)는 다양한 담론을 낳을 수 있다. 그리고 화자(주체)에 따라서 진실된 담론이 될 수 있고, 나쁜 질의 담론이 될 수도 있다. 세상 속에 돌아다니는 이야기들은 말해진 이야기들이다. 즉 담론이다. 원형의 이야기는 순수한 형태로 존재하지 않고 항상 담론을 통해서 존재한다. 즉 What(이야기의 내용)은 언제나 How로 표현된다. 예를 들어 설명하면, 예수의 원래의 이야기는 존재하지만 실제로는 존재하지 않는다. 표현된 이야기(담론화된 이야기, narrative)인 공관복음서, 요한복음서를 통해서 존재한다. 스토리이든 내러티브이든 모두 형태적으로는 이야기이다.

그런데 죽재에게 민담은 오래된 이야기로서, 이야기의 가장 주요한 장르이다. 그것은 역사적 사건의 이야기들이 아니고 가상의 이야기다. 이런 이야기들은 주체 안으로 들어가 기존의 이야기들과 합류된다. 죽재는 다양한 한국의 민담들을 소개했다. "석문의 전설", "장마", "서편제", "소리의 내력", "신궁", "말뚝", "장일담의 이야기", "쇠똥에 미끄러진 범", "은진미륵과 쥐", "에밀레 종", "사사 입다와 이름 없는 그의 딸", "봉산탈춤", "홍길동전", "춘향전", "금관의 예수", "몽실언니", "안동신랑", "지성스님", "장님 눈뜬 이야기", "저주받은 무화과나무", "소금장수 아내 이야기" 등이다. 위에서 언급했지만, 죽재는 민담이 한국의 민중신학을 세계 신학계에서 공헌하게 해 줄 것이라고 했다. 그만큼 민중신학에서의 민담이 가진 비중은 크다.

민담은 한국인의 밑바닥 정서와 집단적 무의식을 형성해 준다. 민담은 한국인을 한국인으로 만들어주고, 신학을 한국적 신학으로 만들어준다. 민담은 당시의 시대적 한계를 넘어서기도 하고 그 안에 갇히기도 하면서, 민중의 집단적인 무의식 형성에 역할을 한다. 민중의 주체됨을 위해서 민담에 대한 새로운 해석이 필요하다. 민담이 아닌 역사적, 사회적 사건들도 마찬가지다. 민란, 동학혁명, 의병운동, 3·1운동, 4·19 혁명, 이순신, 세종대왕 이야기 등도 민중 주체의 의식 속으로 합류하여 자리 잡고 있다. 기독교 민중에게 주요한 이야기는 성서의 이야기들인데, 이것들도 주체 안으로 합류한다.

3. 이야기들의 합류

두 전통으로부터 유래된 이야기들이 기독교 민중의 의식 안으로 들어 와 합류되어 일정한 구조를 이루어 주체의 잠재적, 현재적 의식을 이룬다. 주체의 의식은 사건과 이야기들에 의해서 결정된다. 이야기들이 주체 안에서 어떻게 상호연결되어 구조화되어 있는지에 따라서 주체의 형태가 바뀐다. '백성으로서의 주체'와 '민중으로서의 주체'로 갈리는 것은 이야기들의 연결구조의 차이에 의해서 일어난다. 여기에서 백성으로서의 주체는 지배자의 욕망을 자기의 욕망으로 대체한 민중을 말한다. 민중으로서의 주체는 민중 자신의 욕망을 자기의 욕망으로 갖고 있는 상태를 말한다. 이 욕망이나 감성(sensitivity)이 의미를 형성하는 연결고리를 만들어준다. 예를 들어, 세월호 사건을 접한 유족들은 그 사건에 의한 충격으로 인해 이야기의 연결구조가 변화하여 새로운 의미가 창출되고, 이로써 주체들에 의해 새로운 이야기가 말해지고, 진실된 주체가 탄생한다.

사건적 이야기이든 가상적 이야기이든, 이야기는 각자 개별적(singular) 의미를 갖고 있지만, 각각은 다른 이야기들과 유기적인 관계를 맺으면서 그 관계 속에서 새로운 의미를 획득할 수 있다. 그리고 각 스토리는 전체적 의미를 떠받치는 기능을 담당한다. 전체적인 의미가 바뀌는 계기는 주체가 특별한 역사적 사건에 직면할 때이다. 이러한 사건을 경험할 때, 우리의 사물을 보는 전체적인 감각이 바뀌게 된다. 동학농민혁명, 3.1운동, 1970년 전태일 사건이 그러했고, 최근의 세월호 사건과 촛불혁명도 그러한 카이로스의 때였다. 카이로스적 사건을 겪으면서 주체들의 의식이 바뀌었다. 사건의 진리에 충실한 주체는 사건을 겪는 가운데 탄생한다. 사건을 겪는 사람들이 모두 그렇게 사건의 진리에 충실한 주체가 되는 것은 아니다. 어떤 주체는 반동적이 되기도 하고, 혹은 모호한 주체가 되기도 한다. 이렇게 사건은 다양한 주체를 만들고 이들은 다양한 담론을 형성한다. 역사를 변혁하는 주체는 사건의 진리에 충실한 주체이다.

민담은 민중의 욕망을 표현하는 소중한 자료이다. 민중의 욕망이 표면적으로 드러나지 않고 문자 뒤에 숨겨질 수 있다. 나아가서 이야기는 구전의 과정에서 발전하여 새로워지기도 한다. 그렇기 때문에 해석의 과정이 필요하다. 모든 이야기들은 반쯤 말해진(half-said) 이야기이다.2 말해진 것(담론)은 말하는 사람의 욕망을 다 표현하지 못한다. 혹은 왜곡되게 표현할 때도 있다. 이것이 말해진 이야기의 한계이자 가능성이기도 한 것이다.

올바른 이야기 신학은 이야기를 하는 주체와 동시에 이야기를 듣는 주체를 함께 고려해야 한다. 둘 중에 근본적인 것은 이야기 듣기(story-hearing)이다. 민중은 이야기를 하기 이전에 먼저 이야기를 듣는 존재이다. 이야기 듣기에 의해서 민중 안에 들어온 이야기들이 주체를 형성하며, 이것은 이야기하기(story-telling)의 원천이 된다. 이야기하기에는 화자의 잠재의식과 감각이 개입되어 있다. 후자의

---

2 Joël Dor, *Introduction to the Reading of Lacan* (New York: Other Press, 1998), 152.

이야기는 담론적 성격을 가진다.

합류는 역사적 사건의 일어남의 조건 속에서 일어난다. 예를 들어, 아래의 그림은 광주민주화 운동을 겪은 민중들의 집단적 내면의식 혹은 잠재의식(sub-conscious)을 형상화한 것이다. "민중의 싸움, 이 풍진 세상을 만났으니"(1983, 홍성민, 박광수 작)라는 걸개그림으로 7m x 1.6m의 크기이다. 원작은 이보다 두 배 더 컸는데, 소실되어 원작자들이 다시 복원한 것이다. 이 그림에는 녹두장군 전봉준과 죽창을 든 흰옷의 동학농민들, 누워있는 운주 미륵, 신군부의 무자비한 학살로 희생된 이들의 관 앞에서 울부짖으며 외치는 광주 민중들, 관에 안치되어 있는 사자들, 주먹을 불끈 쥔 거룩한 투사가 등장한다. 이것은 광주 항쟁에 참여한 민중들의 내면에 부각되어진 영상들이며, 이야기들이며, 그것들이 하나의 작품으로 연결되어 의미를 창출하고 있다. 이야기들의 합류가 작품 안에서 이루어지고 있다. 이 작품의 중심에 주먹을 불끈 쥔 투사가 있고, 그 투사의 얼굴에 거룩한 후광(halo)이 드리워져 있다. 그리고 이 투사 뒤에는 전봉준의 보국안민의 깃발이 있다. 그리고 투사 앞에 미국과 일본 등의 외세를 상징하는 이미지가 있다. 그런데 투사는 낫을 거꾸로 잡고 있다. 평화적, 비폭력 적극 투쟁을 나타내는 것 같다. 이처럼 민중 예술은 주체들 안에서 일어나고 있는 이야기들의 합류를 형상화한다. 폭력과 죽

〈민중의 싸움, 이 풍진 세상을 만났으니〉 홍성민, 박광수(1983)

음이 난무하는 상황에서 광주 민주화운동 기간 동안에 민중은 서로 도우면서 질서를 지켰다. 시민들을 향한 방화나 약탈은 전무했다. 이러한 모습은 2016~17년 촛불 혁명기간 6개월 동안에서도 재연되었다. 새로운 시대를 열어갈 주체로서의 민중의 저력을 보여준 것이다.

V. 하부구조와 주체

주체의 의식은 그의 사회경제사적인 하부구조에 의해 결정된다는 것이 칼 마르크스의 사상이다. 죽재는 마르크스주의의 입장에서 하부구조가 복음의 토대라고 생각했다. 죽재는 "역사적 계시의 물질 구조에서 유리된 그 상부구조의 연구에만 머무는 신학은 허구이고 유령이고 지배 이데올로기에 흡수되어서 약속된 구원에 대한 증인이 아니라, 마취시키는 아편으로 작용할 위험이 크다"(382)라고 하면서, 민중의 하부구조에 기초할 뿐 아니라 하부구조를 논의하는 신학으로서 "빈곤의 사회학과 빈민의 신학"을 발표했다. 그는 이 논문에서 계시의 하부구조인 빈자의 사회경제적 상황에 대해 긴 분량을 할애했다(전체 24쪽에서 14쪽의 분량). "'복음'과 '가난한 사람들'은 한 쌍을 이루는 실체"이며, 복음은 상부구조이며, 빈자(그리고 그의 경제적 상태)는 복음의 하부구조다(404). 복음과 신학이 가난한 자의 물질적 빈곤의 상태와 그들의 열망에 조응하지 않고, 부자들의 물질적 풍요와 그들의 욕망에 조응하면서 그것을 정당화하고 있다. 그러면서 부를 나누지 않고 죄만을 나누려고 한다(404). 나아가서, 부자들은 가난한 사람들에게 죄를 덮어씌우면서 자기들은 부도 갖고 의도 가지려 하고 있다. 그 예로, 청부론은 어떤 조건에서는 부자들이 부를 걸머쥐면서 동시에 죄로부터도 깨끗하며 의롭게 될 수 있다고 주장한다.

죽재는 하부구조와 빈자를 같은 것으로 보았다. 엄밀하게 말하면 하부구조는 주체를 형성하는 토대다. 물적 토대로서의 하부구조는 주체의 내면으로 들어와 주체의 의식과 정신을 일정하게 결정한다 (determine). 그런 면에서 하부구조는 주체를 결정하고 창조한다. 그런데 이 연구자는 하부구조는 물적 토대만이 아니라, 이야기를 비롯한 다양한 기표(signifier)들도 포함한다고 본다. 주체의 관점에서 본다면, 의식의 하부구조는 무의식과 잠재의식이며, 이 속에 물적 토대가 반영되어 있고 그리고 이야기와 언어가 이미지로 자리 잡는다. 물적 토대가 일정한 구조를 갖추어 주체의 의식을 일정한 방향으로 의미 작용하듯이, 이야기들도 자기 구조를 형성하여 의식에 영향을 준다. 따라서 주체를 형성하는 것은 물적 토대뿐 아니라 이야기들이다. 민중신학은 인간들 특히 민중 안에서 일어나고 있는 이야기들의 합류가 민중의 주체형성(subjectification)에 어떻게 작동하는가를 살피는 문화적, 정치적 신학이다. 그리고 그 중심에는 민중의 이야기와 언어가 있으며, 이것은 민중을 역사의 주체로 만들어주는 (최종적인 것은 아닐지 모르지만) "직접적인" 도구이며 방책이다.[3]

VI. 민담 속의 십자가 이야기

한국 민중의 정신 속에 박혀있는 이야기들은 많이 있다. 그중 대

---

3 서남동은 조선시대의 활빈당의 투쟁은 당시의 사회경제적 상황으로부터 출발되었지만, 직접적으로는 홍길동전이라고 하는 한글로 된 민중의 언어에서 기인되었다고 보았다 (68).

표적인 것 하나가 심청전이다. 심청전은 효를 강조하는 한국의 정신 문화 속에 깊이 자리 잡고 있어서 한국인이면 어렸을 적부터 그 이야 기를 들어왔기 때문에 한국인의 무의식 속 깊숙하게 자리 잡으면서 한국인의 정신구조의 근간을 형성시켜준 이야기이다. 그런데 이 이 야기에 대한 다양한 해석이 있다. 심청은 유교 문화권에서 부모효도 의 표본으로 칭송되기도 하고, 다른 극단에서는 심청이 그러한 문화 권의 희생 제물이었다고 해석한다. 그런데 이 필자는 이 이야기에는 메시아적인 요소가 중심을 이루고 있으며 그 관점에서 새롭게 해석 되어야 할 필요가 있다고 본다. 이 필자는 이제 심청의 이야기 안에 있는 혁명적이고 신학적인 진실을 찾아보려고 한다.

효녀 심청은 아버지 심봉사의 시력을 회복하기 위해서 공양미 3 백석과 자기 목숨을 맞바꾸고 인당수에 빠져서 스스로 제물이 된다. 사실 심청전은 희생을 효로 포장하여 아름답게 꾸민 이야기이다. 심 청이를 희생 제물로 죽게 한 것은 아버지의 잘못된 발설에서 기인된 다. 많은 공양미를 바치면 부처가 눈을 낫게 할 것이라는 헛된 종교 적 믿음으로 약속해 버렸던 것이다. 부처님을 향한 잘못된 믿음으로 말미암아 어린 15세의 아까운 생명을 바치게 되었다. 그런데 심청의 목숨을 구할 수 있는 기회가 없었던 것은 아니다. 무릉촌 장승상 부 인이란 어진 여인은 심청에게 어머니와 같은 이였는데, 그는 어렸을 적에 죽은 심청의 모친과 여러 면에서 닮은 자애로운 여인이었다. 그녀는 심청을 좋아해서 의붓딸로 삼으려고 한다. 심청이 몸이 팔려 인당수로 간다는 말을 듣고 시비를 시켜 심청이를 불렀다. 심청이 시비와 함께 무릉촌 건너가니 승상 부인이 밖에 나와 심청의 손을 잡고 눈물지어 하는 말이 이렇다. "쌀 삼백 석 줄 것이니 선인 불러도로 주고 망령 의사 먹지 마라." 이에 심청이 말하기를, "당초 말씀 못한 일을 후회한들 어찌하며 또 몸이 위친하여 정성을 다하자면 무명색한 재물을 바라리까. 노친 두고 죽는 것이 이효상효하는 줄은 모르는 바 아니로되 천명이니 하릴없소. 부인의 높은 은혜와 어질고 착한 말씀 죽어 황천에 돌아가서 결초보은하오리다." 이효상효(以孝傷孝)란 효로써 효를 상하게 한다는 뜻이니, 심청이 자신의 죽음이 오히려 아버지에게 큰 아픔을 주는 것임을 알고 상황파악을 못하는 것이 아니었음을 알 수 있다. 그러나 심청은 그대로 이것을 하늘의 뜻으로 받들어 고난의 길로 들어선다. 심봉사는 자신의 실수로 귀한 딸을 잃게 되었고, 심청은 이효상효, 즉 효로써 효를 상하게 하는 우를 범하는 것처럼 보인다. 결국 어린 심청은 자신의 목숨을 내놓는다.

여기까지의 이야기는 성서의 입다의 딸의 이야기와 비슷한 줄거리이다. 사사기 11장에 나오는 입다는 굉장한 용사였다. 그는 정실로 태어난 아들이 아니라고 길르앗 지방에서 소외당하고 쫓겨나 있었는데 암몬 사람들이 이스라엘을 쳐들어왔다. 암몬을 막기 위해서 이스라엘은 용사 입다가 필요했다. 그를 불러 지도자로 세우고 암몬과 싸우게 했는데, 입다가 서원한다. "하나님이 암몬을 쳐서 이기게 해 주신다면, 누구든지 내 집 문에서 먼저 나를 맞으러 나오는 그 사람을 주에게 번제물로 바치겠습니다"(11:31). 결국 승전 후 집으로 돌아오니, 첫 번째로 환영하러 나온 사람은 입다의 외동딸이었다. 입다의 딸은 소구를 치고 춤추며 그를 진정으로 환영하고 축하하여 주었다. 입다는 가슴이 찢어지는 아픔을 느낀다. 사정을 안 딸은 이렇게 입다에게 말한다. "아버지, 아버지께서 입으로 주께 서원하셨으니, 서원하신 말씀대로 저에게 하십시오. 이미 주께서는 아버지의 원수인 암몬 자손에게 복수하여 주셨습니다."

전쟁에서 암몬인들을 죽였고, 그 대가로 어린 딸을 더 죽여야 하는 상황으로 치닫는다. 신께 서원한 이유로 한 젊은 여자가 죽게 된다. 입다의 딸이 아버지에게 이렇게 말한다. "두 달만 저에게 말미를 주십시오. 처녀로 죽는 이 몸, 친구들과 함께 산으로 가서, 실컷 울도록 해주시기 바랍니다." 딸은 도망갈 수도 있었는데, 그는 두 달 만에 아버지에게로 돌아온다. 엄청난 용기이며, 사태를 바라보는 안목이 달랐다. 그 후에 이스라엘에 하나의 관습이 생겼는데, 이스라엘 여자들은 해마다 산으로 들어가서, 길르앗 사람 입다의 딸, 이 이름도 안 알려진 소녀를 애도하며 나흘 동안 애곡했다. 후대 사람들이 입다의 딸에게 마음에서 우러나는 존경을 표했는데, 입다에 대해서는 그런 존경을 표하지 않았다.

운명이라는 것이 있고 운명주의가 있는데, 심청과 입다의 외동딸은 운명주의, 숙명주의에 굴복한 것인가, 아니면 다른 무엇이 있었던가? 그렇게 될 수밖에 없는, 어쩔 도리 없이 받아들여만 하는 상황을 우리는 운명이라고 한다. 지금 소개했던 두 외동딸, 심청과 입다의 이름 없는 딸은 이러한 운명 속에 갇혀버린 것인가, 아니면 무엇인가? 이것을 판단하는 것은 우리의 몫이다. 이것은 다음의 질문에도 해당된다. 남북으로 갈린 한반도가 운명인가, 신이 점지한 것인가, 그렇지 않은가? 이것에 대한 대답은 두 가지 모두 가능한데, 그 결정은 우리에게 달려 있다. 운명이란 것은 강대국과 기성 사회와 힘 있는 자들이 만든 것이지 절대적인 법칙이 아니다. 성서에는 하나님이 입다의 서원에 의해 생긴 운명을 찬성하지도 않았고 그것이 운명이라고 언질을 준적도 없다. 운명은 인간 세계가 만들어 놓은 것이며 없어져야 할 것이다. 한국 교회뿐 아니라, 세계의 많은 교회가 입다의 딸의 운명은 하나님이 정하신 것이고, 그녀의 죽음은 억울한 것이거나 불의한 것이 아니라, 칭송받아야 할 것이라고 해석하는데, 이것은 문자주의의 결과이다. 문자 그대로 신의 뜻이라는 것이다. 이러한 신관과 정신구조가 운명주의를 만들고, 희생양을 운명적인 것으로 만든다. 오늘날 수많은 실직자들, 일용직, 비정규직 노동자들, 특히 억압받는 여성들 등등은 권력자들이 만들어 놓은 체제에 의한 희생양들이다. 이것은 운명이 아니라, 바꿔야 할 대상이다.

그런데 놀랍게도 예수의 경우도 이들의 운명과 비슷했다. 특히 소위 정통주의의 근간이 된 성 안셀름(St. Anselm)의 생각에 따르면 더욱 그렇다. 11세기의 캔터베리의 대주교 안셀름에 의하면, 예수 그리스도가 아버지에 의한, 아버지를 위한 희생제물이 된다고 했다. 성부가 인간의 죄를 용서하기 위하여 외아들 성자를 십자가에 죽게 했다는 것이 기독교 전통에서 내려오는 해석이다. 인간의 죄와 타락이 너무 심해서 하나님은 인간을 죄와 타락으로부터 회복하고, 피조물인 인간의 죄와 타락으로 말미암아 그동안 손상된 하나님의 의와 명예를 회복하려면, 인간의 회개만 가지고는 안 된다고 보았다. 인간보다 더 큰 존재 즉 하나님과 같은 존재가 인간을 대신해서 희생되어야 했다. 하나님의 아들이며 神人인 예수 그리스도만이 갚을 수 있으며, 이것이 오늘날 우리를 구속하는 예수 그리스도에 대한 신앙으로 발전되었다. 오직 예수 그리스도의 십자가의 공로를 의지해야 한다는 믿음이다. 오직 믿음으로만, 그리스도로만, 은총으로만이라고 하는 '오직으로만(sola)의 교리로 발전된다. 그러나 실은 역사의 예수 그리스도의 죽음과 고난은 지금의 인간 세상의 구조를 뒤바꾸는 신의 묘수였다.

심청에게서 우리는 神의 한 수를 보게 된다. 심청은 자신의 목숨과 맞바꿀 수 있는 어떤 숭고한 가치를 발견한 것처럼 보였다. 이것은 마치 예수가 관헌에 의해 잡히시기 전에 겟세마네 동산에서 피땀

흘리며 기도하여 얻은 결단과 같은 것이었으리라. 예수가 피할 수 있었듯이 심청도 이러한 죽을 운명을 피할 수 있었다. 무릉촌 장승상 부인이 심청이 몸이 팔려 인당수로 간단 말에 심청에게 삼백 석을 줄 테니 죽지 말라는 제안이 있었다. 그러나 심청은 그것을 받지 않았다. 그렇게 하면 그가 열망하는 가치를 실현할 수 없었기 때문이다. 제안을 받아들였다면 심봉사와 심청을 둘러싼 모든 사회적/경제적 관계는 그대로 유지되었을 것이었다. 그러나 심청은 이러한 잘못된 숙명을 흔들어 놓아야 했다. 예수가 자신의 죽음을 무릅 써야 당시의 온갖 모순을 드러내고 흔들어 버릴 수 있었던 것처럼. 심청의 언어는 이러했다. "정성을 다하자면 무명색한 재물을 바라리까." 우리는 '정성을 다한다'는 말에 주목한다. 예수의 십자가를 무릅 쓴 혁명은 정성을 다한 노력이었다. 그처럼 심청도 정성을 다하여 그가 품었던 가치를 실현해 보려고 했다. 정성을 다하는 것은 약자가 최선을 다하는 것을 말한다. 여기에서 정성을 다하는 것은 목숨을 거는 일이었다. 목숨을 거는 것은 정성의 지극함을 말한다. '죽으면 죽으리라'이다(에스더 4:16).

장 승상 부인은 지상의 어머니였다. 심청의 친 어머니는 심청을 낳고 곧 죽는다. 그러나 이 어머니는 지상의 사람이 아니었다. 인간으로 육화한 천사의 모습을 보여주고 있다. 그녀가 어떤 사람이었는가? 그는 가난한 민중 심봉사와 기꺼이 혼인했고, 그를 돌보았고, 바느질 솜씨 좋고, 경제적인 관념이 좋아서 집안 형편을 유족하게 이끌었다. 마을 사람들과 친하게 지내면서 경제적 사회적 유대관계 또한 잘 만들었다. 이것으로 마을의 존경받는 가족을 일구었다. 그러나 그는 심청을 낳자 곧 죽는다. 심청에게 어머니는 영원한 가치였다. 심청은 인당수에 빠져 죽은 후에 환생하여 어머니를 만나게 된다. 심청은 어머니가 만들어놓았던 관계를 어머니 없는 상태에서 회복하려고 하였다. 그래서 심청은 떠나지 못하게 붙드는 심봉사에게 이해하기 어려운 말을 남긴다. "아버지, 우리 부녀가 헤어지고 싶어 헤어지며, 전들 죽고 싶어 죽사오리까. 자식 된 도리를 생각하면 떠날 수 없사오나 하늘의 뜻이니 어찌하오리까. 아버지, 불효녀 심청이를 아예 잊으시고 부디 눈을 뜨시어 밝은 세상 다시 보시고 착한 사람 만나 아들딸 낳고 편히 사소서." 심청의 대사에서 심청은 효를 위해서 죽는다기보다, 하늘의 뜻 때문이라고 한다. 그리고 심봉사에게 착한 사람 만나서 아들딸 낳고 살라고 한다. 도저히 상식적으로는 이해할 수 없는 말이지만, 이것이 효가 아니라, 인간답게 사는 공동체와 가족을 세우기 위한 말이라고 생각한다면 심청이 목표로 생각했던 것은 부녀간의 효가 아니라, 민중인 아버지의 인간적 삶의 회복이었다고 할 수 있다. 심청은 알고 있었을 것이다. 공양미 삼백 석으로 부처님을 움직여 눈을 뜰 수 있을 것이라는 것은 한갓 망상에 지나지 않음을.

결국, 딸 잃고 쌀 잃고 눈도 뜨지 못하여 심봉사는 그대로 가난한 장님으로 남아 있었다. 눈을 못 떴을 뿐 아니라, 고생이 세월을 따라 더욱 깊어간다. 심청전은 당시 종교인 불교의 혹세무민의 행태를 잘 보여주고 있고, 민중의 삶을 심봉사를 통해서 그려주고 있다. 심청전의 완판본에는 뺑덕어멈, 장승상부인, 맹인 안씨 등 다양한 인물이 등장하면서 민중인 심봉사의 삶을 잘 그려주고 있다. 특히 아버지 심학규에 대한 현실적인 묘사가 두드러진다. 그런데 경판본에선 심학규가 충실하고 바른 인간이며, 심청에 못지않은 인간으로 묘사된다. 그러나 완판본에서는 그것은 현실적이지 않다고 본 것이다. 이이야기가 민중들에게 널리 알려지면서 점점 더 관념적 이념적 유교주의적 인물묘사에서 현실적인 인물묘사로 바뀌었다고 한다. 딸이 죽은 후 심봉사는 덤으로 받은 돈으로 비교적 유족하게 산다. 이 돈으로 여자(뺑덕어멈)를 얻고 여자에게 돈을 뺏기는 이야기는 당시의 민중의 삶을 잘 보여주고 있다. 결국 환생한 심청과 다시 만나는 순간 심봉사의 눈이 떠진다. 어떤 판본에서는 이때 모든 장님들도 함께 개안되었다고 한다.

심청은 쌀 삼백 석이 아니라, 목숨을 내 놓아야 민중 심학규의 문제가 해결될 수 있다고 믿었다. 따라서 이 이야기는 "이념공동체의 심청 살해"[4] 사건이라고 말하기 어렵다. 오히려 심청은 고난 받는 민중 메시야였다. 심청전 이야기에 나오는 평온하게 보이는 현실은 모순과 차별의 현실이었으며 폭력적 현실이었다. 공양미 삼백 석이 상징하는 물질로 해결할 수 없는 강고하고도 견고한 폭력적 현실이었다. 메시아 심청은 이러한 현실은 목숨을 내놓아야 넘어설 수 있다고 믿었다. 이로써 심청 이야기는 우리에게 이미 들어와 있는 십자가 이야기, 메시아 이야기가 된다.

VII. 마무리

이제, 채택된 방법이 VI의 심청 이야기에 어떻게 적용되는지 살펴보자. 먼저, 위에 기술된 심청 이야기는 사건의 내용 즉 스토리(Story)라기보다 담론적(담화적) 내러티브이다. 혹은 랑그와 비슷하기보다는 빠롤과 비슷하다. 즉 말해진 내러티브이다. 누구에 의해서? 이 연구자에 의해서 말해진 이야기인데, 이 연구자가 일정한 관점, 혹은 스토리의 연결 고리에 의해서 말한 담화이다. 어떤 사람은 심청

---

4 이정원, 『전(傳)을 범하다』 (웅진, 2010), 35.

이 이야기를 효 이야기로, 혹은 처녀살인 이야기로 꾸며서 이야기할 수도 있을 텐데, 신학자인 이 연구자는 이 이야기를 다른 관점에서 틀어본 것이다. 이러한 비틀던가 혹은 뒤집어 보는 작업이 자주 필요하다. 이런 작업을 통하여 이미 우리 안에 들어와 무의식으로 혹은 잠재의식으로 자리 잡고 있는 심청의 스토리를 새롭게 일깨울 수 있게 된다. 새롭게 읽고 말하기를 통해서 이미 우리 안에 들어와 있는 것들을 재의미화할 수 있다. 이러한 작업을 통하여 기성의 강고한 현실을 넘어설 수 있는 담론을 형성할 수 있다. 어떤 측면에서 보면, 새로운 담론은 전연 새롭게 창조되는 것이 아니라, 이미 들어와 있는 것들의 재조합을 통해서 만들어지는 것이 아닌지. 그러나 이렇게 재조합 혹은 재배열을 하기 위해서 우리는 새로운 개념 즉 십자가라고 하는 중심적 기표(master signifier)를 다른 이야기 群(기독교 성서의 이야기)에서 불러들인 것이다. 이 중심적 기표—이것을 나는 대안적 은유, alternative metaphor라고도 부르는데—를 통해서 새로운 합류가 일어난다. 십자가라고 하는 새로운 기표가 대안적 은유가 되어 심청의 이야기를 새롭게 읽게 만들어 주었다.

한국 크리스천들(주체)의 잠재의식이나 무의식 속에는 이처럼 성서의 이야기들과 우리의 민담들 그리고 다양한 이야기들이 이미지로 들어와 있다. 마치 랑그 혹은 기표(signifier)가 우리 안에 들어와 있는 것처럼 그러하다. 그러한 스토리들과 언어와 기표들은 아직 확정된 의미(signified, signifié)를 갖고 있지 않다. 그러나 지금의 주체들은 대체로 기존질서가 제공하는 의미를 내재화하고 있다. 그러나 어떤 특별한 사건이나 계기를 접하였을 때 이야기들과 언어들은 주체 안에서 새로운 의미를 얻게 된다. 심청 이야기의 이미지들은 한국인의 주체 속에 이미 들어와 있다. 그러나 그 이미지들의 의미는 합류의 과정을 통해 새롭게 바뀔 수 있다. 해석, 즉 새롭게 말하기를 통해 주체가 새로워진다. 그렇다면 신학의 과제는 우리 안에 이미 들어와 있는 이야기들과 언어들을 비판적으로 분석하고, 재해석하고 재구성하는 일이 될 것이다. 이것은 합류의 과정 속에서 기존의 지배적 언어를 대체할 대안적 언어(은유), 기존의 지배적 언어를 뒤집는 새로운 은유를 발견하면서 시작될 수 있다. 그렇다면 이러한 새로운 이해를 가져다주는 은유를 발견하는 것도 사건이라 아니할 수 없다.

3 장

이야기와 방법: 서남동 100주년을 기념하여

Volker Küster

(Professor of Mainz University)

서남동의 민중신학에 대해 쓴 글들과 이야기들은 그의 인생의 마지막 부분에 출판되었고 그러한 글들이 그의 신학적 유산이라는 생각이 든다. 영어로 쓴 논문들은 있지만 책은 한국말로만 썼고 영어로 출판된 적이 없다. 그렇지만 영어로 출판된 글들을 통해서 그의 신학을 짐작해 볼 수 있었다. 두 전통의 합류(기독교 안에 있는 민중 전통과 한국 민중 전통)로서의 역사에 대한 전망과 '이야기' 사용 방식이 그의 신학적 체계에서 매우 중요한 지점들이다. 두 전통의 합류라고 하는 개념을 소개하고 있는 서남동 30주년 기념 저서 중 "민중신학에 대한 역사적 자료들"[1]이라는 글을 심도 있게 읽고 그리고 영어로 출판된

---

1 참고 Suh Nam-Dong, Historical References for a Theology of Minjung, in: *Minjung Theology. People as the Subjects of History*, Maryknoll, NY1983, 155-182,

세 논문을 읽고서 나는 서남동의 이야기 신학에 대해 정리해 보았다. 서남동의 갑작스러운 죽음 이후 서남동에게 헌정된 서광선의 글을 중심으로 읽었고,[2] 이 글에 대해서 첫 번째로 논할 것이다. 그리고 서광선의 신학을 가지고 보다 넓은 관점에서 이를 확장시켜서 논할 것이다. 세 번째로는 서남동의 이야기 신학과 다른 문화신학이나 현장 신학과의 교류점에 대해서 논할 것이다. 그리고 마지막으로는 현재의 정치신학 담론에서 '이야기'라고 하는 것이 어떤 의미를 가질 수 있는가에 대한 물음을 제기할 것이다.

I. 이야기하기로서의 신학 - 서남동(1918-1984)

서남동에게 있어서 이야기하기는 그가 선택한 신학적 방법이라고 볼 수 있다. 특별히 남한은 미국과 결탁한 독재세력이 지배하고, 북한은 공산주의자들이 통치하여 둘로 갈라졌던 1970년대부터 1980년대까지의 한국 상황을 고려해 볼 때, 더욱 그랬을 것이다. 민중신학자들을 포함하여 남한에 살았던 기독교인들 중 대부분은 북한의 공산주의로부터 탈북하여 왔을 것이고, 또한 제2차 세계대전과 강한 반공사상으로 무장되었던 박정희 정권의 독재 통치를 경험하였

177; Volker Küster, God and History in the Theologies of Liberation – Reading Suh Nam-Dong Contrapuntally, in: Jin-Kwan Kwon and Volker Küster (Eds.), *Minjung Theology Today. Contextual and Intercultural Perspectives*, Leipzig 2018, 25

2 참고. Suh Nam-Dong, Theology as Story-telling – A Counter-theology, in: CCA/CTC *Bulletin* 1984/85 (page references in the text), 4-11; id., Cultural Theology, Political Theology and Minjung Theology (Review of a number of Choan Seng Song's earlier writings), op. cit. 12-15; id., Towards a Theology of Han; in: *Minjung Theology*, 55-69.

다. 따라서 맑시즘에 기초한 남미 해방신학의 방법론은 제1세대 한국 민중신학자들에게 만족스럽지 않았을 것이다. 그러나 서남동은 유물론적 언어를 사용하고 있고, 사회학적 분석을 계속해서 강하게 펼치고 있다. 이런 면에서 나는 서남동이 사용하고 있는 여러 종류의 이야기를 분석할 것이고, 그가 각각의 이야기들을 어떻게 다루고 있는지에 대해서 자세히 서술할 것이다.

다른 종류의 이야기들

서남동은 논문들에서 세 가지의 서로 다른 이야기들을 다루고 있고 그 글들은 다음과 같다:

조선왕조 시대(1392-1910)부터 18세기 후반까지의 고전들
1970년대부터 쓰인 현대 소설들 그리고 그 시대에 쓰인 실제 경험된 인생 이야기들
이야기하기로서의 신학(서광선)
문화신학, 정치신학 그리고 민중신학
한의 신학을 향하여: 민중신학, 역사의 주체로서의 민중

(1) 이야기들의 다른 장르들

이 논문 속에서 서남동은 세 가지 서로 다른 장르의 글들을 사용하고 있다.

- 고전: 안동의 신랑(『동상기찬』, 18세기), 승려 지승(안석경, 『삽교별집』, 18세기)

- 동시대 문학작품: 윤홍길의 <장마>, 김지하의 <비어>(1972)와 <장일담>(1974), 천승세의 <신궁>(1977), 양성우의 <노예 수첩>
- 실제의 인생이야기: 전태일, 김경숙(YH 노조), 오원춘(카톨릭 농민회)

(2) 세 가지 글들에 대한 평가

이 세 이야기는 모두 민중의 한(고통)을 묘사하고 분석하기 위해서 썼다는 데서 그 공통점을 찾을 수 있다. 실제 삶을 담은 이야기들은 민중의 한을 묘사하면서 그들과 함께 일했던 목사들과 사회 운동가들의 한의 사제로서의 역할 또한 나타내주고 있다. 평화시장의 여 노동자들의 열악한 노동조건을 고발하기 위해 방직 노동자 전태일(1948-1970)이 분신한 민중 사건은 그 당시 그 사건을 직접 목격한 서남동과 같은 지식인들을 일깨운 각성의 역할을 하였다. 그 결과 서남동은 현장 교회 즉 민중과 함께하는 교회를 만들게 된다.3 서남동은 또한 시위 중에 경찰에 의해 죽임당한 Y.H 노조원 김경숙에 대해서도 언급하고 있다. 가톨릭농민회 오원춘의 경우 잡혀서 몰매를 맞기도 했고, 감금되기도 했다.

민중의 한이 잘 묘사되는 것은 동시대의 문학작품들에서다. 윤홍길은 <장마>라고 하는 소설에서 한국의 가족들 대부분을 강타한 한국전쟁과 분단이라고 하는 시대적 현상을 묘사하고 있다. 신화적이

---

3 Suh, *Towards a Theology of Han*, 57 and 68 fn. 2 서광선은 이를 남미의 바닥공동체와 비교하면서 다음과 같이 말한다." 현장교회는 기독교적 공동체이며 사회운동에 연계하고 있다." 말 그대로 현장에 있는 교회라고 하는 의미이다.

면서 시적인 방법으로 윤흥길은 두 여인이 전통적인 개념의 한 가족 (한 남성을 남편으로 두고)에 속해서 살면서 생기는 한과 그것을 겪고 서도 다시 화해하는 과정을 묘사하고 있다. 김지하의 <비어>에서는 감옥에 가서 고문을 받게 되었고 결국엔 다리를 절뚝이게 된 불행한 인간에 대해 이야기하고 있다. 남아있는 그의 살덩이가 감옥의 벽을 따라 지나갈 때마다 한의 소리가 흘러나왔고, 그 소리는 감옥 널리 울려 퍼졌다. 김지하의 <장일담>은 판소리의 하나로 예수라고 하는 인물을 소재로 써졌다. 예수는 이 글에서 한을 극복하도록 가르치는 존재이다. 천승세의 <신궁>은 한 무당이 굿을 하고 있을 동안 자신 의 삶을 짓밟고 모든 것을 앗아간 부유한 남자를 죽여 복수한다는 이야기이다. 양성우의 <노예수첩>은 수천 년 동안 쌓인 한국 민족 의 한을 그리고 있다. 그런 면에서 이 소설은 한국 역사 속의 한국의 한을 묘사하고 있는 먼저 쓰인 고전들과도 맥이 닿아 있다.

한국 역사 속에서 나타났던 민중의 한을 언급하고 있는 고전 작품 들을 살펴보자. <동상기찬>에 나오는 승려 지승은 18세기 저항운 동을 한 인물이었고, 안석경의 삽교별집만록에도 아무것도 얻지 못 하고 죽은 하인을 대신해서 두 아이를 죽이려고 하는 유교 학자에게 서 두 아이를 살리는 이야기가 나온다. 두 이야기 모두 조선왕조의 시절을 살아가던 민초들의 고통에 대해서 묘사하고 있다.

서남동은 승려 지승의 구원적 역할과 요한복음 9장에서 눈먼 이 를 고친 예수의 이야기를 비교하고 있는데, 예수의 시대와 현실에 대 한 저항이 훨씬 더 급진적이고 영향력 있는 것이라고 해석하고 있다.

(3) 방법론적 숙고

서남동이 사용하고 있는 다른 장르의 이야기들(동시대 이야기와 고전 작품들)을 생각해 볼 때, 우리가 생각해 볼 수 있는 몇 가지 중요한 주제들이 있다.

실재 일어났던 이야기나 동시대 문학작품을 고려할 때 질문해 볼 수 있는 것은 '허구'와 '현실' 간에 얼마나 큰 차이가 있을 것인가 하는 것이다. 서남동에게는 이 차이가 절대적으로 없는 것처럼 보인다. 마치 민중의 한을 증거하고 있는 증거자료로 선택된 것처럼 보인다. 방법론적으로 사회적 분석과 문학작품의 사회학을 충분히 고려하고 있는 듯하다.

고전 작품들의 종교적, 문화적 상황은 유교나 불교일 것이며, 작품들 속에 존재하는 봉건적 그리고 가부장적 상황에 대한 시간적, 역사적 차이를 진지하게 다루어야 할 것이다. 고전 작품들을 살펴볼 때 두 가지 질문이 제기될 수 있다. 하나는 '어떻게 문화 해석학[4]과 장르 분석이 역사적 차이를 넘는 데 도움을 줄 것인가?'의 문제이고, 두 번째는 '제3의 비교'가 정확히 무엇인가 하는 것이다.

(4) "안동의 신랑" – 면밀한 분석

안동의 신랑은 안국이라고 하는 인물에 대한 소설이다. 유교 양반집 학자의 아들인 안국은 어렸을 때 글을 읽고 쓰는 법을 배우지 못했다. 아들이 공부를 하지 않은 것에 화가 나서 그 아버지는 안국을

---

4 Cf. Musimbi R.A. Kanyoro, *Introducing Feminist Cultural Hermeneutics. An African Perspective*, New York 2002.

안동이라고 하는 지방에서 일하고 있는 삼촌에게로 보내버린다. 그 삼촌 또한 안국을 교육시키는 데 실패하고, 지방의 가난한 공무원집으로 장가를 보내버리고 만다. 가난한 공무원은 왜 양반집 아들이 자신과 같은 형편없는 집으로 장가를 오려하는 지에 대해 의문을 품는다. 삼촌으로부터 그 이유를 듣고 나서는 그 결혼이 자신의 집에는 이득이 되기 때문에 결혼을 승낙하게 된다. 결혼하게 된 여성 역시 아버지와 함께 자신의 남편을 교육시키도록 학식 있는 사람을 동원해서 노력해 보지만 결국 실패하게 된다. 유교적 가부장주의 가치관과는 달리, 결국 아내가 남편을 교육하기로 결심하고 한국 역사와 고전들과 관련된 이야기들을 들려주게 된다. 남편에게 "이야기 한 두 개 들려줄까"라고 묻고 그의 주목을 집중시키고자 했다. 안국은 그 인생에 있어 처음으로 흥미를 가지게 되고, 마침내 아내가 들려주는 그 재미있는 이야기들이 어디에서 나온 것들인지에 대해서 묻는다. 아내가 답을 해 주자 안국은 이야기들이 있는 책을 찾게 되고 그 책에 흥미를 가지게 되면서 불가능한 것들이 없어지고 마침내 읽고 쓸 수 있게 되었다.

서남동은 문자와 대비되는 이야기들에만 강조점을 두면서 풍자의 구조를 놓치고 있다. 그 이야기들은 책에 문자로 '쓰인' 것들이 아니었던가! 서남동이 이야기들이 "하나님의 언어"라고 정의할 때도 사실 생각해 보면 이야기들을 담고 있는 성경조차도 문자로 쓰인 것이라는 것을 지적하지 않을 수 없다. 그러나 이러한 논쟁적인 반대주의는 문제삼기를 즐겨하는 1세대 민중신학자들에게는 전형적인 모습이었던 것 같다. 탈식민주의 페미니스트 레이 차우(Rey Chow)에 따르면 도구들은 중립적이며 "억압받는 자들의 페다고지"를 주창한 파울로 프레이리(Paulo Freire)는 가난한 사람들에게 문자를 가르치는 것이 매우 중요하다[5]는 것을 주장하였다. 서남동의 고전 차용에서 비판되어야 하는 것은 유교적 교육 체계의 문제점과 여성의 종속을 포함한 사회적 계층화의 문제이다. 서남동은 이러한 사회적 차별의 문제는 인식하고 있는 것 같이 보이지만 여전히 문자와 이야기 사이의 이원론은 유지하고 있는 듯하다.

또 하나 이상한 점은 서남동이 안동 신랑의 계몽과 전태일의 깨달음을 연결시키고 있다는 점이다. 아마도 젠더의 문제를 인식하고 있지 못하는 것은 아닌 것 같은데, 서남동은 '안동의 신랑' 이야기에서 신부의 이름이 알려지지 않은 것에 대해서도 문제제기를 하고 있다. 그럼에도 불구하고, 서남동은 그렇게 설득력 있는 삼중 비교를 하고 있는 것 같지 않다. 전태일은 가족을 돌보거나 남동생과 오빠의 교육을 위해 도시에 와서 노동을 해야만 했던 어린 여공들을 위해서 그들의 노동조건을 개선하라고 외치고 저항하기 위해서 그 자신을 불살랐던 사람이다. 이런 전태일을 아내에 의해 읽고 쓰게 된 안국과 비교하는 것은 앞뒤가 맞지 않는다. 서남동이 인정하고 있듯이, 유교적 교육체계의 가부장적 선입견들은 기독교 공동체에서도 작동하고 있는 듯하다. 민중신학은 이런 문제를 인식하기는 했지만 신학적으로 두드러지게 문제제기하고 개념화하지 않았기에 그러한 단점을 어쩔 수 없이 가지고 있다. 한국 여성신학자들이 민중신학에 대해서 가지고 있는 회의감도 이런 이유 때문이 아닐까 생각해 본다. 문화해석학과 고전적 이야기들에 이어서, 다음으로는 페미니즘을 민중신학에 쓰인 이야기를 분석하는 세 번째의 도구로 사용해 보고자 한다.

---

5 Paulo Freire, *Pedagogy of the Oppressed*, New York 1970.

II. 민중신학과 이야기

민중신학에 있어서 '이야기하기'는 중요한 방법론적 개념이라고 할 수 있다.[6] 현영학은 신학을 루머를 퍼트리는 것이라고 했다. 군사 독재와 억압의 상황에 있던 한국에서 루머나 이야기는 비밀스럽게 전해졌다. 그래서 루머나 이야기는 사람들의 소통을 위해 자주 쓰였던 매개체였고 성서를 읽을 때도 중요한 도구로 쓰였다.

예수야말로 최악의 가장 악명 높은 소문 제조기였다. 안식일이 사람을 위해 있는 것이지 사람이 안식일을 위해 있는 것이 아니라는 말이나, 하나님 나라는 부유한 사람들보다 가난한 사람에게 허락되었다는 말, 예수 자신이 죽음을 이기고 부활할 것이라는 말 등 모두 그 당시로는 엄청난 말이었다. 그는 죄인들과 창녀들과 먹고 마시고 떠들었고, 그래서 더 소문에 휩싸인 사람이 되었다. 아니 예수 자체가 루머(소문)였다. 예수는 이런 것들에 대해 인생을 그 대가로 치러야 했다 (47).

성서학자 안병무 역시 예수 사건을 전파했던 많은 사회적 공동체들을 찾아냈다. 당시 예수의 삶과 죽음은 예수를 따랐던 갈릴리 민중들(오클로스)에게 루머로 전해졌다. 그러나 고대의 교회들은 예수의 삶과 죽음을 '케리그마'로 해석하였다.

예수에 대한 이야기들은 그를 친밀하게 알고 있었던 사람들에 의

---

6 참조. the contributions in the aforementioned CTC Bulletin 84/85 (page references in the text). Küster, *A Protestant Theology of Passion.*

해 비밀스럽게 전파되었다. 이런 종류의 전승을 사회학적으로 '루머'라고 일컫는다. 루머는 예수 사건의 진실에 대해서 전하고자 했던 민중들의 노력을 담고 있다. 또한 예수의 소문(루머)은 민중들이 사회에서 자신들의 위치를 이해하게 할 수 있는 중요한 매체가 되었다. 그러나 권력자들에게 그것은 전복과 저항의 의미로 해석되었고, 따라서 예수의 소문을 퍼트리는 것은 위험한 행동으로 여겨졌다(30).

김용복은 공유된 이야기들을 민중의 사회적 전기라고 하였다.

현재까지 민중의 사회적 전기를 이해할 수 있는 유일한 방법은 민중들과 개입하고 대화하는 것이다. 그리고 민중들이 이야기하는 그들의 소리를 듣는 것이다. … 사회적 전기는 민중의 주관적 경험을 알게 하고 민중을 둘러싼 객관적 환경과 사회 구조 그리고 권력을 파악할 수 있도록 돕는다(70).

서광선은 신학자들과 기독교 사회 운동가들을 민중의 이야기들이 들려지는 공간을 확보함으로 그들의 한을 풀어주는 한의 사제들이라고 하였다.

우리는 민중의 호소와 신음을 신학으로 사회학으로, 사회 경제분석으로 알리고, 시, 드라마, 노래, 그림과 조각들로 나타내는 한의 사제직으로 부름받았다(62).

서남동을 기념하기 위해 CTC Bulletin가 쓴 글들은 모두 서남동이 이야기한 두 전통의 합류를 설명하는 좋은 예들이다. 다양한 저자들은 예수 이야기를 한국의 경험과 민중 이야기들과 연결짓고 있었고, 민중의 이야기를 예수의 이야기와 만나게 하였다. 민중의 이야기와 성서의 이야기들이 수평상보적으로7 읽히고 있다. 어떤 경우에는 두 이야기들이 서로 교차되기도 하고, 민중의 이야기가 예수 이야기를 더 분명하게 하기도 하고, 예수의 이야기가 민중의 이야기를 더 확연하게 만들기도 한다.

III. 상황(그리고 간문화적) 신학 속의 이야기

이야기 신학은 아시아 신학의 특색이라 할 수 있다. 남아메리카의 해방신학은 렉튜라 파퓰라(Lectura Popular)에 그 뿌리를 두고 있는데, 이는 기본 기독교 공동체 안에서 성서 읽기를 뜻한다. 어네스토 칼디날(Ernesto Cardenal)의 *The Gospel of Solentiname*(솔렌티나메의 복음서)는 이에 대한 전형적인 예이다.8 남아프리카의 이투메렝 J. 모살라(Itumeleng J. Mossala)는 흑인 신학의 관점으로, 제널드 O. 웨스트(Gerald O. West)는 그의 일상적인 독자 접근법으로, 우자마 센터(Ujamaa Center)에서도 이와 비슷한 방향으로 나아갔다.9 그러나 알렌 보에삭이 그의 투옥 경험의 빛에서 요한계시록을 읽었을 때, 또는 구스타보 구티에레즈가 남아메리카의 가난과 억압의 배경에서

---

7 이 용어는 에드워드 사이드의 개념을 차용한 것이다.

8 Ernesto Cardenal, *The Gospel in Solentiname*, 4 Vols., Maryknoll, NY 1976-84 참조.

9 Itumeleng J. Mosala, *Biblical Hermeneutics and Black Theology in South Africa*, Grand Rapids, Mich. 1989; Gerald West, *Biblical Hermeneutics of Liberation. Modes of Reading the Bible in the South African Context*, sec., rev. edition, Pietermaritzburg and Maryknoll, NY 1995.

욥기를 읽었을 때, 성서 이야기와 실제 삶의 이야기 사이의 관계가 개인인가 또는 공동체인가는 여전히 그 배경에 중심이 된다.[10]

아프리카 문화화(Inculturation) 신학의 첫 세대는 상황적 성서 읽기[11]나 이야기-말하기(story-telling)를 수행하지 않았다. 비록 민속학에 맞추어진 연극 방법을 존중하는 경험에 적용한 연구들이 민초들의 층위에 초기 실제적이고 이론적으로 이루어진 연구들이 대부분 이루어지기는 했지만, 이는 하나의 신학을 직업으로 가진 사람들의 연구였다. 그러나 최초로 이런 연구들이 수면으로 떠오르고 프로그램화되자 교회로부터 외면 받게 되었다. 무의식적으로 무엇인가를 수행하는 것과 의식적인 수준으로 그것을 끌어올리는 것 사이에는 차이가 있다. 무심비 칸요로(Musimbi Kanyoro)는 그녀의 글 "여성주의적 문화 해석학 개론"(Introducting Feminist Cultural Hermeneutics)에서 어떻게 가부장적인 성서 텍스트가 아프리카인의 가부장적 가치를 강화하고, 역으로 아프리카의 가부장적 가치가 가부장적 성서 텍스트를 강화시키는지 보여주었다.[12] 무사 두베(Musa Dube)는 아프리카 조직 교회(African Instituted Churches)의 영적 읽기를 분석하여 탈식민주의 해석학의 도구를 개발하려는 시도를 보여주었다.[13] 둘 다 아프리카 신학자의 세 번째 세대에 속해 있으며, 이 세대

---

10 Allan Boesak, *Comfort and Protest. The Apocalypse from an South African Perspective*, Louisville 1987; Gustavo Gutiérrez, *On Job. God-Talk and the Suffering of the Innocent*, Maryknoll, NY 1987.

11 존 므비티는 예외인데(John Mbiti), *New Testament Eschatology in an African Background. A Study of the Encounter between New Testament Theology and African Traditional Concepts*, Oxford and London 1971, 이는 신약 주석학으로 전문적으로 훈련받은 사람이다.

12 See fn. 4.

13 Musa W. Dube, *Postcolonial Feminist Interpretation of the Bible*, St. Louis 2000, 115-117; id., Fifty Years of Bleeding. A Storytelling Feminist Reading of Mark

의 성서학자들은 성서 텍스트를 아프리카의 콘텍스트 안에서 학문적 수준에서 다시 읽는 노력을 하고 있다.

이 간략한 설명은 모든 아시아 신학이 꼭 이야기—신학은 아니지만, 대부분의 이야기— 신학이 아시아 신학이며, 북동아시아가 그 진원지란 결론으로 우리를 이끈다. 여기 언급된 하나의 예외는 미국 디아스포라-신학의 여인들인데, 아시아 신학에서 명백히 독립되었지만 이야기를 말하는 방식을 사용해왔다. 흑인 여성 신학(Womanist Theology)의 어머니 중 한 명인 들로레스 윌리엄스(Delores Williams)는 그녀의 책 *Sisters in the Wilderness*(광야의 자매들, 1993)에서 흑인 여성들의 고난을 묘사한 소설을 소개했다. 이는 현재까지 흑인 여성 신학의 공통된 전략이 되어왔다. 다른 한편으로 무제리스타(Muje-rista) 신학의 네오테리스트(neoterist)인 아다 마리아 이사시-디아즈(Ada Maria Isasi-Diaz, 1943-2012)는 그녀의 책 *En la Lucha*(앤 라 루차, 1993)에서 히스패닉 여성들의 삶의 이야기들을 이용하여 그녀의 등장인물들의 곤경을 분석하는 민족학적 인터뷰를 통해 엮어냈다.

이야기를 통한 아시아 신학

송찬성은 명실공히 이야기 신학으로 대표되는 아시아 신학자이며 특별히 서남동과 민중신학과의 대화에 참여해온 신학자이다.[14]

5, 24-43, in: id. (Ed.), Other Ways of Reading. African Women and the Bible, Atlanta, GA 2001 참조.

14 C.S. Song, *Third Eye Theology. Theology in Formation in Asian Settings,* Maryknoll, NY 1979; id., *The Tears of Lady Meng,* Maryknoll, NY 1982; id., *The Compassionate God,* Maryknoll, NY 1982; id., *Tell Us Our Names. Story Theology from an Asian Perspective,* Maryknoll, NY 1984; id., *Theology from the Womb of Asia,* Maryknoll, NY 1986; id., *The Cross in the Lotus World(Jesus, The Crucified*

송은 그의 오랜 경력에서, 같은 방법을 따라 매우 공헌도 높은 여러 책들을 출판했다. 그는 보통 하나의 이야기로 시작하는데, 굳이 아시아의 이야기일 필요는 없고, 성서나 심지어 "신데렐라", "이상한 나라의 엘리스"와 같은 이야기도 있다.[15] 그는… 심지어 그의 딸들이 어릴 때 그린 이야기에 연관된 그림들로 그의 책에 수록하는 그림을 대신하기도 했다.[16] 송찬성은 예수에 대한 강한 편애와 함께 에큐메니칼 운동에 그의 경험들을 자유롭게 연관시켰다. 그의 이후 여정에서는 성서가 아시아의 이야기들을 점점 더 압도했다.

송찬성의 글에는 몇 가지의 이론적이고 방법론적인 면에서 서남동의 영향을 찾을 수 있다. 전문용어나 영역으로 들어가면 그는 상당히 모호하다. 심지어 어찌 보면 상황화하기(contextualization)란 용어에 저작권을 가지고 있는 대만 신학자 쇼키 코에(Shoki Coe, 1914-1988)[17]는 송찬성에게 신학적 대부와 같은 사람인데, 그는 무심코 이런 담론을 말했을 뿐이다. 그는 자기 개인의 전문용어를 발전시켰는데, 그가 "이스라엘에서 아시아"[18]에서 "교환"(transposition) 등을

People, - Jesus and the Reign of God –Jesus in the Power of the Spirit), 3 Vols., New York 1990-94; id., *The Believing Heart. An Invitation to Story Theology*, Minneapolis 1999; Karl H. Federschmidt, *Theologie aus asiatischen Quellen. Der theologische Weg Choan-Seng Songs vor dem Hintergrund der asiatischen ökumenischen Diskussion,* Münster etc. 1994.

15 Song, *Tell us our Names,* ix.

16 Ibid.

17 Jonah Chang, *Shoki Coe: An Ecumenical Life in Context. Translated by Hsiao, Ching-Fen,* Geneva 2012.

18 for similar spatial metaphors Koyama, *Mount Fuji and Mt. Sinai or Raimundo Panikkar,* The Jordan, the Tiber and the Ganges, in: John Hick and Paul Knitter (Eds.), *The Myth of Christian Uniqueness. Toward a Pluralistic Theology of Religions,* Maryknoll, NY 1987, 89-116. 고야마의 공간적인 은유와 비슷한 것으로 *Mount Fuji and Mt. Sinai* or Raimundo Panikkar, The Jordan, the Tiber and the Ganges, in: John Hick and Paul Knitter (Eds.), *The Myth of Christian Uniqueness.*

말할 때였다. 송 자신이 말하길,

신학적 방법은 재-숙고함의 어떤 것이다. 나에게 신학은 이야기하기 같은 것이다. 이야기는 스스로 당신이 이야기함에 따라 펼쳐지기 시작한다. 그리고 모든 방향으로 돌아다닌다. 심지어 곁길로 벗어나기도 한다. 그러나 이것이 이야기 말하기의 흥미로운 이유이다. 이야기는 자라나고 확대된다. 새로운 지형으로 인도하며 새로운 장면들을 묘사한다. 이야기-말하기가 이와 같은 것이라면 하나님의 이야기하심은 얼마나 더 대단한 것이겠는가! 이야기-말하기의 방법은 바로 이야기들을 말하는 것 안에 있다.[19]

동시에 송 박사는 또한 "역사 신학"에 관심을 가졌는데, 이미 그는 박사학위 논문에서 계시와 인간의 종교에 대한 틸리히와 바르트의 비교하였다.[20]

서남동은 송찬성의 초기 저작들에 대한 상세한 평론과 죽기 직전 "Tell us our Names"(우리의 이름 부르기)에 대한 짧은 추천사를 썼다. 그의 비평은 "계시"의 서로 다른 이해에 관한 것으로 송찬성에 동의하고 있다. 서남동은 맑스주의 용어인 계시의 상부구조와 하부구조를 구별한다. 계시와 역사의 관계가 신학적으로 다루어진다. 출

<hr>

Toward a Pluralistic Theology of Religions, Maryknoll, NY 1987, 89-116 참조.

19 C.S. Song, Five Stages toward Christian Theology in the Multicultural World, in: Peter C. Phan and Jung Young Lee (Eds.), *Journeys at the Margin. Toward an Autobiographical Theology in American-Asian Perspective*, Collegeville, MN 1999, 1-21, 2; cf. Song, *The Believing Heart*, xi.

20 C.S. Song, *The Relation of Devine Revelation and Man's Religion in the Theologies of Karl Barth and Paul Tillich*, unpublished Dissertation Union Theological Seminary, New York 1965. Cf. Song, *Tell us our Names*, 9.

애굽과 예수 사건은 사회-역사적 실재들이다. 송찬성은 다른 한편으로 서남동을 따라 선불교의 계몽의 상부구조에 초점을 맞춘다. 흥미롭게도 서남동은 일반계시와 특수계시 사이의 차이에 관해 적절하게 전통적인 입장을 취한다. 이는 만일 문화화(inculturation) 연구와 송찬성의 유교와 불교의 계몽사상에 대한 문제에서 서남동은 기준의 문제가 떠오르면 더욱 비판적이 된다는 것을 뜻한다. 리뷰의 마지막에 서남동은 한국 감리교의 토착화(indigenization) 신학이 사회-경제 그리고 정치적 맥락을 취하지 않는 것을 날카롭게 공격한다.

한국의 토착화 신학이 열매를 맺었고 '문화신학'이란 얼굴 아래에서 새로운 삶을 연장한 것은 의심할 나위 없다. … 그러나 역사적 계시의 물적 구조를 다루지 않고 사상의 상부구조 단계에서만 작동하는 제한된 연구는 환상이고 유령이다. 이런 종류의 신학은 결국 지배자의 이데올로기에 의해 복속되고 민중을 위한 수면제로 처방될 것이다 (15).

한국 신학계의 이런 분열은 송찬성에 대한 서남동의 인식에도 영향을 주었다. 서울에서 열린 1984년 "민중신학 컨퍼런스"에 참가한 그의 이후 담화는 그 둘 사이의 가상의 대화를 시도했다. 계시의 이해에 대한 질문에 관해, 그는 간결하게 이를 강조에 대한 문제일 뿐 실체가 아니라고 평가하면서 "하부구조"라는 용어가 해결이 필요한 문제라고 하였다. 송찬성은 민중신학을 매우 사회-역사적 방법으로 십자가의 신학으로 해석한다. 그 자신의 "Tears of Lady Meng"(맹부인의 눈물)이 아마도 또 다른 맥락의 배경에서 민중신학과 비슷하다.[21] 송찬성은 개괄적으로 대만의 정치신학과 해방신학을 강하게 옹호하는 사람이다. 그와 동시에 그는 서남동이 말한 "상부구조"로서 유교와 불교뿐만 아니라 민속문화와 샤머니즘과 같은 민속종교도 다룬다. 사실 그는 여러 번 한국 민중 문화와 종교를 그의 글에서 언급했다. 그러므로 서남동과 송찬성은 서로 적대자이기보다는 소울 메이트인 것이다. 서남동의 비판은 문화화(한국적 신학) 계획이 오히려 쉽지 않음을 말하는 것이다. 사회-경제적 계급 분석과 역사적 차원에 대한 서남동의 강한 유물론적 강조에 비해 그는 문화적 해석학이 부족하다. 그러나 송찬성의 "Tell us our Name"(우리의 이름을 말하라)의 책표지에 있는 서남동의 찬사는 저서에 대한 감사와 균형된 시각 이상을 보여준다.

송찬성은 세계의 민담을 탐험하고 '아시아적 관점으로 단숨에' 민중들의 구원을 향한 추진력에 대한 하나님의 응답을 묘사한다. 여기, 문화, 종교, 역사, 그리고 아시아 민중들의 고난은 하나님의 구원적 계시의 매개체이다. 확실히 이 연구로 그는 또 다른 성서 메세지를 아시아로 치환시키는 공로를 세웠으며, 이는 아시아 신학 형성에 기념비적 성취이다. 민담의 신학을 읽는 것은 매우 흥미 있고 계몽적이다.[22]

심지어 고수케 고야마(Kosuke Koyama, 1929-2009),[23] 또 다른

---

21 Volker Küster, Lady Meng Revisited – Doing Political Theology with Asian Stories of Suffering and Hope, in: *theologies and cultures* 7, 2/2010, 49-62 참조.

22 Blurb on the Backcover of *Tell us our Names*.

23 Kosuke Koyama, *Waterbuffalo Theology*, 1974; id., *Pilgrim and Tourist,* Singapore 1974, *50 Meditations*, Maryknoll, NY 1979 [Belfast 1975]; id., *No Handle on the Cross,* Maryknoll, NY 1976; id., *Three Mile an Hour God,* 1980; id., *Mount Fuji and Mount Sinai,* Maryknoll, NY 1985; Merrill Morse, *Kosuke Koyama. A Model for Intercultural Theology,* Bern etc. 1991; "narrative genre of theology" 230.

아시아 신학의 아이콘은 이야기라는 용어를 방법론적으로 사용하지 않았지만 지나가며 언급했음에도 불구하고,[24] 그들의 경력이 국제적으로 발전되어온 방법이나 신학함 안에서도 서남동과 송찬성은 마치 쌍둥이와 같다.[25] 그들의 글쓰기 방법은 서술적이고 그들의 사고 방법은 연상적이다. 고야마는 그의 자서전에서 이를 더욱 밝히고 있는데, 그는 태국에서의 사역을 회상하면서… "송찬성의 신학은 예수 중심이며 삼위일체적 틀에서 수행되는 반면에, 고야먀의 신학은 그의 루터란적 배경으로 인해 십자가 중심이다.[26] 둘 다 역사신학[27]에 대한 관심을 서술 신학의 관점에서 이야기에 접목시킨다"고 한다. 고야마의 고전인 *Waterfuffalo Theology*(물소신학)은 그의 낮은 곳으로부터 아시아적 맥락 안에서 성서 텍스트와 신학적 개념을 다시 심기 (re-root) 위한 자기비허적 접근을 위한 은유이다(118). 송찬성과 비슷하게 고야마는 하나의 명확한 개인의 전문용어를 상상했지만 맥락화됨의 논쟁에 대해 잘 인식하고 있었다. 그의 신학적 "neighbourogy" (이웃학)은 간단히 말하면 다음과 같다.

> 시골교회로 가는 길에, 나는 항상 진흙투성이의 밭에서 풀을 먹고 있는 물소 무리를 보게 된다. 이 풍경은 나에겐 큰 영감으로 다가온다. 왜일까? 바로 이 풍경은 내가 그리스도의 복음을 전한 사람들이 그들의 인생 대부분을 물소들과 함께 논에서 보낸다는 것을 생각나게 하기 때문이다. … 모든 형이상학적 사상들을 버리고 오로지 당장 손에 잡히는 '밥', '바나나', '후추', '개' 등의 대상을 사용함을 나에게 상기시

---

24 Koyama, *Waterbuffalo Theology*, 206 참조.

25 Koyama, *Mt Fuji*, 185f. 또한 서남동도 언급한다.

26 Volker Küster, *The Many Faces of Jesus Christ*, Maryknoll, NY 2001, 118-134 참조.

27 Volker Küster, *Waterbuffalo Theology*, 22f. and 52 참조.

킨다(39).

심지어 고야마는 송찬성보다 더 태국의 상좌부 불교(테라바다)의 해석만이 아니라 그의 고국 일본의 소승불교에까지 불교와 연결되어 있다. 불교의 개념인 "상호의존성"은 "십자가에 달린 마음"과 붓다의 자기비허 사이에 대화적 연결이 가능하다는 것을 입증한다.[28] 서남동이 그가 엘리트주의적이거나 내세주의적이라 여겨 불교와의 연결에 대해 비판적인 반면에 김용복과 서광선(David Suh)과 같은 민중신학자들은 마이트레야 불교를 민중불교의 한 형태로 다룬다.

두 번째 세대에서 곽퓨이란[29]은 아시아 여성 신학자로서 역사적, 대화적 그리고 탈식민주의적 상상력을 전한다. 여성주의 신약 성서학자 엘리자베스 쉬슬러 피오렌자의 방법을 적용해서 곽퓨이란은 중국 성서 여성의 이야기를 재구성하고, 서구의 선교 계획을 넘어서 기독교 신앙을 중국에 보급한 시골의 심지어 여성 대행인(agency)이 있었다는 것을 증명한다. 곽퓨이란은 그녀의 연구에서 이야기-말하기에 허스토리(Herstory) 쓰기를 합친다.

대화적 상상력이란 개념은 아시아의 창조적 해석학의 과정을 묘사한다. … 매우 공상적이게도 이는 성서와 우리 아시아의 실체를 다시 한번 관찰하며, 다수에 의해 객관적이고 중립적이라 여겨진 역사-비평 방법에 도전한다.[30]

---

28 Koyama, *Mount Fuji*, 95, 119. Cf. Kenneth Fleming, *Asian Christian Theologians in Dialogue with Buddhism*, Bern etc. 2002.

29 Kwok Pui-Lan, *Chinese Women and Christianity, 1860-1927*, 1992; id., *Discovering the Bible in the Non-Biblical World*, 1995; id., *Introducing Asian Feminist Theology*, 2000; id., *Postcolonial Imagination and Feminist Theology*, 2005.

'탈식민적 상상'은 여러 형태와 외형을 가진 모든 식민적 징후에서 떨어져 나오는 하나의 희망, 결단 그리고 과정이다.[31]

곽퓨이란은 성서를 "말하는 책"으로 보고, 아시아의 종교와 해석학적 전통들의 거룩한 기록들과 대화에 참여시키기를 원한다. 꼭 생각해 봐야 할 문제는 재현의 문제를 일으킨 가야트리 스피박의 유명한 논문 "서발턴이 말할 수 있는가?"이다.[32] 상황적 신학자들은 가난한 자들과 억눌린 자들의 이야기들이 들려지는 공간을 창조하려고 한다. 그들은 그들의 주체성과 지역적 대리 기구들을 지시함으로 허스토리(Herstory)를 다시 쓴다.

IV. 지금 이야기

민중신학이 그의 슬로건 "역사 주체로서의 민중"이 내용면에서 여전히 근대의 계획에 속해 있는 반면에, 그 방법론은 이미 포스트모던의 조건의 방향으로 변했다.[33] 장 프랑소아 리오타르(Jean Francois Lyotard, 1924-1988)의 캐나다 정부에 보낸 리포트가 흥미 있는 이유는 그 주된 관심이 그가 창조한 언어 게임이기 때문이다. 리오타르는 계몽주의나, 맑스주의 등의 근대의 메타 서사의 종언을 고하였고, 대

---

30 Kwok, *Discovering the Bible*, 13.

31 Kwok, *Postcolonial Imagination*, 2f.

32 Gayatri Chakravorti Spivak, *Can the Subaltern Speak?* in: Cary Nelson and Lawrence Grossberg (Eds.), *Marxism and the Interpretation of Culture*, Chicago 1988, 271-313.

33 Jean Francois Lyotard, *The Postmodern Condition. A Report on Knowledge*, 1979 참조.

신에 지역적 서사의 능력을 선전한다. 현재 우리는 가장 나쁜 형태의 메타 서사의 귀환을 경험하고 있다. 트럼프의 "미국을 다시 위대하게"는 세계를 휩쓸고 있는 새로운 국가주의적 광신주의의 증상이다. 계몽주의, 민주주의, 인권 등과 같은 서사는 불행히도 그 빛을 잃어가고 있다.

Pussy Riot[34]이란 러시아의 여성주의 예술가 그룹의 구성원들은 펑크 연주를 통해 서구에 알려지게 되었는데 2012년 모스크바의 러시아 정교회 중앙 교회인 구원자 그리스도 성당에서의 기습 공연을 2017년 뉴욕의 트럼프 빌딩에서도 붙게 했다. 푸틴과 트럼프의 친밀한 관계에 그들은 전복적인 선언들로 대항하였다. "미국을 더욱 위대하게"[35]란 연극과 비디오는 둘의 국가주의와 광신적 애국주의를 목표로 한다. 비디오에서 나데즈다 토르코니코바(Nadezhda Toloko-nnikowa)는 트럼프의 당선을 보도하는 CNN의 뉴스 아나운서를 연기했다. 그녀는 또한 대통령의 집무실에서 트럼프로 분하여 대통령의 책상에 카우보이 부츠를 신고 다리를 벌리고 있는 모습을 연기했다. 마지막에 그녀의 옷이 벗겨진 채 두 명의 경찰 옷을 입은 트럼프에게 검사를 받는 사도-마조히즘 장면이 나온다. 바로 여성의 몸은 이래야 된다는 트럼프의 생각을 만족시키는지 검사하는 것이다. 여러 연속되는 장면에서 그녀는 소인이 찍히는데, 이는 트럼프에 의해 차별 받아 다른 낙인들이 찍힌 소수자들을 구체화한다.

Pussy Riot은 공공의 공간에서 정치 신학의 새로운 차원을 지시한다. 그들의 신학적 중재나 간섭은 로마 정통 교회와 국가와의 동맹

---

34 러시아의 펑크 락 그룹, 11명으로 구성. (역자 주)

35 https://www.youtube.com/watch?v=s-bKFo30o2o. A sequence from the video was shown as introduction to the lecture at Yonsei University.

을 반대하고 있다. 키릴 1세와 푸틴 모두 그들의 비판의 타깃이다. 펑크 플레이어의 내용만이 아니라 법적 고발 중의 선언들은 그들이 기독교적 믿음에서 이들을 끌어왔다는 것을 보여준다.[36] 더 나아가 그들은 구원자 그리스도 성당에서 그들의 기습 공연 이후에 만약 그들이 종교적 감성에 상처를 입혔다면 사과한다고 솔직히 말했다. 그러나 기독교 교회의 진정한 사명을 상기시키기 위한 그들의 시도에 대해서 사과한 것이 아니다.

사회 미디어와 유튜브는 21세기에 이야기-말하기의 방법이 되었다. 그들은 민중 운동으로 수행되는 소문을 만드는 것과 비슷하다. 트럼프 자신은 그의 대통령직을 트위터를 통해 수행하고 그를 전복시키려는 목소리들을 가짜 뉴스라 이름하며 그에 대한 비판을 침묵시키고 비난하려 한다. 그러나 이야기들은 그것이 Pussy Riot에 의해 그리고 그 가운데 만들어진 것과 비슷하게 지배적 담론과 메타서사들을 전복시키는 것으로 남아있다.

---

36 예를들어 the letter to Patriarch Kyrill, in *Pussy Riot! Ein Punkgebet für die Freiheit*, Hamburg: Edition Nautilus 2012, 29-32; Nadescha Tolokonnikowa quotes from the Gospel of Luke (cf. Pusy Riot! 23); Maria Aljochina was a volunteer in orthodox youth work (cf. Joachim Willems, *Pussy Riots Punk-Gebet: Religion, Recht und Politik in Russland*, Berlin: Berlin Verlag 2013, 50) 참조.

폴커 퀴스터, "이야기와 방법: 서남동 100주년을 기념하여" 논찬적 질문들

최순양

(이화여자대학교 교수)

폴커 교수는 이 글에서 서남동의 이야기 신학을 그가 참고로 했던 글들을 중심으로 분석하고 있다. 서남동은 안동의 신랑이나 김지하의 '비어'등을 통해서 민중의 삶과 자각을 설명하고 있다. 여기서 서남동이 민중의 언어를 인식할 때, 구어(말하기)와 문자어(쓰기) 사이의 차이를 소홀히 다루고 있다고 분석하고, 신랑을 깨우치게 한 신부에 대해서는 분명하게 밝히고 있지 않아 여성의 정체성에 대해서 드러내지 않고 있다고 비판한다.

그리고 현영학, 안병무, 김용목, 서광선 등 후대의 민중신학자들이 서남동의 신학에서 드러난 이야기를 분석하는데, 그것은 바로 루머이다. 민중들은 바로 예수의 소문(루머)을 퍼뜨리고 그럼으로써 예수를 알린 사람들이었다고 서술하고 있다.

이후 폴커 교수는 서남동의 이야기 신학과 연관 지을 수 있는 아시아 신학자 송천성, 고수케 고야마 등과 곽퓨이란 그리고 아프리카 신학자 무사 두베 등과도 비교하면서 서남동의 신학이 아시아 신학자 및 탈식민지 여성신학자들과 어떻게 비교 연결될 수 있는 지에 대해서 분석하고 있다. 그러고 나서, 마지막으로 푸시 라이옷이라는 러시아의 여성주의 펑크 그룹이 트럼프나 가부장주의, 신자유주의식 경제체제에 대해서 어떻게 비판하고 저항하는지를 설명한다.

이 글에 대한 질문은 다음과 같다.

1. 폴커 교수에 따르면 민중들이 '이야기'를 인식하는 것과 '문자'를 알고 있는 것을 서남동은 구분하고 있지 않다고 지적하고 있는데, 그것이 이야기를 안다고 해서 문자를 아는 것은 아니라는 말일까? 레이 차우나 파울로 프레이리와 비교하면서 제기하는 질문은 구체적으로 무엇인가? 안동의 신랑에서 나오는 신랑이 아내가 가르쳐 주는 것을 통해서 문자와 말하기를 동시에 배웠을 가능성이 없다고 짐작하는 것처럼 느껴진다. 그래서 서남동이, 민중들이 '언어'를 습득할 때, 문자언어를 습득하는 것은 고려하고 있지 않기 때문에 그 한계가 느껴지는 것으로 해석하고 있는 것으로 짐작된다.

그러나 한편으로는 '문자언어야 말로 민중에게 강요하지 않아도 되는 것이 아닐까'라는 생각도 하게 된다. 자신의 현실과 경험을 '이야기'하고 전할 수 있는 것도 큰 저항의 도구가 되지 않을까… 문자를 습득해야만 저항할 수 있다는 것도 지식인 중심주의가 될 수 있기 때문이다.

두 번째는 서남동의 글에서 여성들의 정체성이 분명하지 않다는 것은 어떤 면에서 그렇다고 생각하는가? 하나는 '안동의 신랑'에서 아내의 이름이 나와 있지 않다는 것, 그것도 남편의 이름은 표기되어 있는데, 그 남편을 가르쳐서 깨우친 아내의 이름이 무명이라는 것이 여성을 드러내지 않는다는 의미인 것 같다. 그렇다면 이 한 예로만 민중신학이 여성의 정체성을 고려하지 않았다거나 '가부장주의'를 품고 있다고 말할 수 있는 근거로 들어도 될 것인가?

서남동이 민중신학 속에서 유교적 가부장주의의 문제를 개념화하지 않았고, 충분히 문제제기하지 않았다고 폴커 교수는 지적했는데, 그것에 대한 충분한 예와 근거가 미흡해서 아쉬운 점이 있다고 생각한다.

2. 곽퓨이란과 송천성 등의 아시아 신학자들의 이야기와 서남동을 비교할 때 그 차이점은 사회비판적 차원에서 다르게 나타나지 않을까? 이야기 신학으로서의 서남동 신학을 아시아나 서구 신학과 연결할 때 정치 사회적 구조에 대한 비판과 저항의 목소리는 약화되지 않겠는가?

송천성과 곽퓨이란 역시(둘이 같은 성향은 아니지만) 그 자신이 속한 문화에 대한 긍정적 평가 그리고 서구 중심적 사고를 떨쳐내려 시도하는 신학자이기는 하지만, 서남동이 자리하고 있는 민중신학만큼 그 당시의 사회적 문제에 대해서 비판적이지는 않았다고 생각된다. 따라서 서남동의 독특성은 그러한 구조에 대한 비판(군사독재, 경제계급 갈등 등)에 있다는 것을 한 번 더 다루어 주었으면 좋지 않았을까 하는 아쉬움이 남는다.

3. 마지막으로 현재의 이야기에서 다루고 있는 여성주의 그룹 푸쉬 라이옷이 하는 사회 비판적 기능이 어떻게 신학과 혹은 '이야기로서의 신학'과 연결될 수 있는 지, 거기에서 찾아볼 수 있는 신학적 의의는 무엇인 지에 대해서도 설명했으면 더 전달성이 좋았을 것 같다고 생각해 본다.

4 장

합류와 배반의 시대를 넘어 영성 민주주의로

: 민중예술과 민중신학이 합류했던 민중문화 시대의 성찰

김봉준

(민중화가)

　제목을 고르다가 이렇게 붙였다. 1970, 80년대에서 촛불혁명 이전까지를 합류와 배반의 시대라고 보았다. 그리고 70년~87년까지를 민중문화시대라고 명명했다. 그 이유는 본문에서 밝힌다. 이 글은 학술적 논문도 아니고 개념 정리가 잘된 논술도 아니다. 학자도 아니고 연구자도 아닌 그저 장인 예술인의 생각을 이야기로 남겼을 뿐이다. 나는 평생 야인처럼 살아와 학문과 거리가 먼 예인에 불과하다.

　그럼 무슨 이야기냐. 1970년대에서 1980년대를 풍미했던 민중문화시대를 돌아보며 민중미술, 민중예술이 태동했던 당시의 기억을 되살리며 사실을 증언하고 당시 민중문화로 합류하던 흐름을 소개하는 것으로 시작하련다. 허나 나의 기억은 다 맞다고 볼 수도 없다. 그냥 한 예술인의 체험을 생각나는 만큼 드러낼 뿐이다. 민중예술과 민중신학을 지성적으로 논할 능력도 없고 내 영역도 아니기에 그냥 나의 체험과 기억을 좇아서 직관하며 돌아본다. 그래도 당연히 전망과 성찰은 따를 것이다. 이 성찰을 바탕으로 오늘날 촛불혁명시대를 재조명한다.

당시를 민중문화 시대라고 부르는 데는 그만한 이유가 있다

1970년대는 역사와 문학과 신학을 필두로, 민중 개념을 화두로 한 학문이 태동하던 시대였다. 물론 민중적 시각은 4.19의 성공과 좌절 이후 벌써 태동하였다. 민족문화연구소 등이 그것이다. 그러다가 1970년대에는 여러 장르와 학제로 민중적 인문학이 형성되었다. 그 역사적 계기는 4.19 미완의 혁명이 문화적 허기를 더하게 되면서 민중이 역사의 주체로 주목하면서부터일 것이다. 그러다가 1970년대 노동자의 일방적 희생을 강요하는 산업화로 계급모순이 점점 더 심화되었고 여기에 저항하는 전태일 같은 노동자가 생기며 학생 지식인들이 민중적 저항에 가세한다.

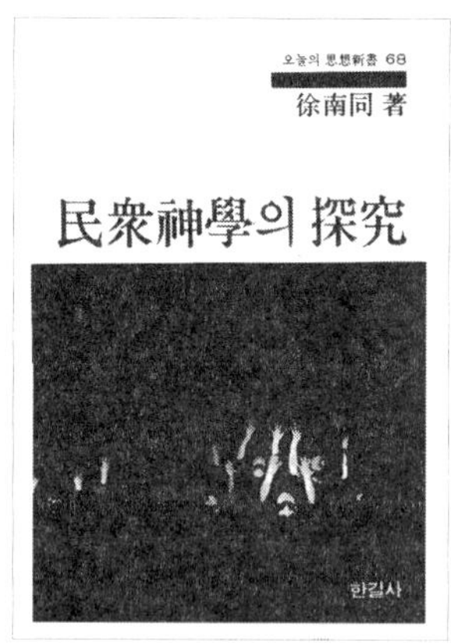

서남동 저서, 1983년 11월 발간

민중미술편집협회, 1985년 발간

쿠데타 세력은 분단체제를 이용해서 사상과 표현의 자유를 억압하며 영구집권을 획책하였으니 민중과 지식인은 폭압권력에 인권과 생존권이 위협받으면서 저항은 더욱 커졌다.

부마항쟁이 일어났고 박정희 절대 권력이 10.26으로 갑자기 무너지면서 군부세력이 재집권을 꾀하며 5.17 쿠데타를 일으키고 5.18을 만난다. 광주민주항쟁은 다른 지역의 민주항쟁과 다르게 공동체적 연대와 광주를 민중해방구로 만든 끈질긴 저항이었다. 1980년을 전후로 일어난 민중의 혁명적 저항들은 좌절한 듯 보였으나 1980년대를 줄곧 긴 혁명의 시대로 만드는 원동력이 되었다. 특히 광주시민의 희생이 큰 5.18은 민중혁명으로 다시 부활할 것이라는 믿음을 주었고 부활의 믿음은 민중신학, 민중교회운동에 큰 영향을 주었다. 예술도 마찬가지여서 민중 주체의 예술, 민중과 함께하는 예술, 해방의 예술을 바라는 민중예술이 1970년대 초부터 형성되었지만 5.18을 만나며 양적, 질적, 비약적 발흥이 일어난다. 특히 민중가요가 폭발적으로 늘어나 시위 때마다 민중가요로 부르게 되었고 민중미술도 마찬가지로 현장의 투쟁과 함께 성장했다. 민중미술도 현장 민주화 운동의 산물이다.

민중예술은 이런 시대정신으로부터 출현했다. 1970년대 문화예술 후배세대들은 1960년대 세대와 좀 더 다르다면 보다 구체적이고 실질적인 예술에 관심을 두기 시작했던 신세대였다. 취미를 다양하게 실현하고 싶어 하는 신세대 욕구와 선배들이 '64 한일회담반대-민족적민주주의장례식으로 모아진 문화운동은 민중문화운동의 태동이 학생민주화 운동임을 알 수 있다. 여기서 제기 했던 전통 형식과 사상과 미학은 훗날 1970년대 구체적 전통예술의 계승으로 나타났다. 민족문화예술 전통의 전반적인 학습과 계승운동이 일어났으니

'탈춤부흥운동'을 비롯하여 풍물, 민요, 판소리, 민화, 민담 등의 계승 운동이 일어났다. 특히 마당극은 여러 전통 장르를 흡수하면서 시대의 내용을 담아서 집회에서 직접적 소통을 하는 예술이라는 점에서 가장 매력적인 인기를 끌었다. 다양한 실험이 시도 되었으니 구비문학적 마당극대본, 김지하 담시의 임진택 창작판소리, 채희완의 창작탈춤, 김구한, 이종구, 김영동의 창작 국악, 김민기의 창작 가요, 김명곤의 판소리 마당극, 김봉준의 창작탈 등은 유신시대에 저항하는 젊은 예술가들의 새로운 시도였다. 1970년대 엄혹한 유신시대, 새로운 예술의 꿈을 민족적이며 민중적인 예술로 창작하려 했던 청년 예술인들의 풍경이 지금도 눈에 선하다. 민중예술이란 이름이 본격화하지 않았어도 적어도 민중, 민족, 민주주의가 이들의 예술인에서도 중요한 화두였다. 그리고 이들의 배후이자 선배에 조동일, 김지하, 황석영 같은 걸출한 문인들이 있었다.

민중예술은 그렇게 시작하였으나 1970년대 중반 유신정권의 탄압이 극심해지면서 도피와 하방으로 점점 더 민중현장 중심의 예술운동으로 번져갔으니 민중문화의 민중주체 형성이 더욱 두드러지기 시작하였다. 전태일의 분신, 여성노동자들의 민주노조운동, 노동문학의 출현, 현장 노동자의 일상적 문화욕구에 부응한 전통예술 현장전수 등이 민중현장적 민중예술을 형성하게 했다. 이것도 삼십 년이 지난 오늘 돌아보면 다 형훼화(形骸化)되고 풍물놀이와 민중가요와 민중미술(지극히 소규모), 민중축제만 남는다. 그러나 민중문화의 형성과 발전은 이런 현장 문화활동이 토대가 되었다. 여기에 훗날에는 독립영화가 보태지게 되었다.

서남동 민중신학의 특징들

서남동 목사의 사유도 민중예술 태동기의 귀납적 사고와 활동과 비슷하다.

잎만 무성하고 열매가 없는 나무가 되지 말자는 것이다. 관념적이고 연역적인 사유에서 귀납적 실천적 사회과학적 방법으로 신학을 하자는 것이다. 차라리 교단을 쫓겨난 교수 언론인 지식인들이 당대의 이데올로기를 넘어서서 새 학문을 시도하고 정치적 대안도 제시하자는 것이다(서남동,『민중신학의 탐구』, 317).

민담은 '민중의 언어'다. 그들 자신의 이야기다. 그들의 괴로움과 그들의 희망이 담겨진 그들의 말, 그들 사이에서 서로 주고받는 이야기, 그로써 그들을 하나로 느끼게 하는 공동체의 공간이다." "민담이라는 것이 민중의 집단적 영혼의 공간을 갖고 있으며, 민중의 '사회적 전기'의 성격을 지니고 있다(서남동,『민중신학의 탐구』, 279).

예수의 온 관심은 민중해방에 있었기 때문에 민중은 신학의 일부가 아니라 신학의 전부이며 따라서 민중을 망각하는 한 그것은 신학이 될 수 없다(서남동,『민중신학의 탐구』, 199).

서남동의 민중 개념은 시대적으로 한정된 개념이 아니다. 역사 속에 변천하며 나타난 가난하고 억눌린 피압박 인간을 모두 통칭한다. 선한 사마리아 사람들에서 봉건시대 노예적 농노, 전통시대 농민, 근대기 산업노동자, 산업도시의 시민까지 역사적으로 변해왔지만 본질은 다 같은 민중이라는 것이다. '민중을 망각하는 한 신학이 될 수 없다'는 생각은 민중을 계급적 개념에만 두지 않고 인류사 전역에 걸친 인민을 말한다. 그는 민중의 민담에서 집단적 영혼을 찾는다. 그렇다고 한은 자칫 부당한 체제를 영속화할 수 있기 때문에 지배체제를 합리화시켜 주는 쪽으로 역할을 하는 종교가 되어서는 안 된다고 한다. 저항의 주체로 민중이 굳게 뭉쳐 '민중의 소리'를 내야 한다는 것이다. 민중이 주체가 되어 민중의 사고로 민중의 집단적 영혼을 강조한 것이다. 여기서 아시아 민중의 범제신주의 영혼을 존중한다.

민중신학이 한국적 주체의 민중신학으로 형성되었듯이 민중예술에서도 1960년대 맹아기를 거쳐 1970년대 탁월한 예술가들이 서막을 알리게 했다. 특히 김지하의 저항정신은 혁명과 예술, 신과 정치의 합류를 온몸으로 실천하면서 시대정신의 상징이 되었다. 후배들에게 많은 영향력을 준 것이 사실이다. 김지하의 <소리내력>, <오적>, <똥바다> 등의 담시를 가창한 임진택의 창작판소리, 채희완의 <예수전>, <미얄>, 임진택의 창작판소리와 마당극 <밥>, 김민기의 <아침이슬>, <상록수> 등 창작가요, 오윤의 목판화 등은 1970년대 초기의 민중예술을 형성하는 소중한 씨앗이 되었다.

민중미술의 태동도 정신적 빈곤을 극복하며 대안을 찾던 민중문화 시대에 나타났다. 청년미술인들의 주체적 자각으로부터 시작했다. 새로운 미술의 선언 "예술은 현실의 반영이다"(김지하), "현대미술소사"(김윤수) 등의 이론이 나왔고 1970년대 초 벌써 오숙희, 오윤 남매의 삽화와 포스터와 판화 등에서 새 민중미술의 맹아가 싹텄다. 멕시코 혁명기 서사화와 우리 민족전통미술을 학습하며 시대적 주제를 담기 시작했다. 오숙희의 새 미술의 맹아는 오윤으로 계승되었다. 이후 서울미대 출신들을 중심으로 '현실과 발언' 미술동인이 태동하였다. 그러나 양적이며 현장적인 민중미술의 태동은 현장 민주화 운동과 같이 했던 지역에서 청년미술가들에 의해 본격적으로 일어나기 시작했다. 경기 서울지역 중심의 민중미술 그룹은 두렁과 우리그림회 등이 있었다. 광주는 민주화운동과 함께한 시각매체연구소가 있었다. 서로 교류하면서 걸개그림운동 판화운동을 시민 속에서 일으켜 1980년대 민중현장 속 민중미술운동으로 본격화했다.

민중신학과 민중예술의 본격적 만남

마당극이 1976년 KSCF 집회나 산업선교회, 제일교회, 경동교회, 한빛교회, 향린교회 등에서 펼쳐진다. 예수의 생애를 오늘 지금의 현실로 재해석한 마당극 <예수전>, <민중예수>, <땅의 사람들> 등이 대학 탈춤반 출신들, 창작마당극단 한두레와 기독청년들이 합류하며 공연 되었다. 채희완, 김민기, 한승호, 김상복, 김봉준, 김경란, 정연도, 박용범 등이 배우와 연출로 활약하였다. 이때 <예수전> 마당극은 다섯 마당으로 구성되는 데 앞풀이, 떨거지들의 잔치, 예루살렘인들의 잔치, 죽음의 길 골고다, 뒤풀이로 구성되었다. 예수의 마당극적 해석은 민중 예수, 혁명아 예수, 광대 예수라고 할 수 있다. 이때 번지기 시작한 남미의 해방신학, 국내의 민중신학이 생기며 영향을 주었다고 할 수 있고, 민중문화예술인들이 출현하면서 예수를 탈춤의 민중적 세계관으로 재해석하였다고 볼 수 있다. 예수와 미얄의 부활을 비교하며 보았고 마당극 뒤풀이의 난장의 해방구를 중시했다. 민중신학과 민중예술 양쪽은 마당극과 창작탈춤으로 합류하였다.
이러한 합류는 막연한 만남이 아니었다. 탈춤의 대립과 갈등구조를 예수 이야기에 대입시켰다. 제사장과 예수, 예수와 유다, 바리새와 예수의 대립을 이야기 마당극으로 펼치고 민중을 잘 노는 떨거지로 묘사하며 예수의 죽음이 부활로 거듭나는 장면들은 민중의 죽음과 부활로 해석되고 있었다. "우리 모두가 죽음을 통해 새로 태어나지 못한다면"이란 대사에서 보듯이 민중 떨거지들이 죽음을 통한 새로운 생명의 시작을 예수의 부활로 보았다. 그리고 이 부활은 난장으로 구질서를 깨고 새 질서로 나가는 해방놀이로 표현되고 있다. 혁명을 특별한 영웅이 출현함이 아니라 평범한 민중의 죽음에서 부활하는 것으로 설정된다. 이것은 조선시대 탈춤의 마지막 장면이 한결같이 미얄의 죽음에서 민중 자신의 부활을 꿈꾸던 장면과 맞닿아 있고 전태일의 분신과 민주노동자로 부활과 연결되어 있었다.

1970년대 민중문화로 대합류가 일어난 데는 유신독재의 잔악한 탄압을 겪으며 민중의 아픔과 자신의 탄압에서 자유의 소중함을 자각하게 된 학생지식인이 다량으로 배출되었던 정치적 환경이 가장 크다. 박정희 정권이 민중문화의 씨앗에 물을 준 셈이다. 당시 수많은 제적 학생들이 노동현장으로 들어가 민중문화예술의 씨앗을 뿌렸다. 민중문화 주체의 형성은 노동자가 학생청년들의 도움을 받아 자기문화를 만들어가면서였다. <동일방직문제를 해결하라>같은 동일방직 노동자의 최초의 노동자 마당극이 증언하고 있다.

민중신학의 종교사상적 흐름과 민중문학의 인문사상적 흐름이 합류하며 민중문화의 정신적 방향을 제시하고 있었다. 그러나 예술, 민중과 정서적 연대를 시도하며 민중예술을 창조하는 흐름은 지식인 문화운동만으로는 앞길이 막막하였다. 지성적 문화만 아니라 민중문화의 롤 모델을 찾아야 했으니 그것은 탈춤이었다. 조선 탈춤은 1970년대 10여 가지로 전국에 걸쳐 지역 전승되고 있었는데 여기서 말로만 하고 글로만 읽던 민중의 미학, 민중사관이 아닌 민중예술의 전범적 실체를 접하게 된다. 그 열풍이 탈춤운동이었는데 이것은 군사독재 유신시대 내내 대학 문화써클의 반항자, 청년 방외문화, 비주류 저항문화의 뿌리 같은 것이었다. 탈춤운동은 권력과 기성제도 문화권에서 견제 받았으나 역동적 청년문화의 기수로 1970년대를 풍미하였다. 탈춤은 약 100년 전까지도 민중문화의 실체였으니 가장 믿고 따라 배우려는 민중문화적 후손들이 등장한 것이다. 탈춤의 특징인 역동적 신명의 문화, 우리 문화예술의 종합적 정체성, 조선 예술미학의 정수 담지, 조선 민중신앙과 사상의 포지 등으로 당대의 청년들을 매료시켰다. 정체성 혼란의 시대에 새로운 민중문화와 민중예술 구현을 갈망하던 시대에 롤 모델처럼 등장한 것이다. 이후 나타나는 전통문화예술 일반의 학습과 계승운동으로 문화를 주체적 시각으로 보게 되었다. 이를테면 생활문화, 민중미학, 마당극, 창작판소리, 창작탈춤, 탈, 걸개식 굿그림, 창작노래들이 탈춤운동 속에서 이미 배태되었다고 해도 과언이 아니다.

특히 탈춤은 민중미학 사상을 세우는 데 중요한 텍스트로 작용했다. 민중예술 초기 작업, 김지하 시인의 탁월한 창작 판소리 사설<소리내력>도 탈춤 미얄마당의 영향이 컸을 것이다. 민중이 죽어서 부활한다는 줄거리를 잡은 <예수전> 역시 미얄마당의 영향이 크다. 탈춤의 뒤풀이를 통해 지금 여기 민중이 직접 난장으로, 데모로 부활하는 실천사상은 민중문화의 정수로 형성되어갔다. 굿판의 걸개그림에서 힌트를 얻고 구원의 의례용 굿그림이 미술로 요긴하게 만든 걸개그림과 각종 시대적 인물을 담아 마당에 출연시킨 탈들도 조선탈춤의 부활의 정신이다. 민중의 영성적 부활이 현현하는 것이나, 민중으로 부활하는 예수로 본 민중신학이나 많이 닮아 있었다. 김민기의

노래 "오, 주여 이제는 여기에"로 끝나는 노래도 기독교와 민중가요
가 우연히 만난 것은 아닐 것이다. 민중으로 현현하는 혁명의 주체가
예수의 부활로 보려는 경향이 기독교와 가톨릭의 민중교회운동과 민
중문화운동 속에서 일어나고 있었다. 그러나 합류하면서도 얼마 안
가서 배반의 물결이 일어나고 있었으니 1987년 민주항쟁의 좌절과
함께 모든 민중문화는 합류를 접고 민중을 배반하기 시작했다. 좀
부드럽게 말하자면 적어도 외면하기 시작했다.

예술운동과 교회운동 사이에 영성적 의미망이 나타나기 시작한
것은 어찌보면 그런 고난의 시대에 자연스런 일이다. "죽어서 살아,
또 다시 죽어" 같은 마당극(원효 마당극)에서도, 기장총회가 기획하고
미술동인 '두렁'이 제작한 <예수의 생애> 연작 <해방의 십자가>로
부활하는 이미지에서도, 떨거지들이 죽어서 다시 사는 부활에서 예
수정신을 영성적 현현으로 드러내고 있다. 영성이란 생사의 경계조
차도 넘어서는 신성한 힘이라고 말할 수 있다. 그 영성을 그리스도에
서 구하든, 부처님에게서 찾든, 동학에서 찾든 다 마찬가지라는 인식
이 있게 되었다. 이것은 탈춤과 굿문화를 계승하는 문화운동 흐름에
서 더욱 생겨났다. 문화다원주의의 씨앗이 형성되고 있었던 것이다.
그리고 이런 탈근대적 사유를 우리 문화 속에서 주체적으로 찾았다
는 점이 더 소중하다. 탈근대적 문화의 특징으로는 문화다원주의, 탈
중심주의, 영성적 지성, 지역생태주의를 꼽는데 우리 민중문화운동
속에서 시작하고 있었다. 후기산업사회를 지난 제1세계 서구유럽 문
화현상으로 나타나는 탈근대적 사상과 예술에는 뉴에이지 문화현상
이 있다. 뉴에이지는 예술이 선도하는 경향으로 점점 바뀌지만 음악
과 영상과 이미지 등의 예술이 주도하며 현재에도 빠르게 전파되고
있다. 우리도 마찬가지다.

탈근대기에 접어들면서 유일신만 섬기며 경전해석에 충실하려는 보수적 기독교가 흔들리게 되었다. 다원주의를 인정하는 집단지성의 힘으로 범제신을 인정하는 영적 소통방식이 봄물 터지듯이 방죽을 터트리고 세계 시민사회의 신문화로 퍼지고 있으니 기독교문화도 새로운 방향을 찾아야 할 때가 되었다. 이때 벌써(1980년대 뉴에이지 문화의 본격적 수입 전이라는 의미에서) 30여 년 전 나타난 민중신학과 민중예술은 주체적 시각에서 문화다원주의 시대를 예감하고 있었다. 우주적 생태주의 지성이 열리고 있었다. 이미 서남동 목사는 근대주의 종교관을 넘어 탈근대적 종교사상의 길을 열고 있었다면, 민중예술은 탈춤과 마당극과 민중미술에서 문화다원주의와 지역적 생태주의를 담지하고 있었다. 서남동은 1970년대에 세계의 신사상의 흐름을 섭렵하며 종교사상의 새 지평을 열고 있었다면, 민중예술은 인류문화의 보편적 가치로 민속문화 민중문화를 재해석하여 인권과 민주에 활용하는 생활운동이 시작되고 있었다. 그러나 한국 민주주의와 경제의 좌절로 1990년대에 와서는 민중문화의 열기가 소강상태에 접어든다.

그러나 길게 보면 탈춤, 풍물, 굿 등 은유문화세계에 신화가 깃들고 있음을 발견하였다면, 21세기 포스트 모던이즘 인문학에서 나타나는 다원주의 철학과 신화학을 만나던 시대였다. 민중예술과 민중신학이 1970,80년대에 합류를 할 수 있었던 것은 문화다원주의를 이해하고 사상의 지역적 생태성을 인정하는 차원전환이 열리던 시대로 시대가 전환하고 있음을 예감한 것이다. 민중현장과 정치현실에서 근대적 보편가치(인권, 생존권)를 옹호하는 한편, 탈근대적 가치가 중시되는 중층적 현상, 근대와 탈근대의 가치가 비동시성의 동시성으로 나타나던 때이다. 전통과 근대와 탈근대가 뒤죽박죽 엉켜버린

한국 사회는 그 속에서도 새로운 미래를 꿈꾸고 있었다. 그러나 이것
은 한낱 꿈만이 아니다. 자기 외면을 바라보면 꿈을 꾸게 되고, 자기
내면을 바라보면서 꿈을 현실로 바꾸게 된다. 배반의 시대를 만났지
만 자기 내면을 다시 바라보는 하방과 성찰의 어두운 한 세대가 지나
고 있었다.

독일신학자 폴커 퀴스터는 한국의 민중신학과 민중미술을 비교
연구한 최초의 학자였다. 벽안의 눈으로 한국 사회가 제3세계의 원
초적 야생성을 갖고 있으면서 빠르게 산업화에 성공한 문화적 특징
을 갖고 있음을 읽어냈다. 그의 책 *A Protestant Theology of Passion*에
서 한국 사회의 1980년대 열정적 문화현상에 주목했다. 특히 민중신
학과 민중미술에 나타난 한국 문화의 역동성을 설명한다. 한국의 민
중미술을 서툴지만 비교문화적 시각에서 살핀다. 한국은 아직도 창
조적 문화를 일으켜 놓고도 뒤돌아보며 정리하고 성찰하는 학문적
태도가 취약한데 벽안의 학자는 우리 문화현상을 꼼꼼히 살피고 있
었다. 아시아의 범제신론적 원형문화를 주목하며 민중미술에 나타나
는 독특한 한국적 정서와 종교와의 관련성을 살피고 있었다. 이런
융합적 학제의 책은 우리에겐 아직도 낯설다. 1980년대 이후 민중신
학과 민중미술, 민중문화와 민중신학, 민중예술과 민중신학, 민중문
학과 예술 등의 학제적 합류가 아직도 변변한 것이 없다.

1970, 80년대 영성의 발견은 우연이 아니었다. 영성적 미술이 민
중미술의 걸개그림과 판화에서 나타나고 있었는데 삭막한 영혼과 메
마른 인정의 시대 풍토를 넘어서 허기진 영혼의 예술을 찾고 있었던
것이다. 일각의 예술인들의 빠른 예감이 이런 미감을 갖게 했다고
볼 수도 있고, 당시 민중문화운동에서 영성을 찾았다고 볼 수 있다.

독일의 한국민중신학자 폴커는 훗날 민중신화와 민중미술 비교연구에서 주목한 작가 홍성담, 김봉준, 이철수의 작품들에 대해 해석을 이채롭게 한다.

민중미술 중에서도 영성적 특징이 나타났던 1980년대 작업들은 민중신학(민중교회)과 민중미술의 합류에 무관하지 않았다. 홍성담은 광주민주항쟁을 직접 체험하면서 죽음을 넘은 시민해방의 체험을 예수의 부활처럼 판화와 걸개그림으로 나타냈다. 훗날 <민족해방운동사> 걸개그림으로 남북 간 미술교류를 당국 허가 없이 하였다는 이유로 체포 고문을 당하고 옥살이를 해야 했다. 이때 트라우마를 그림으로 승화시킨 표현들은 죽음을 넘어 부활의 예술이 되었다.

김봉준은 5.18 계엄포고령위반으로 1년의 수배와 투옥을 겪는 등 여러 차례 정치적 시련을 겪었다. 최초 한국적 포스트모던 미술을 열었다고 평가 받는 <만상천화> 걸개그림을, 기독교 농민회 문화간사로 있으면서 <농사꾼 타령> 민중만화를 창작한 때가 1981~1982년이다. 한국기독교장로회 총회 경동교회 행사에 <예수의 생애> 연작을 두렁회원들과 걸개그림으로 그렸다. 그중 김봉준이 그린 대형 걸개그림 <해방의 십자가>는 민중신학을 말할 때 국제적으로도 널리 소개되는 단골 그림이 되었다. 1987년 유월민주항쟁의 좌절 이후 그는 민중 속으로 하방의 길을 선택하고 민중미술을 생태 평화 신화의 주제로 이어가며 민중문화와 새로운 합류를 지속적으로 이어왔다.

이철수는 허병섭 목사가 있는 서울 빈민촌에 세운 동월교회에서 주문을 받고 예수 이야기를 벽화로 그린다. 지역주민과 소통하며 그렸던 예수 이야기는 이 땅의 민중을 예수 그리스도로 탈바꿈하여 그렸다. 예수가 민중으로 부활하는 당시 민중신학 정신의 영향을 받았

2018년 8월, 서남동목사 탄생100주년을 기념하
여 개최한 민중미술전 포스터

다. 이야기 미술과 이야기 신학의 합류의 초기 본보기를 남겼다.

폴커는 한국에서 발생한 민중미술의 교류를 어떻게 이해하고 해석했는가. 민중신학과 교류하였던 민중미술의 사례를 구체적으로 직시하고 조명했지만 본격적인 영성예술의 연구로까지는 나가지 못 했다. 한국 학계는 더 아쉽다. 주체적, 학문적 기풍도 취약하고 합류정신이 무엇을 의미하는지 아직 잘 모르는 듯하다. 민중신학과 민중미술이 왜 합류를 했었는지조차 모르고 자기방식대로 자기분야만 파는 섹티즘 증상은 문화합류를 가로 막은 요인 중 하나다. 이제 한 세대가 지나 1970, 80년대의 합류정신이 무엇을 의미하는지 성찰할 때가 왔다.

오윤의 춤 판화들, 이 판화들은 대략 1985,6년경의 것이다. 신명의 오윤 방식의 해석이 돋보인다. 간결하고 힘이 있으며 함축적이다.

〈가족〉 오윤(아크릴릭)

〈애비〉 오윤(목판화)

〈만상천화〉 김봉준(노방에 진채화, 1981년)

〈설치미술〉(광주비엔날레에서 2010년대)

〈대동세상〉 홍성담(목판화)

홍성담

김봉준   이윤엽

〈민중미술 판화들〉

〈세월오월〉 홍성담(아크릴화 걸개그림)

〈장산곶매〉 최병수(목판화)

〈해방의 십자가〉 김봉준(아크릴릭, 걸개그림, 1983년)

〈아시아의 꿈〉 김봉준(괏슈, 1995년)

〈반전반핵 반공해〉 최병수(걸개그림)

최병수(목판화)

이윤엽(목판화)

〈얼굴〉이윤엽(다색판화)

영성은 본성 감성 영성을 다 관통하며 초월적이다

흔히 영성을 비물질적 초월, 신의 의지로만 이해하는 쪽이 있다. 영성을 또 다시 물질과 비물질의 이분법으로 분석하려는 관점이다. 이것은 근대 이원론의 한계를 그대로 답습할 뿐이다. 영성을 정신적인 것이거나 지성의 최고 단계이거나 신의 질서로 본다면 인류가 고대부터 형성해온 다양한 문화를 부정하고 특정한 신에 의한 질서만을 염두에 두는 영성이 될 위험이 있다. 그러나 21세기에 인류가 사고하는 영성은 인류가 성찰한 다원주의 세계성 차원에서 나온다. 자연계 생명계 우주계를 다 포함하는 우주적 질서, 동식물계를 다 포함하는 자연적 질서에서 찾는다. 이 자연적 신관 속에서 '신성한 힘을 영성'으로 이해하는 것이 맞다. 영성은 초월적이며 동시에 물질적이고 궁극적으로 태허(太虛)다. 그래서 영성은 인간의 본성과 감성과 지성을 다 포괄하는 초월성이다.

미래학자들도 대개 미래사회는 산업화와 정보화시대를 넘어 영성의 시대로 간다고 예견한다. 이때 영성이란 철기문명이 창조한 종교시대에 국한되지 않는다. 자아와 세계를 이원론적으로 구분한 절대적 초월적 신관이 아니다. 모든 우주질서 안에 위대한 신이 내재한다고 보는 범제신론적 신성이다. 물질이며 정신이고 성과 속이 일여하다. 양자역학에서 말하듯 물질의 분자, 원자, 핵을 다 쪼개고 쪼개서 들어가면 텅 빈 진공이 나온다. 물질도 정신도 없는 태허에 우주의 기운이 있어서 여기서도 신성한 힘이 생긴다. 자, 돌고 돌아 철기문명 이전, 종교의 시대 이전의 신화적 세계로 돌아간 듯하다. 신화세계에서 말하듯 온 생명과 물질과 비물질에는 다 영혼이 있어 서로 접화군생(接化群生)한다는 세계관이다. 21세기 미래 영성의 시대란,

신화학에서 고대의 신화시대는 아니고 재신화화 시대라고 말한다. 미래의 인간형을 비신화적 사람들(물질주의자), 탈신화적 사람들(유물주의자), 원신화적 사람들(종교적 신도), 재신화적 사람들(다시 영적인 사람)로 분류한다.

인류의 문학을 통사로 볼 적에 신화시대, 전설의 시대, 민담의 시대, 소설의 시대로 구별한다(조동일 논문, "세계 속 한국신화 어떻게 이해할 것인가"). 이 구별의 기준은 분명하다. 자아와 세계 사이에 관점의 차이다. 자아가 바라보는 세계(자연, 우주, 신)를 다르게 보는 데서 서술체계가 달라진 것이다. 신화시대는 만물에 다 영혼이 있어서 접화군생한다고 보았고, 전설은 절대적 신이 있어서 신의 질서대로 운명이 결정된다고 보았다. 신의 우위다. 이때는 대개 철기문명의 시작기였고 오늘날 대개의 종교가 이때 형성된다. 스몰 갓에서 빅 갓(Big God)으로 전환되는 시대다. 신과 피조물의 관계가 형성되며 신에 절대 복종하게 되었다. 철기시대부터 왕권은 현실지배 질서로 민중을 절대 복종시키듯이 사후의 영적 세계도 지배하는 운명적 복종을 강요한 것이다. 사회권력의 변천에 따라 영적 질서가 달라진 것이다. 민담의 시대는 영웅설화로 절대 왕조의 붕괴시대에 출현하는 이야기 시대이고, 소설의 시대는 근대의 독립적 자아와 시민권이 형성되면서 인간 중심적 세계관이 강해지면서 출현한 문학이다. 인간의 마음대로 절대자적 관점, 개인적 관점을 선택하여 3인칭 소설과 1인칭 소설을 쓴다. 그러나 소설의 시대에도 인간중심적 이기주의의 한계를 벗어나지 못했다. 철기문명에서는 호모 사피엔스의 질서가 지구를 지배하고 인간이 승리했다. 그러나 어쩔 것인가. 우주의 질서는 호모 사피엔스로 움직여지지 않는 것을.

민중신학과 민중예술에는 다음과 같은 공통점이 있었다.

1. 서남동신학의 物活論과 범제신론의 수용, 생태신학과 생태미학의 이해. 민중문화의 범신론적 생명의 미학.

2. 민중신학이 현대무신론과 전통적 유신론을 극복하고 통전적 자연신학으로 방향을 찾는 한편, 민중예술이 전통을 계승하면서도 사회현상을 영성적 은유문화(신화)에서 찾은 점.

3. 민중 속에서 신성의 발견, 삶 속에서 신성이 현현한다고 보는 점에서 이원론의극복과 성속일어(聖俗一如)의 일원적 세계관.

4. 역사와 세계의 주체로서 민중을 주목하며 정치적 주체, 문화적 주체로서 민중을 이해하고 민중문화시대를 인정하며 그 형성에 노력한 점.

그러나 이런 합류시대는 오래가지 못하였다. 객관적 조건으로는 빠르게 변하는 물질주의시대와 주관적 조건으로는 유물론이 민주화운동이념을 지배하면서 쇠퇴해갔다. 그러나 합류하며 얻어낸 성과는 주류문화의 철벽 수비로 비록 작게 보였지만 전무후무하다.

2000년대 반동의 시대는 군사독재의 재집권과 신자유주의 시대의 도래로 인간을 물질주의에 허덕이게 하고 이기적 인간형이 형성되게 하고 있었다. 공동체 질서가 무너지면서 믿을 것은 본능, 기실 중요한 삶의 결정은 본능에 의해서 판단하면서 마치 사회적 이성으로 결정하는 것처럼 가리고 있고 하루라도 감성의 풀이와 정화 없이는 행복감과 내면의 상처가 깊은 사람들은 갑자기 충동적 사건 사고를 일으키기도 한다. 감성은 삶의 중요한 가치로 여기지 않는 것처럼 취급되나 그렇지 않다. 흡사 완벽한 이성적 인간인 것처럼 살며 죽음

앞에서조차 종교는 일회용으로 사용하고 버린다. 현대인류는 메마른 영혼으로 또 묻는다. 영혼 없는 이성만으로 인간이 살 수 있는가. 100년도 못사는 허무한 인류는 '생각하는 이성인'에서 또 방황하는 인류가 되었다.

이제 전인적 삶의 필요성을 느끼지만 본성, 감성, 지성, 영성이 파편처럼 부서진 삶을 삶에서 편각을 모으듯 다시 조합하고 있다. 종교적 삶만으로 전인적 삶이 갖춰진다면 그렇게 하겠지만 청년세대는 종교적 도그마 속에 갇힌 영성보다 지성과 감성의 자유로운 사고와 매력적인 삶을 원한다. 갇힌 영성이란 철기문명의 한계 내에 있는 종교문화의 소산이다. 이제 다시 문명사적 한계를 벗어나야 할 때가 왔다. 서남동 목사의 통전적 사유를 다시 생각할 때이다. 영적 통전이야말로 본성과 감성과 지성을 다 아우른다. 그러나 이때의 영성은 과거의 철기시대 종교 도그마적 영성이 아니다. 문화다원주의를 인정한, 다 열어 놓고 통전하며 재정립한 우주적 생태영성이다.

대합류의 영성 민주주의

1980년대를 정점으로 합류의 시대가 있었다. 민중문학과 민중신학이 만났고 민중예술과 민중신학, 민중교회가 합류했었다. 모두 민중 속으로 모여드는 합류의 길을 찾았다. 그러나 얼마 못 가서 다시 흩어졌다. '창작과 비평'과 '김지하 문학'은 헤어졌다. 과학적 합리주의를 자처하는 유물론이 지배했던 진보적 인문사회과학은 민중의 영혼까지는 관심을 갖지 않았다. 전통적 민담에서 민중 영혼의 형식과 영성 공간을 찾으려 했던 서남동 목사도, 조선후기 민중신앙의 맥을 찾아서 주체적 영적 사상을 밝히려 했던 김지하의 노력도 다시는 합류하지 못했다. 민중신학과 민중예술이 교류하던 동월교회의 실험장도 사라져갔다. 집단적 영성은커녕 '집단적 지성'조차도 합류할 수 없게 흩어졌다. 신자유주의식 물질주의가 만연하여 각자 도생하기 바빴고 NL PD 재헌의회파로 나뉘어 운동권은 헤게모니 싸움에 몰두하였다. 1990년대 분신 정국은 삭막한 영혼 상실의 시대를 상징적으로 보여주었다. 유물적 이성주의는 민중을 계몽의 대상으로 보았다. 민중은 민주화운동기, 합류의 시대에서 배반의 시대로 가는 좌절을 겪어야 했다. 민중과 함께하며 꿈꾸기가 아주 힘든 시대가 되기 시작했다. 민중적 세계관은 신기루처럼 사라진 공허함을 겪었다. 나도 잃어버린 사상의 거처를 찾아 다시 하방하는 길을 선택하여야 했다. 오지의 숲과 마을로 영혼치유의 길로 나간 것이다.

근대사를 돌아보면 민중에 의한 거대한 혁명적 행동이 있어서 사회가 정화될 듯하다가 다시 제자리로 돌아가는 것이다. 합류하다가 다시 배반하는 지성사와 달리 민중은 '저 들의 푸르른 소나무'처럼 거기 그대로였는지 모른다. 한국사에서 혁명은 민중적이며 집단지성적일 때 성공적이었다. 그 혁명의 좌절도 민중성의 소멸과 함께 왔다. 합류는 누구를 향한 합류인가, 누가 주체가 된 합류인가 분명해야 성공한다. 한국 사회는 질곡에서 늘 큰 궐기가 일어나서 사회정화를 시도했고, 그러면 지배 권력은 이름만 바뀌고 도로 그 모양 다시 질곡으로 돌아가곤 했다. 그러다 보니 적폐는 날로 쌓여 갔고 지금은 온갖 적폐가 산더미 쓰레기처럼 일상을 덮고 있다. 혁명은 일상으로 일어나지 않으면 안 될 지경이 되었다. 적폐청산과 대안 창조가 동시에 일상화되어 일어나야지 겨우 한국사의 질곡을 벗어나서 민중이 바라는 세상으로 나아갈 수 있겠다. 민중이 바라는 세상은 거창한

혁명 구호로 한꺼번에 성취 되는 것이 아니다. 각 분야가 민중과 함께하고 약자, 가난한자를 시민동포애로 사랑하고 각 분야가 민중과 더불어 평화로운 세상을 만들려는 세계관을 형성하며 문화창조로 나가는 것이다. 이런 노력은 1970, 80년대에 이미 나타났다. 각 분야에서 스스로 자각하고 주체가 되며 조직적 연대, 정신적 합류를 하면서 시작한 민중문화시대가 그 모델을 보여줬다. 그 당시 민중신학, 민중문학, 민중예술, 민중사회운동에는 민중이 함께했다. 그러나 다시 30여 년, 사라진 강처럼 되었다. 사라진 강이라고 해도 다시 솟아나는 흐름을 알아야 그 원인을 알게 되는 법이다.

촛불혁명의 뿌리는 1980년대 민중, 민주, 민족 운동에 그 뿌리가 있었다. 『촛불혁명의 뿌리를 찾아서』라는 김종철 언론인의 저서에서도 1980년대 운동사를 정리하며 밝힌 바 있다. 2016,7년 촛불혁명은 합류와 배반을 거듭하며 흘러온 우리의 역사가 마침내 마른강줄기가 바닥을 치고 솟구쳐 흐르게 된 것이다. 아직도 진행하는 미완의 혁명이지만 촛불혁명은 하루아침에 발생하고 하루아침에 사라지지 않는다. 깊은 뿌리를 갖고 있으며 기나긴 혁명사가 이어 붙어 있기에 그렇다. 가시적으로 들어오는 혁명적 주체는 시대마다 조금씩 다르게 변천해 왔어도 그 흐름의 연속성에선 하나의 흐름을 형성한다. 이번 시민광장에 모인 사람들이 대부분 40년의 민주화 운동을 겪었던 이들이다. 부모가 되어 아이들 손잡고 나온 가족공동체와 풀뿌리 민주모임들, 노조와 학생들이 참여했다. 보이는 주체와 비가시적 주체를 다 보아야 촛불혁명의 거대한 물결을 본다.

촛불혁명이 남긴 숙제는 문화적으로 표현하면 민중의 합류와 민중의 배반이 반복하는 질곡을 끊는 것이다. 객관적으로는 신자유주의 자본주의로 빠르게 물질주의시대가 되었고 주관적으로는 유물론이 운동이념을 지배하였던 맑스 레닌주의식 사회주의 혁명론도 쇠퇴했으나 제3세계 민주화 운동은 계속되고 있다. 대부분 유혈혁명과 역쿠데타지만 우리의 촛불혁명은 평화적 시민혁명이고 제도권력이 시민혁명 편에 가세하며 헌법질서를 유지한 채 평화적 정권교체를 성공시켰다. 우리나라는 약 30년을 주기로 거대한 혁명의 물결을 만들어냈다. 그럴 때마다 반동세력은 더욱 교활하게 민중을 억압하였다. 계급모순과 민족모순을 동시에 갖고 있어 이중질곡을 이용한 억압방식도 개발해 왔다. 폭력혁명을 부추기고 조성하여 국가폭력을 정당화하는 기만적 억압으로 독재정권을 연장시켰다. 이것도 남북 간 적대적 체제를 이용하여 적대적 공생을 하였다. 기나긴 혁명의 좌절을 겪은 민중은 2세대를 거치며 저들의 기만적 억압에서 벗어나려고 평화적 혁명의 방법을 찾았다. 비폭력 평화혁명으로 일관된 오늘의 촛불혁명을 세계는 신기하게 바라보지만 우리는 눈물겨운 역사의 기적을 만든 것이다. 세대를 너머 역사에서 교훈을 얻고 학습해온 결과다. 혹자는 평화적 정권교체 정도가 무슨 혁명이냐고 말한다. 그러나 한국적 분단현실(남북 간 적대적 전생상황, 북미 간 반평화 핵대결 상황)을 고려하면 평화적 방식 없는 혁명은 아주 위험하다. 지배세력 내의 헌법적 권력까지도 설득하며 정권교체를 이루어 촛불혁명정부를 만들었다. 피를 흘리며 폭력을 폭력으로 맞서야 겨우 얻었던 혁명과 다르게 제3세계 민주화 운동에서 새로운 길을 열었다. 세계 유일한 분단국가이며 장기독재에서 폭력정권과 기나긴 저항을 했던 민중의 영성적 지혜가 촛불혁명을 만들었다고 볼 수 있다. 촛불광장에는 집단적 지성만 있었던 것이 아니다. 본성과 감성과 지성이 다 모였고 이를 아우르는 영성이 흐르고 있었다. 세대 간 간극도 넘는 가족공동체의 본성이 나왔고 지성의 배반도 넘고 격정적 감성보다 여성적 우호와 배려의 감성이 예술 주도의 광장문화를 만들고, 사냥꾼과 전술가의 지혜가 집단지성으로 번득였다. 내면의 평화를 현실로 드러낸 영혼의 광장이었다.

한국 사회가 100년 동안 온갖 근대화 물결에 전통, 근대, 탈근대가 뒤죽박죽으로 휩쓸릴 수밖에 없어 더 고생하였다면, 미래는 근대체제를 완성함과 동시에 탈근대사회를 준비해야 한다. 인문예술은 특히 미래의 대안 제시가 시급하다. 새 체제의 헌법질서에도 이 점이 반영되고 제도적으로 준비해야 할 것이다. 특히 우리 민중신학과 민중예술이 합류하며 만들었던 가치들이다. 다원주의, 지역적 생태주의, 탈중심적 자치분권까지, 즉 이것은 본성, 지성, 감성, 영성이 다 필요한 영성민주주의를 말한다. 가치융합의 창조적 대합류의 시대다. 이것은 촛불혁명이 예시하는 바이고 탈근대사회로 반드시 준비해야 할 새 체제의 대안문제이다. 근대의 완성과 탈근대 대안체제의 동시적 확보가 포스트 촛불혁명의 과제다. 적폐세력은 늘 배반을 충동질했고 거기에 적대적 공생을 하는 정치권력은 지금도 반발이 거세다. 그러나 우리에게 주어진 기간이 얼마 없다. 촛불혁명정부를 자임하는 이때에 해결해야 한다. 또 그 지리멸렬한 역사질곡을 후손에게 그대로 물려줄 수는 없는 것이다. 여러 역사적 과제를 수행할 능력이 촛불혁명에서 민중의 지혜로 내재했음을 확인했으니 주저할 일이 없다.

본성과 감성과 지성이 영성으로 아우러진 민중적 영성이 촛불혁명에서 현현하였다. 서남동 목사가 예언한 민중적 영혼이다. 탈영혼적 물질주의와 색티즘식 근대주의를 넘어 대합류의 민중적 영성이 넘실거리는 촛불혁명시대가 눈앞에 펼쳐진 것이다. 민중은 근대주의 학제에 편재되지도, 이원론적 근대사상에도, 유물론적 맑스레닌주의 질서에도 현혹되지 않았다. 민중은 본래부터 통전하는 삶이었듯이 앞으로도 그렇게 살 것이다. 민중은 하나의 종교 안에 영혼을 통합할 수도 없듯이 하나의 가치에 묶어세울 수 없다. 서남동은 그래서 민중이 예수님이라 했던 것은 아닐까.

문화다원주의 대합류의 민중영성으로 나타난 촛불혁명

나는 앞에서 영성이란 '신성한 힘'이라고 풀었다. 모든 동식물과 우주계에 있는 비어있으나 끊임없이 생성하고 소멸하는 보이지 않는 우주적 질서, 그것을 신성한 힘으로 보았다. 기독교는 그 영성을 다 인정한다 하더라도 그중에서 유일무이한 절대적 신성을 은유한 신이 여호아 하나님이라 본다. 이슬람교, 기독교(가톨릭)만의 특징이지만 이제 탈근대에는 배타적 유일신론으로는 세계평화를 말할 수 없다. 다원주의적 공생이 곧 세계평화의 길이기 때문이다. 아시아, 아프리카의 오랜 전통과 민중적 세계관과 원형문화는 변함없이 범제신론이고 물아동포주의 세계관을 갖는다. 불교, 힌두교, 도교와 샤머니즘(굿)이다. 맑스 레닌주의가 지배했던 몽고와 브리야트에서 소련이 해체되니까 곧바로 자신의 원형문화인 샤머니즘과 라마교로 돌아갔다. 타민족의 원형문화까지 개조하며 세계화할 수 있다는 발상은 제국주의시대 종교관이나 '종교는 아편'이라고 본 유물주의에서나 있는 시대착오적 발상이다. 서남동 목사는 이점을 직시하고 다원주의를 인정하였고 다양한 영성문화의 합류까지 생각한 것 같다. 다양한 영성의 대합류가 현실에서 시작하였던 것이 민중신학(민중교회)과 민중예술(민중미술)의 만남으로 상징된다.

1980년대 민중문화를 살피면 합류는 문화다원주의가 인정되는 상호 존중이 있었던 점이고, 민중이 역사적 주체로 등장할 적에 즉 합류의 주체가 민중임을 확인하던 시대이다. 이를 계승한 촛불혁명은 단순히 집단적 지성이 만든 혁명이 아니다. 청장년 남녀노소를 막론하고 모여들고 간절히 염원하며 평화 행진했던 그 힘은 근대주의의 배타적 영성이 아닌 통전적 영성이다. 본성과 감성과 지성과 영성이 대 합류하며 펼친 내면의 직시이고 꿈의 현실화이다. 한국 근대사를 내면적 성찰로 거쳐 온 것이 분명하다. 권력의 폭력에 속지 않았고 깊고 고요하며 때로는 담대하고, 융숭한 포용으로 만났던 1000만 시민의 대장정이고 대합류였다. 초기 몇 만의 민중대회에서 시작했으나 시민대회로 확장하면서 불어난 강물처럼 어디서 흘러 나왔는지 모르게 각계각층 남녀노소가 흘러 나왔다. 가족적 공동체에서부터 예술적 감성과 집단지성과 신성한 힘을 발하는 내면적 영성까지 거기 광장을 흐르고 있었다.

"자기 외면을 바라 볼 적에 그것은 꿈이 되지만 자기 내면을 바라 본다면 현실이 된다"라는 칼 융의 경구처럼 우리는 내면적, 집단적 성찰로 역사를 현실화하였다. 내면의 상처가 치유되지 못한 채 드러나는 행동은 '태극기 부대' 노인들처럼 폭력적이거나 한풀이로 나타났지만, 자기치유와 절재로 단련한 촛불시민들은 평화와 민주주의 가치를 현실로 구현하였다. 성찰하는 내면을 직시하며 현실화한 결과가 촛불혁명의 1차적 성공이었다. 민중예술과 민중신학이 합류한 1970, 80년대도 인간의 본성과 예술적 감성과 지혜가 합류하며 민중적 영성을 문화로 만들었던 '내면의 시대'라고 볼 수 있다. 서남동

목사가 그렇게도 바라던 민중의 영혼이 만들어 낸 신성한 공간은 촛불혁명으로 '87년 이후 30년 만에 현현한 것이다. 민중신학과 민중예술(민중미술)이 민중 속에서 합류하며, 민중의 영성을 배반하며, 흩어졌던 역사를 다시 성찰하는 오늘이었다. 한 세대가 지나서 촛불혁명에서 다시 민중적 영성의 현현을 우리는 지금 여기에서 마침내 보았다. 민중신학과 민중예술이 합류하였던 민중문화운동은 마침내 영성 민주주의 시대의 도래로 부활하고 있다.

〈촛불시민혁명〉 김봉준

김봉준, "합류와 배반의 시대를 넘어 영성 민주주의로"

최순양
(이화여자대학교 교수)

김봉준 선생의 글을 통해 1970년대와 1987년까지가 어떻게 구체적으로 민중문화의 시대였는지를 배울 수 있었다. 특별히 김 선생은 1970년대에 민중문화로 대합류가 일어난 결정적 원인을 정치적 탄압 속에서 학생지식인들의 자각과 실천이 있었기 때문이라고 분석한다.

민중예술과 민중신학의 합류의 근거를 김 선생은 영성에서 찾는다. 죽어도 사는 예수의 정신이 고난 속에서도 계속 저항하는 민중들로 이어지는 것이다. 그리고 이 영성은 어떤 특정한 종교에 매어 있는 것이 아니며, 정신과 물질을 가르는 이분법적 영성이 아니다. 민중예술이 어떤 면에서 종교 다원주의적이면서도 민속 문화(민족 주체적)를 드러내는 역할을 하였다고 해석한다. 초월적이고 거대한 신에게서 나오는 것이 아니라 민중 스스로에게서 나오는 잠재성에서 민중예술의 영성을 드러내고 재해석했다.

한 가지 아쉽다고 느낀 것은 '배반'의 시대에 대한 설명이 거의 없다는 것인데, 구체적으로 어떤 역사적 현상이나 시기를 '배반'이라고 해석하시는 지에 대해서 짧게나마 듣고 싶다.

그리고 108쪽에서 선생이 설명하고 계신 "예술과 신학의 영성적 교류가 어떤 의미를 갖는지, 한국 학계는 아직도 아무 대답이 없다. 주체적 학문 기풍이 취약하여서인지 합류정신이 무엇을 의미하는지 아직 잘 모르는 듯하다. 민중 신학과 민중예술이 왜 합류를 했었는지 조차 모르고 자기방식대로 자기분야만 파는 섹티즘 증상은 문화합류를 가로 막은 요인 중 하나다"라는 부분은 구체적으로 민중 신학을 향한 개탄이신지 아니면 신학과 예술을 연계하는 학자가 없음에 대한 안타까움인지를 묻고 싶다. 그리고 만약, 민중신학에 대한 (혹여) 아쉬움의 표현이셨다면 논찬자는 민중신학은 그것을 계속해서 고민해 온 신학 중의 하나라고 변호하고 싶다.

민중신학은 물론 그때만큼은 아닐지라도 끊임없이 민중들이 누구인가의 문제와 민중들의 소리에 귀 기울이려하였고 종교적, 영적 추구와 실천을 하여왔다고 생각한다.

물론, 김 선생은 민중예술과 민중신학의 합류가 성공적이지 못함을 개탄하는 것 같기는 하지만, 민중과 함께 연대하고 실천하려고 하는 노력은 계속되고 있다. 실례로 젊은 신학자들이 주축이 된 '옥바라지 선교회'라는 모임은 철거 위기에 놓인 상인들을 보호하는 기도회와 운동을 하고 있다.

김 선생은 촛불혁명사건을 '대합류의 영성민주주의'로 해석하였다. 민중예술과 민중의 운동이 합류되지 못했던 것처럼 보이던 역사가 있었으나, 다양한 시민들이 하나가 되어 저항의 표현들을 할 수 있었던 사건이기 때문일 것이다. 논찬자의 생각을 덧붙이자면, 촛불혁명은 우발적 사건은 아니라고 생각한다. 70년대, 80년대의 가열찬 투쟁 이후 잠자고 있다가 촛불혁명으로 다시 돌출된 것이 아니라 변화된 현실 속에서 혁명을 꿈꿔왔던 사람들의 저항의 누적물로서 촛불혁명이 있었던 것은 아닐까. 물론 민중예술의 측면에서 그렇게 느끼신다면 그것에 대해서는 할 말이 없다.

5 장
구약성서의 민담과 아시아 민중 민담의 합류
— 창조 이야기들을 중심으로

박혜경

(대만 장영대학교 신학과 교수)

I. 머리말

지난 몇 년간 필자는 대만에서 생활하면서 대만 문화와 종교를 경험하였다. 또한 몇몇 아시아 국가들을 방문할 기회들이 있었다. 그럴 때마다 필자는 기독교인으로서 아시아에서 살아가기라는 실존적 질문을 스스로 제기하게 되었다. 대만 시골에서 만난 농부들에게 필자가 지금까지 믿고 연구한 기독교는 무슨 의미가 있는가? 기독교 구원은 그들에게 어떤 의미인가? 인도네시아 힌두교 사원에서 매일 아침 정성을 드리는 여인의 모습에서 아시아인으로서 친근감을 느끼는데, 이유는 무엇일까? 서양 기독교 현상이나 습관보다 필자에게 더 깊이 내재되어 있는 한국인의 종교성 때문인가?

일련의 경험, 사고, 연구들에서 죽재 서남동 목사님의 "두 이야기의 합류"가 지닌 학문의 숭고함을 재고하게 되었다. 김희헌은 "죽재는 기독교 신학이 품고 길러온 다양한 전통과 철저한 대화를 하는 한편, 자연 신학의 언어와 지혜를 잃어버린 현대 신학의 한계를 넘어서고자 했다. 그 사상 여정의 결과물이 '두 이야기의 합류'이다"라고 죽재의 두 이야기 합류가 지닌 신학적 세계관을 논평하였다.[1] 그 합류의 장은 민중 현장이며 현재를 해석할 수 있는 전거를 마련해 준다. 서남동은 성서적 전거(출애굽 사건과 십자가처형 사건), 교회사적 전거, 한국 민중운동사적 전거를 신학연구의 역사적 범주로 제시한다.[2] 서남동은 이스라엘 민중의 목소리에 응답한 모세를 민중신학의 원조형적(元祖型的) 전거로 밝히고 있다. 출애굽 사건과 예수 사건이 한국 민중 신학의 으뜸가는 성서적 전거라는 것이다. 역사적 계시가 민중 사속에 흐르고 있다. 민중은 역사적 계시의 맥락과 더불어 이야기 계시 속에서 매일의 생활과 지혜로 민중의 힘을 동력화하여 역사 전승의 담지자 역할을 한다. 민중의 정체성에 대한 학문적 논의는 민중신학이 태동된 이후로 지속적으로 진행되었다. 민중 민담의 담지자가 민중 정체성의 일면을 보여줄 것으로 기대한다.

특별히 필자는 출애굽 사건과 예수 사건 이외에 창조 이야기들에 집중하여 서남동의 두 이야기 합류의 지평을 넓히고자 한다. 그러기 위해서 필자는 민담에 대한 신학적 해석을 강조할 것인데 서남동의 학문적 대화를 두 학자와 진행할 것이다. 한 명은 구약의 민담을 연구한 서양 학자 궁켈이고 다른 한 명은 아시아 이야기 신학의 선구자 송천성이다. 민중신학의 이야기 신학의 지평이 넓혀지길 기대한다.

---

1 김희헌, 『서남동의 철학: 민중신학에 이르다』 (서울, 이화여자대학교출판부, 2013), 62.
2 서남동, "두 이야기의 합류," 『민중신학의 탐구』 (서울, 한길사, 1983), 45-82.

이 글의 말미에 대만 원주민의 창조 이야기들을 소개하며 서남동의 성령론적 해석 방법론을 아시아 민중 이야기들에까지 확대하고자 한다. 창조 담론의 아시아 민중 민담과의 합류는 서남동이 역설한 바, 창조 하나님을 "교회안의 신"의 범주에서 넘어서게 할 것이다.

II. 궁켈/Hermann Gunkel (1862-1932)
: 창세기 1-2장, 역사 실화에서 민담으로

궁켈은 양식비평학의 선구자이다. 궁켈을 비롯해 서양 성서 방법론의 지맥을 형성하고 있는 양식 비평학은 성서 본문들이 지닌 장르에 대한 연구와 더불어 본문의 정황, 역사적 배경 그리고 의도를 파악하며 본문을 공시적, 통시적으로 연구한다. 궁켈은 이 방법론을 이용하여 시편주석3을 출간한다. 국내학자들의 궁켈 연구는 양식비평 방법론 적용과 시편 연구에 집중 되어있다. 궁켈의 구약 성서 연구사에서 괄목할 만한 업적은 창세기 연구이다.4 궁켈 이전에 벨하우젠(1844~1918)은 창세기 1장과 2장이 각각 다른 시대와 저자에 의해 작성되었다는 문서 가설 이론5을 내놓았다. 이에 반해 궁켈은 각 본문들이 오랜 구두 전승을 지낸 후 문자화되었음을 강조하였다. 어린

---

3 Hermann Gunkel, *The Psalms: A Form-Critical Introduction*. Translated by T. M. Horner. Philadelphia: Fortress Press, 1967 (참조, 독일어본1926)

4 Hermann Gunkel, *The Legends of Genesis. The Biblical Saga and History* (New York, Schoccen Books, 1964) 초판은 1901년에 Vandenhoeck & Ruprecht, Göttingen 에서 출판 되었다.

5 Julis Wellhausen, *Prolegomena zur Geschichte Israels* (New York: Meridan Books, 1957), 초판은 Geschichte Israels ("History of Israel") 라는 타이틀로 1878에 출판 되었다. 1883년에 재판부터 Prolegomena zur Geschichte Israels 로 출판 되었다.

이들이 화롯불 주변에 앉아서 "옛날 옛날에…"로 시작하는 전래 동화를 접하듯이 창조 민담을 들었으며 그 이야기들이 훗날에 문자화되었음에 주목한다. 역사(歷史)적 실체를 증명할 수 없는 창조 이야기가 구약성서의 창조 민담의 특징이라고 본다.

궁켈은 역사와 전설을 구분하는 6가지 요소를 The Legends of Genesis에서 제시한다. ① 역사는 문서이며 전설은 구두전승이다. ② 역사는 공공의 관심사를 내포하고 있는 반면, 전설은 개인사로 시작되어 대중적 인기를 갖게 된다. ③ 역사는 목격자의 진술이어야 하며 전설은 상상이 근간을 이룬다. ④ 전설은 많은 부분이 불가능해 보이는 것이나 역사는 그렇지 않다. ⑤ 역사와 전설에서 신인동형론이 상쇄되고 있다. ⑥ 전설은 시다. 궁켈은 창세기 창조 이야기의 장르를 전설로 잡음으로써 창조의 역사적 사실을 왜곡한다는 비판을 면하기 어려웠다. 그러나 창세기의 역사적 사실에 대한 증명 여부를 떠나서, 문서화된 자료에만 역사성을 제시하는 것은 문자 없이 살아간 민중들의 역사를 부정하는 결과를 낳게 한다.

따라서 민중들이 지니고 있던 역사성을 복원하기 위해서는 민중사관의 중요성이 재조명되어야 할 것이다. 서남동은 이미 민중사관에서 큰 감명을 받았으며 학문적 교훈이 통사적으로 제시되었다고 주장한다. 민중 민담 속에 들어있는 해학, 역사, 지혜, 풍자, 자연스러움을 재평가해야 할 것이다. 따라서 궁켈이 제시한 "역사는 문서이며 전설은 구두전승이다"라는 구분법은 "종래의 왕조사관에 대체될 민중사관이 통사적(通史的)으로 제시되는"6 구두전승의 역사적 사실을 강조하기는 힘들다. 간단히 말해 문서화되지 못한 민중사도 역사이다. 창조 민담의 역사적 배경인 이스라엘의 바벨론 디아스포라 경험

---

6 서남동, "두 이야기의 합류, 64.

을 민중 고난의 현장으로 신학화해야 할 것이다.

궁켈은 구약의 전설들이 이스라엘이라는 특정적 나라에만 국한된 것이 아니라 인류 창조의 원형과 본질에 관여하기에 여타 나라들과 연관되었음을 강조한다.[7] 서남동은 창조신앙이 성서적인 사신(使信 믿게 하는 것)[8]이라고 이야기하였는데, '존재의 근거'를 말하는 신앙이다. 이는 궁켈의 창조 민담의 세계가 지닌 개방성과 상통하는 개념으로 이해된다.

궁켈의 민담에 대한 이해를 좀 더 살펴보자. 궁켈은 1901년에 창세기 연구를 발표한 이후 1917년에 『구약성서의 민담』(*The Folktale in the Old Testament*)[9]을 출판한다. 궁켈은 고대 이스라엘의 시적 이야기들이 지닌 최상의 심미적 특징을 강조하면서, "종교와 문학은 본질상 서로 긴밀한 관계를 지니고 있다. 종교는 클라이막스 시점에서는 특별히 문학 양식을 추구하게 되고, 문학은 종교에서 가장 숭고한 실상(material)을 발견하게 된다"[10]라고 말한다. 시적 이야기들은 있는 그대로의 역사 실화를 넘어서는 종교 사상의 매개체로 자리 잡게 된다. 궁켈은 시적인 이야기들을 신화, 사가, 전설, 민담과 같은 종류로 구분한다. 궁켈에 의하면 신화는 신들의 이야기이며, 사가는 역사적 인물의 영웅적 이야기이고, 전설은 영적인 어조가 들어가 있으며 민담은 동화 속 이야기처럼 허세에 찌들지 않은 사람들(less sophisticated peoples and circles)의 이야기이다.[11] 따라서 궁켈이 명시한

---

7 Hermann Gunkel, *The Legends of Genesis*, 6.

8 서남동, "자연에 관한 신학," 김희헌 『서남동의 철학』 163 재인용.

9 Hermann Gunkel, *The Folktale in the Old Testament*. Translated by M. D. Rutter. Sheffield: Almond Press (published 1987). 1917. 2015년에 Bloomsbury Academic에서 재출판함.

10 Hermann Gunkel, *The Folktale in the Old Testament* (London: Bloomsbury, 2015), 25.

민담은 바로 민중들의 이야기이다. 물론 궁켈은 민중이라는 단어를 사용하지 않았다. 그러나 궁켈의 "less sophisticated peoples and circles"는 권력의 중심에 서지 않는 민중성을 담보하고 있는 사람들을 가리킨다고 본다.

궁켈은 구약성서의 민담을 연구하면서 그림 형제(Jacob Grimme과 Wilhelm Grimme)의 동화집 *Kinder, und Hausmärchen*(Children's and Household Tales)[12]에 수집된 동화의 내용과 문학적 양태들을 비교 분석하였다. 예를 들면 궁켈은 신데렐라 이야기와 에스더 이야기를 비교하면서 이야기가 지닌 사회적 위치를 분석하였다. 두 이야기에서 왕은 배우자를 선택하면서 아름다운 아내 찾기라는 요소들이 작용한다는 것이다. 단, 궁켈은 신데렐라의 경우에 좀 더 문명화된 양태로 모티브가 전개된다고 보았다.[13] 그런데 독일 나치 시대에 계모는 이방인으로 해석되고 신데렐라는 순수한 혈통을 지닌 여인으로 이해되어 이야기가 지배 이데올로기로 사용되기도 하였다는 것이다. 민중성을 배제한 채 이용되는 대중 민담들은 반 해방적 이데올로기를 불러올 수도 있다.

민담은 민중들의 삶속에 살아있으며 문학의 "영"을 전달한다. 궁켈이 제시하는 민담들의 특징은 다음과 같다.[14] 민담은 상상력을 전달하고 고지식하게 의심 없는 믿음을 기록하며 꿈을 지향하는 이야기들에 뿌리를 두고 있다. 그리고 민담은 사람들의 삶에 근간을 이루며 매일 삶 속에서 겪는 경험과 관습을 투영하며 원인론을 설명하고 이름 없는 영웅들의 이야기를 들려주며 널리 알려져 있어 접근성이

---

11 Ibid., 26.
12 이 동화집은 1812년과 1815년에 출판되었다.
13 Hermann Gunkel, *The Folktale in the Old Testament*, 154.
14 Ibid., 161-171.

3 장

이야기와 방법: 서남동 100주년을 기념하여

Volker Küster

(Professor of Mainz University)

서남동의 민중신학에 대해 쓴 글들과 이야기들은 그의 인생의 마지막 부분에 출판되었고 그러한 글들이 그의 신학적 유산이라는 생각이 든다. 영어로 쓴 논문들은 있지만 책은 한국말로만 썼고 영어로 출판된 적이 없다. 그렇지만 영어로 출판된 글들을 통해서 그의 신학을 짐작해 볼 수 있었다. 두 전통의 합류(기독교 안에 있는 민중 전통과 한국 민중 전통)로서의 역사에 대한 전망과 '이야기' 사용 방식이 그의 신학적 체계에서 매우 중요한 지점들이다. 두 전통의 합류라고 하는 개념을 소개하고 있는 서남동 30주년 기념 저서 중 "민중신학에 대한 역사적 자료들"[1]이라는 글을 심도 있게 읽고 그리고 영어로 출판된

---

1 참고 Suh Nam-Dong, Historical References for a Theology of Minjung, in: *Minjung Theology. People as the Subjects of History*, Maryknoll, NY1983, 155-182,

세 논문을 읽고서 나는 서남동의 이야기 신학에 대해 정리해 보았다. 서남동의 갑작스러운 죽음 이후 서남동에게 헌정된 서광선의 글을 중심으로 읽었고,[2] 이 글에 대해서 첫 번째로 논할 것이다. 그리고 서광선의 신학을 가지고 보다 넓은 관점에서 이를 확장시켜서 논할 것이다. 세 번째로는 서남동의 이야기 신학과 다른 문화신학이나 현장 신학과의 교류점에 대해서 논할 것이다. 그리고 마지막으로는 현재의 정치신학 담론에서 '이야기'라고 하는 것이 어떤 의미를 가질 수 있는가에 대한 물음을 제기할 것이다.

I. 이야기하기로서의 신학 - 서남동(1918-1984)

서남동에게 있어서 이야기하기는 그가 선택한 신학적 방법이라고 볼 수 있다. 특별히 남한은 미국과 결탁한 독재세력이 지배하고, 북한은 공산주의자들이 통치하여 둘로 갈라졌던 1970년대부터 1980년대까지의 한국 상황을 고려해 볼 때, 더욱 그랬을 것이다. 민중신학자들을 포함하여 남한에 살았던 기독교인들 중 대부분은 북한의 공산주의로부터 탈북하여 왔을 것이고, 또한 제2차 세계대전과 강한 반공사상으로 무장되었던 박정희 정권의 독재 통치를 경험하였

177; Volker Küster, God and History in the Theologies of Liberation – Reading Suh Nam-Dong Contrapuntally, in: Jin-Kwan Kwon and Volker Küster (Eds.), *Minjung Theology Today. Contextual and Intercultural Perspectives*, Leipzig 2018, 25

2 참고. Suh Nam-Dong, Theology as Story-telling – A Counter-theology, in: CCA/CTC *Bulletin* 1984/85 (page references in the text), 4-11; id., Cultural Theology, Political Theology and Minjung Theology (Review of a number of Choan Seng Song's earlier writings), op. cit. 12-15; id., Towards a Theology of Han; in: *Minjung Theology*, 55-69.

다. 따라서 맑시즘에 기초한 남미 해방신학의 방법론은 제1세대 한국 민중신학자들에게 만족스럽지 않았을 것이다. 그러나 서남동은 유물론적 언어를 사용하고 있고, 사회학적 분석을 계속해서 강하게 펼치고 있다. 이런 면에서 나는 서남동이 사용하고 있는 여러 종류의 이야기를 분석할 것이고, 그가 각각의 이야기들을 어떻게 다루고 있는지에 대해서 자세히 서술할 것이다.

다른 종류의 이야기들

서남동은 논문들에서 세 가지의 서로 다른 이야기들을 다루고 있고 그 글들은 다음과 같다:

조선왕조 시대(1392-1910)부터 18세기 후반까지의 고전들
1970년대부터 쓰인 현대 소설들 그리고 그 시대에 쓰인 실제 경험된 인생 이야기들
이야기하기로서의 신학(서광선)
문화신학, 정치신학 그리고 민중신학
한의 신학을 향하여: 민중신학, 역사의 주체로서의 민중

(1) 이야기들의 다른 장르들

이 논문 속에서 서남동은 세 가지 서로 다른 장르의 글들을 사용하고 있다.

- 고전: 안동의 신랑(『동상기찬』, 18세기), 승려 지승(안석경, 『삽교별집』, 18세기)

- 동시대 문학작품: 윤홍길의 <장마>, 김지하의 <비어>(1972)와 <장일담>(1974), 천승세의 <신궁>(1977), 양성우의 <노예 수첩>
- 실제의 인생이야기: 전태일, 김경숙(YH 노조), 오원춘(카톨릭 농민회)

(2) 세 가지 글들에 대한 평가

이 세 이야기는 모두 민중의 한(고통)을 묘사하고 분석하기 위해서 썼다는 데서 그 공통점을 찾을 수 있다. 실제 삶을 담은 이야기들은 민중의 한을 묘사하면서 그들과 함께 일했던 목사들과 사회 운동가들의 한의 사제로서의 역할 또한 나타내주고 있다. 평화시장의 여노동자들의 열악한 노동조건을 고발하기 위해 방직 노동자 전태일(1948-1970)이 분신한 민중 사건은 그 당시 그 사건을 직접 목격한 서남동과 같은 지식인들을 일깨운 각성의 역할을 하였다. 그 결과 서남동은 현장 교회 즉 민중과 함께하는 교회를 만들게 된다.[3] 서남동은 또한 시위 중에 경찰에 의해 죽임당한 Y.H 노조원 김경숙에 대해서도 언급하고 있다. 가톨릭농민회 오원춘의 경우 잡혀서 몰매를 맞기도 했고, 감금되기도 했다.

민중의 한이 잘 묘사되는 것은 동시대의 문학작품들에서다. 윤홍길은 <장마>라고 하는 소설에서 한국의 가족들 대부분을 강타한 한국전쟁과 분단이라고 하는 시대적 현상을 묘사하고 있다. 신화적이

---

3 Suh, *Towards a Theology of Han*, 57 and 68 fn. 2 서광선은 이를 남미의 바닥공동체와 비교하면서 다음과 같이 말한다." 현장교회는 기독교적 공동체이며 사회운동에 연계하고 있다." 말 그대로 현장에 있는 교회라고 하는 의미이다.

면서 시적인 방법으로 윤흥길은 두 여인이 전통적인 개념의 한 가족(한 남성을 남편으로 두고)에 속해서 살면서 생기는 한과 그것을 겪고서도 다시 화해하는 과정을 묘사하고 있다. 김지하의 <비어>에서는 감옥에 가서 고문을 받게 되었고 결국엔 다리를 절뚝이게 된 불행한 인간에 대해 이야기하고 있다. 남아있는 그의 살덩이가 감옥의 벽을 따라 지나갈 때마다 한의 소리가 흘러나왔고, 그 소리는 감옥 널리 울려 퍼졌다. 김지하의 <장일담>은 판소리의 하나로 예수라고 하는 인물을 소재로 써졌다. 예수는 이 글에서 한을 극복하도록 가르치는 존재이다. 천승세의 <신궁>은 한 무당이 굿을 하고 있을 동안 자신의 삶을 짓밟고 모든 것을 앗아간 부유한 남자를 죽여 복수한다는 이야기이다. 양성우의 <노예수첩>은 수천 년 동안 쌓인 한국 민족의 한을 그리고 있다. 그런 면에서 이 소설은 한국 역사 속의 한국의 한을 묘사하고 있는 먼저 쓰인 고전들과도 맥이 닿아 있다.

한국 역사 속에서 나타났던 민중의 한을 언급하고 있는 고전 작품들을 살펴보자. <동상기찬>에 나오는 승려 지승은 18세기 저항운동을 한 인물이었고, 안석경의 삽교별집만록에도 아무것도 얻지 못하고 죽은 하인을 대신해서 두 아이를 죽이려고 하는 유교 학자에게서 두 아이를 살리는 이야기가 나온다. 두 이야기 모두 조선왕조의 시절을 살아가던 민초들의 고통에 대해서 묘사하고 있다.

서남동은 승려 지승의 구원적 역할과 요한복음 9장에서 눈먼 이를 고친 예수의 이야기를 비교하고 있는데, 예수의 시대와 현실에 대한 저항이 훨씬 더 급진적이고 영향력 있는 것이라고 해석하고 있다.

(3) 방법론적 숙고

서남동이 사용하고 있는 다른 장르의 이야기들(동시대 이야기와 고전 작품들)을 생각해 볼 때, 우리가 생각해 볼 수 있는 몇 가지 중요한 주제들이 있다.

실재 일어났던 이야기나 동시대 문학작품을 고려할 때 질문해 볼 수 있는 것은 '허구'와 '현실' 간에 얼마나 큰 차이가 있을 것인가 하는 것이다. 서남동에게는 이 차이가 절대적으로 없는 것처럼 보인다. 마치 민중의 한을 증거하고 있는 증거자료로 선택된 것처럼 보인다. 방법론적으로 사회적 분석과 문학작품의 사회학을 충분히 고려하고 있는 듯하다.

고전 작품들의 종교적, 문화적 상황은 유교나 불교일 것이며, 작품들 속에 존재하는 봉건적 그리고 가부장적 상황에 대한 시간적, 역사적 차이를 진지하게 다루어야 할 것이다. 고전 작품들을 살펴볼 때 두 가지 질문이 제기될 수 있다. 하나는 '어떻게 문화 해석학[4]과 장르 분석이 역사적 차이를 넘는 데 도움을 줄 것인가?'의 문제이고, 두 번째는 '제3의 비교'가 정확히 무엇인가 하는 것이다.

(4) "안동의 신랑" – 면밀한 분석

안동의 신랑은 안국이라고 하는 인물에 대한 소설이다. 유교 양반 집 학자의 아들인 안국은 어렸을 때 글을 읽고 쓰는 법을 배우지 못했다. 아들이 공부를 하지 않은 것에 화가 나서 그 아버지는 안국을

---

4 Cf. Musimbi R.A. Kanyoro, *Introducing Feminist Cultural Hermeneutics. An African Perspective*, New York 2002.

용이하다.

　구약성서의 창조 이야기를 민담이라는 장르로 이해할 때, 창세기 1장은 이스라엘인들의 창조 구두 전승과 바벨론의 창조신화 에누마 엘리쉬, 두 이야기의 합류이다. 그러나 창세기 1장은 바벨론의 이야기와 합일되지는 않는다. 포로생활을 하는 이들에게 바벨론 신화가 아니라, 오랜 세월 동안 자신들에게 전승되던 창조 이야기가 있다면 자신들의 정체성을 되돌아보게 하고 삶을 유지시키는 힘이 되었을 것이다. 대 제국의 문화 속에서 정체성의 근원과 삶의 지혜를 유지시키는 이스라엘의 창조 민담은 서남동에 의하면 "집단적인 영혼"[15]의 공간을 유지하는 사회 전기이다.

III. 서남동(1918~1984), 서양 신학 도그마에서 한국 민담으로

　민중 신학자 서남동은 칼 바르트, 에밀 부르너, 라인홀드 니버 등의 서양 신학을 공부하였으며 "현대 신학에서 역사와 종말론"이라는 석사 논문으로 1957년에 캐나다 빅토리아대학 임마누엘 신학대학원에서 학위를 받았다. 1970년 11월 이후 민중 신학계를 주도하면서 민중신학 담론을 구축하였다고 평가된다. 그가 1980년 3월 송기득 박사와의 대담에서 밝힌 신학의 방법론은 사회경제사적 방법과 성령론적 해석방법이다.[16] 사회 경제사적 방법론은 지배 질서에서 발생하는 모순들에 저항하는 민중의 이야기에 집중하게 한다. 성서의 출

---

15 서남동, "민담에 관한 탈신학적 고찰"『민중신학의 탐구』(서울, 한길사, 1983), 279.
16 대담: 민중신학을 말한다" 김희헌『서남동의 철학』232-263.

애굽 사건과 십자가 사건이 이 방법론으로 해석된다. 성령론적 해석 방법은 기존의 "기독교적 입장"과 "실존론적 입장"에 대립되는 방법론이다. 성령론적 해석 방법론으로 기독교적인 "타력적" 해석에 의존하지 않고 "자력적"인 성령론적 해석으로 자신의 결단이 가능하다. 기독교적인 타력적 해석학은 도그마에 얽매여 개인 자신의 정체성을 상실하게 만든다. 또한 "실존론"을 벗어난 성령론적 해석 방법은 해석자가 정치적 해석을 간과하지 않으며 지금 이 사회의 일원으로서 살고 있느냐에 반문하게 하는 방법론이다. 궁켈의 양식 비평학으로 논하자면 삶의 자리(Sitz im Leben)로 해석 방법을 추구하는 것이다. 더욱이 서남동은 "내가 선택, 결단해야 할 지금의 사건 앞에서, 예컨대 내가 어느 독재체제에 항거해야 할 것이냐, 안 해야 할 것이냐와 같은 문제를 놓고, 어느 것이 하느님의 뜻에 맞느냐를 결단하려고 할 때 거기에는 하나의 참고서가 요청되는데, 성서의 본문을 이러한 참고서로 받아서 해석하는 것"[17]으로 성령론적 성서해석 방법론을 설명한다.

성서 이해 방법론으로 서남동의 사회경제사적 방법론과 성령론적 성서 해석을 논한다면, 이는 성서를 통시적(diachronic)이고 공시적(synchronic)으로 이해하는 것이다. 왜냐하면 궁켈 이후 현대에까지 발전한 양식 비평학 방법론은 성서 본문 당시의 장르와 삶의 자리를 따라 본문의 의도를 간파하길 원하며, 다른 한편으로는 성서가 지니고 있는 문학적이거나 심미적 요소에 집중하여 성서가 지닌 문학적 함의를 추구하고 있기 때문이다. 민담은 통시적 배경을 통해 구체화된 이야기이며 오늘의 독자에게 공시적 해석으로도 의미를 전달한다. 민담은 민중 속에 피어난 삶이며 그 삶의 근원을 해석하도록

---

17 Ibid., 236.

돕는다. 하나님과 대화를 원한다면 민담속에서도 역사하는 하나님을 만나야 할 것이다.

서남동은 필리스 트리블의 입다의 딸에 대한 신학적 명상에 동의하면서 경전(經典)이 이스라엘의 고대 설화를 찬탈(簒奪)하고 있다고 비판한다.[18] 서남동은 "역사가 민담(story, herstory)을, 정경(canon)이 민담을 찬탈해 버린 것이다. 경전(經典)에 의해 찬탈된 민담의 부활과 복위가 요청된다"라고 강조한다.[19] 따라서 서남동은 우리 민담으로 쇠똥에 미끄러진 범, 은진미륵과 쥐, 에밀레 종, 봉산탈춤, 홍길동전, 춘향전등을 선택하여 탈신학적 해석을 내놓는다. 이러한 민담들 속에서 민중의 언어, 민중의 사회전기, 민중의 주체 의식, 민중 의식의 표현, 민중의 에네르기, 민중의 자기주장이 내재되고 있다고 서남동은 피력한다. 트리블이 지적한 바, 경전에 내포되지 않았던 민담들이 이미 민중의 삶속에서는 합류되어 흐르고 있었다. 이를 부활시키기 위해서 필자는 대만 원주민들이 지니고 있는 창조 이야기들을 이 논문에서 제시하고자 한다. 그 전에 서남동의 민담 연구를 조금 더 살피기로 한다.

서남동은 민담의 신학을 반신학(反神學)이라고 부른다. 신학이 지닌 특징과는 대립적이기기에 붙여진 명제이다. 먼저 서남동은 민담 "안동신랑"을 해석하면서 7가지 요소를 들어 민담 신학의 특징을 반신학으로 피력한다.[20] 앞쪽 다섯 가지 요소는 긍정적 민중 담론에 대한 분석이며, 마지막 두 가지는 안동신랑 이야기에 덧붙여진 비평이다. ① 이야기는 몸의 언어이다. 문자화된 신학은 머리의 언어이기에 분

---

18 서남동, "민담에 관한 탈신학적 고찰," 283.

19 Ibid.

20 서남동, "민담의 신학- 反神學,"『민중신학의 탐구』(서울, 한길사, 1983), 301-307.

석에 집중하여 두통을 일으킨다. ② 이야기 매체의 효과기능은 "물질적" 기반을 찾게 한다. ③ 하느님의 자기 계시는 사색과 철학이 아니라 행함과 이야기 계시에 있다. ④ 하느님 계시의 참다운 매체는 실체적, 구체적인 경험과 사례에서 귀납적 방법으로 얻어낸 이야기이다. ⑤ 안국의 이름 없는 아내가 이 민담의 주인공이다. ⑥ 전태일과 안국은 모두 깨달음으로 생의 전환점을 찾는다. 그런데 그 결과는 상반되었다. 전태일은 기존 체제의 희생자가 되었고 안국은 장원 급제로 출세가도를 가게 된다. ⑦ 주인공 김안국이 학문 이데올로기의 허세를 끝까지 비판하고 글을 모르는 민중들의 이야기로 결론되었기를 바라는 아쉬움이 남는다. 서남동은 신학함의 뜻을 글과 관념에 얽매이는 것을 벗어나야 한다고 강조하면서 반신학, 탈신학적 담론을 추구하는 민담 신학의 정초를 놓고 있다.

또한 서남동은 사회경제사적 방법론을 강조하면서 신학함의 전거로 성서를 해석하였다. 그런데 성서에서는 사회 역사적 배경과 경제 구조를 알지 못하는 본문들이 존재하며 그 본문들은 구두전승을 거쳐 내려오면서 민중들의 힘을 내포하고 있다. 이야기 자체가 지니고 있는 예술성과 지혜는 민중의 현장과 합류하여 민중 해방의 포문을 열게 한다.

IV. 송천성(C. S. Song, 1929~), 서양 이야기에서 아시아와 아프리카 이야기로

송천성은 대만 신학자로서 아시아 신학의 선구자이다. 서남동이 민중신학의 담론으로 한국 민담을 논의하였다면, 송천성은 이야기

신학으로 제3세계 신학을 체계화한다. 그의 신학적 여정을 먼저 살피자면, 성육신 신학, 전위신학, 제3세계 신학, 문화신학, 이야기 신학으로 신학적 체계가 발전하였다고 하겠다.[21] 장야탕에 의하면, 송천성의 성육신 신학은 신학의 시작점이고 신학 여정의 중심축이다. 그리고 전위신학은 신학의 지표이며 이야기 신학은 신학의 관점을 나타낸다. 예수 그리스도의 성육신은 모든 성육신의 상징적 모델이고 신은 이스라엘 사람들의 역사와 문화 속에서 성육신하며 다른 나라의 역사와 문화 속에서도 성육신된다. 또한 성육신 신학은 사변적인 신학을 지양하고 구체적인 실천을 지향하는 신학이다.

송천성의 전위신학의 신학적 근거는 창조 신학에 있다. 그는 구원사를 강조하기보다는 창조 신학을 강조한다. *Christian Mission in Reconstruction: An Asian Analysis*[22]에서 송천성은 하나님의 창조가 구원이며, 구원은 새로운 창조라고 강조한다. 하나님이 전 세계에 역사(役事)하였기에 모든 세상의 문화와 역사 속에 반드시 상징과 자취들이 남게 마련이다. 기독교인들은 모든 백성들 속에 내재하고 있는 하나님의 계시와 사랑을 왜곡하거나 은폐해서는 안 된다는 것이다. 그리고 신학자의 임무는 다양한 문화 속에서 하나님의 역사의 상징과 자취들을 발현해야 하며 기독교 문화와 비기독교 문화로 양분화하는 것은 창조신학을 이해하지 못해 범한 오류라는 것이다. 따라서 이러한 창조신학 관점으로 볼 때 이 세상 창조와 문화는 신학적 담론과 민중 정체성의 의미를 각각 내포하고 있기에 해석 가능한 것이다.

---

21 莊雅棠, "宋泉盛的神學之旅," 聖經, 神學, 宣敎 硏討會, January 8, 2018 (臺南 臺灣: 長榮 大學神學), 97. 영문판 Ya-Tang Chuang, "Choan-Seng Song as an Asian Christian Thinker and His *Theologia Viatorum*."

22 C. S. Song, *Christian Mission in Reconstruction: An Asian Analysis* (Madras: Christian Literature Society, 1975).

따라서 필자는 대만 원주민들의 창조 이야기들을 통해서 민중 이야기 신학의 포문을 열고 서남동이 제시한 두 이야기의 합류를 꾀하고자 한다.

송천성의 전위신학은 제3세계 신학이라는 아시아의 삶의 자리에서 형성되는 신학이다. 1979년에 발표된 *Third-Eye Theology: Theology in Formation in Asian Settings*[23]에서 송천성은 신학 주제들을 아시아 정황으로 해석한다. 삶의 자리를 중시하는 양식비평학의 담론과 이야기의 합류를 강조하는 서남동 신학의 통합을 보게 된다. 송천성은 서양 신학이 간과하고 있는 아시아 신학의 상황과 그에 따라 형성된 신학적 담론들을 소개하고 있다. 이 지면에서 송천성이 강조한 아시아 신학의 형성을 다 소개할 수는 없기에 그가 강조한 창조 이야기 속의 신론을 보고자하며 나머지 송천성의 신학은 연대별로 정리하였다.

송천성은 신학은 "하나님의 속앓이"(God's heartache)에서 시작한다고 말한다.[24] 하나님은 피조물들 속에 도사리고 있는 위험성들 때문에 마음이 아프시다. 창세기 1장의 창조 민담에서 하나님은 땅의 혼란과 혼동(토후 바보후) 속에서 질서를 잡고자 창조 역사에 참여하였다. 또한 흑암이 깊은 심연(테홈)에 간섭하여 창조하였다. 정돈되지 않은 어지러움과 어두움에서 질서를 찾아가는 것이 창조이다. 어둠이라는 악의 기운이 엄습할 때 하나님은 속병 앓이, 가슴 앓이를 하게 되고 창조를 감행하신다. 빛이 어두움에 의해 사라지고 삶이

---

23 C. S. Song, *Third-Eye Theology: Theology in Formation in Asian Settings* (Maryknoll, N.Y.: Orbis Books), 1979. 2002년에 Wipf and Stock Publishers에서 재 출판하였다. 필자는 2002년 판을 참고한다.

24 C. S. Song, *Third-Eye Theology: Theology in Formation in Asian Settings* (Eugene, OR: Wipf and Stock Publishers, 2002), 35.

죽음을 삼키려는 악에 대해 가슴속 깊이 고통과 통증을 느끼는 하나님이 바로 창조를 결단하고 실행에 옮긴다. 민중들의 고통을 몸소 체험하며 더 이상 침묵하지 않고 새 세계를 창조하는 하나님이다. 송천성은 서양 학자들이 제시하지 못하는 신학적 통찰력을 창조 민담에서 우리에게 제공한다.

송천성은 당대 여느 서양 학자들이 연구하였듯이 창세기 1장의 창조 이야기를 고대 근동의 에누마엘리쉬 창조 이야기와 비교한다. 송천성은 마르둑의 창조는 질서와 조화 체계 속에서 일어나는 신들의 우주적 싸움(cosmic battle)으로 진행되었음을 강조하며, 그래서 창세기 1장의 유일신 창조 이야기와는 대립을 이룰 수 있다는 의견에 동의한다. 그러나 송천성은 창조 민담의 특징으로 마르둑의 이야기에서는 드러나지 않는 바를 분석한다.

창세기 1장의 주요 주제는 유일신 창조 하나님을 강조하고자 함에 있지 않다고 해석한다. 제사장 문서(P)로서 창조 이야기는 매일 매일의 삶 속에 남녀 모두가 직면하게 되는 어둠과 죽음의 문제에 관련된 이야기라는 것이다.[25] 이와 더불어 송천성은 시편 77편을 창조 시편으로 분석하면서 창세기 1장의 창조 담론을 시편 77편과 합류시켜 해석하였다. 시편 기자는 자신의 고난에 하나님이 주목해주길 원한다. 고난이 급진적으로 해결되지 않자, 실망하기도 한다. 그러나 시편 기자는 역사 속에서 이미 일어났던 하나님의 개입을 기억한다. 여기서 고난은 창조 때 이해되었던 우주적 악의 근원인 "물들"로 표현된다. 시편 기자는 개인적인 고난에서 하나님을 부르기 시작하여 종국엔 역사와 창조의 하나님을 신앙으로 고백한다. 개인의 고난은 사적인 아픔에 머무르지 않고 출애굽 역사와 창조이야기로 함

---

25 Ibid., 36-39.

께 얽히고 짜여 진다. 고난의 일상생활에서 창조 신앙을 고백한다. "하나님이여 물들이 주를 보았나이다. 물들이 주를 보고 두려워하며 깊음도 진동하였고 구름이 물을 쏟고 궁창이 소리를 내며 주의 화살도 날아갔나이다"(시편 77:16-17).

송천성의 창조 이해는 세 가지 특성이 있다. 첫째는 창조자의 감성적 연대성이다. 하나님은 고난의 우주적 울부짖음, 탄식에 침묵하지 않고 피조물과 연대를 이룬다(참조, 로마서 8장 22절). 둘째는 창조의 지속성이다. 창조가 태고 적 한 번의 사건으로 끝나지 않았고 늘 인간의 역사와 생활 속에 내재 하고 있다. 창세기 1장에서 흑암의 깊음(테홈)이 창조의 전조가 되었듯이 시편 77편에서는 개인의 고난이 우주적 물들로 투영되면서 창조 하나님을 만나게 된다. 셋째는 창조의 민중성이다. 창조자가 벌린 창조 마당 판에는 사람들이 필요하다. 삶을 살아가는 민중들. 그 삶속에서는 탄식이 일어나고 고난이 묻어나는 이야기들이 없을 수 없다. 창조의 담지자는 고난을 겪으면서 오늘을 살아가는 민중이라고 하겠다.

송천성은 『제3세계의 눈으로 보는 신학』(*Third-Eye Theology: Theology in Formation in Asian Settings*)에서 하나님의 속앓이를 신학의 시작으로 보며 고난을 강조하나, 고난당하는 아시아인의 신앙 속에서 희망을 돌출해 낸다. "희망의 쌀"(The Rice of Hope)이라는 글에서 송천성은 베트남 어머니의 기도시를 소개한다. 어머니는 전쟁 중에 아들을 잃었다. 어머니에게 기도는 불확신과 죽음으로 가득 찬 세계에 희망을 전달하는 매개체이다. 아시아 어머니는 아들의 부재가 주는 절망 가운데에서도 희망을 짓고 있다. 매일의 삶 속에서 밥을 짓고 있듯이 말이다. 시는 다음과 같다.

새로 지은 밥을 공기에 푸고 그 옆에 상아 젓가락을 놓았어

그리고 파리를 쫓아내기도 하는데 우리 아들의 마지막 모습이 비춰지네

오늘 보니 논두렁의 벼들은 다 익었고

빈 기차가 마른 들녘위로 검은 연기를 내뿜고 달려오는 게 보이네

…

새로 지은 밥을 공기에 푸고 나니 젓가락도 보이고

방금 잠든 손자도 물끄러미 바라보고 있어

착하고 조약돌처럼 평화스런 아이이다

반년이 지났지만 아이는 아직 이름이 없지

오늘은 우리 아들 결혼기념일이네

며느리가 머리를 잡고 갑자기 울기 시작하네

'그이가 그의 봄날에 죽었어요'

…

새로 지은 밥을 공기에 푸고 앉아서 낙엽을 보고 있자니

가을이 오는 게 느껴지네

아이는 요람에서 날보고 웃고 있어

상아 젓가락을 여기 놓고 파리를 쫓아내면서

한 없이 흐르는 눈물을 닦고 있어…26

송천성은 이 시에서 깊은 절망과 슬픔 속에서 녹아난 아시아 여인의 희망을 확신하고 있다. 베트남 어머니가 준비한 밥은 현세와 내세, 현재와 미래, 삶과 죽음의 연결고리가 된다. 매일 매일 준비하는 밥은 어머니의 믿음과 희망의 상징이고 실재(reality)이다. 고난의 삶을 살아간 사람들의 시에서 창조와 희망이 제시된다. 창조 이야기들의

---

26 Ibid., 142-143.

장르가 역사 실화가 아니라 시라고 제시한 궁켈과 같이 아시아 민중 속에 담긴 시와 민담은 신학자들의 신학적 주제이다.

이제, *The Compassionate God*[27]에 나타난 송천성의 전위신학을 좀 더 살펴보자. 전위신학에서는 세 가지 전환을 제시한다.[28] 첫째, 신학의 시, 공간의 전환을 요구하여 팔레스타인으로부터 그레코 로마로 중심을 이루던 신학에서 아시아와 아프리카로의 전환을 의미한다. 둘째, 소통의 힘을 지닌 언어의 전환을 의미하는데, 아시아와 아프리카의 언어와 문화가 전위신학 담론에 포함된다. 셋째, 성육신의 전환이다. 성육신된 신의 복음은 혁명적 힘을 지닌다. 이러한 신학적 전환을 통찰하며 나온 신학이 아시아 이야기 신학이다.

송천성은 *Tell Us Our Names: Story Theology from an Asian Perspective*[29]에서 아시아의 이야기 신학을 소개 한다. 어린아이들은 부모에게 "다른 이야기는 또 없어요?"라고 조르면서 이야기 듣기를 좋아한다. 아이들은 동화를 듣고 인지 능력을 향상시키고 부모와는 소통의 장을 넓힌다. 인간과 하나님 간에도 같은 상황이 일어난다. 송천성은 인간과 하나님이 이야기를 주고받는 소통 속에서 영적 관점이 연출된다고 하면서 이 책의 포문을 연다. 이야기들 속에서는 사랑의 힘이 드러나게 되는데, 이 힘은 인간의 음모와 비열함을 극복하는 근원지가 된다. 궁켈이 민담의 중요성을 강조하였듯이 송천성도 민담이 지니고 있는 문화적, 정신적 깊이에 집중한다. 이야기들은 절망과 희망,

---

27 C. S. Song, *The Compassionate God: An Exercise in the Theology of Transposition* (London: Lutterworth, 1982).

28 Ya-Tang Chuang, "Choan-Seng Song as an Asian Christian Thinker and His *Theologia Viatorum*," 10.

29 C. S. Song, *Tell Us Our Names: Story Theology from an Asian Perspective* (New York: Orbis Books, 1984), 2005 년에 Wipf and Stock Publishers에서 재 출판하였다. 필자는 2005년 판을 참고한다.

의심과 믿음 그리고 윤리적 힘을 돌출시키기에 사람들로 하여금 이 세상에서 살아갈 가능성을 제시한다. 송천성은 예수가 탕자의 비유(눅 15:11-32)를 통해서 아버지의 사랑을 감동적으로 전달했음을 상기시킨다. 송천성에게 예수는 다양한 이야기들을 전달하는 최고의 스토리 텔러였다. 그와 동시에 예수 자신의 삶이 고난과 희망의 이야기-비유이며 하나님은 십자가 죽음을 통해 인간 속에 포함되어 있다.[30] 예수의 삶이 이야기이다.

그러면서 송천성은 "우리의 이름을 대시오"라는 아프리카 앙골라 공화국의 민담으로 전위신학으로서의 이야기 신학을 제시한다. 송천성은 이 민담에서 이름의 중요성을 강조하는데, 이름이야 말로 실체를 나타내며 독립성을 확증하게 된다. 창세기 2장에서 하나님은 아담에게 창조물에 대한 작명권을 주었다. 서양 기독교는 선교라는 미명하에 아프리카와 아시아인들에게 "기독교화"라는 이름을 선사하면서 본래의 이름을 상실하게 만들었다. 이 민담은 자신의 본래 이름을 유지하고 자신들의 정체성을 확산하고 공유하여 이름을 기억하는 것이 음식을 섭취하는 것보다 귀중하다고 가르친다. 송천성은 기독교 선교사들의 선교 현장에서 일으키는 오류들을 지적하였다. 기독교 선교 임무가 "나는 너의 이름을 모른다. 너의 공자, 나는 그를 모른다. 너의 역사, 나는 그 역사와 무관하다. 너의 고통과 희망, 나는 그것들을 이해하지 못한다. 내가 아는 것은 당신이 들어야 할 복음인데, 이는 당신이 믿어야할 믿음이며 당신이 발전시켜야 할 덕목이다. 그리고 당신의 철학자와 스승보다 더 훌륭한 성인과 사상가들이 있다"[31] 라고 할 때 원주민을 실망시키게 될 것이다. 앙골라 민담에 나

---

30 C. S. Song, *Tell Us Our Names: Story Theology from an Asian Perspective* (Eugene, OR: d Stock Publishers: Wipf and Stock Publishers, 2005), x.

온 갓 결혼한 신부는 신랑 동생들에게 음식을 준비하였다. 그리고 그들이 맛나게 먹기를 기대했다. 그러나 시동생들은 식사를 거부하고 자신들의 이름을 먼저 말해보라고 한다. 새 신부는 그들의 이름을 알지 못했다. 세 번째 식사를 준비하면서 부인은 새의 도움으로 시동생들의 이름을 다 알게 되었다. 그때서야 시동생들도 음식을 먹었다. 아무리 좋은 복음이라도 전달자가 원주민들을 이해하지 못하고 그들의 정체성과 문화에 무지하다면 복음은 전달되지 못하며 무용지물이 된다. 이름을 안다는 것은 소통의 첫 번 관문이기에 이름을 아는 것은 먹는 것보다 중요했다.

서남동은 송천성의 이 책(*Tell Us Our Names*)에 대한 평가와 비평을 "문화신학, 정치신학, 민중신학: 송천성 신학의 소개와 논평"[32]에 실었다. 그는 송천성의 앙골라 민담을 소개하였는데, 송천성이 강조한 이름이라는 메타포가 서남동에게는 한국 사람의 '한'(恨)으로 이해되었다. 한국 문화의 전통, 역사 속에 내재한 한을 인지하지 못하면 진정한 복음이 한국에 전달될 수 없다는 것이다. 서남동은 송천성을 전통신학과 성서신학의 깊음을 지니고 있고 아시아 문화신학을 발전시키는 신학자로 평가한다. 동시에 송천성이 사회사적 인식, 이스라엘 민족의 출애굽 신앙과 사회사, 예수의 갈릴리 선교 활동의 사회 경제사에 대한 이해가 결핍되었다고 지적한다. '역사적 계시'의 하부구조(사회사) 복원을 서남동은 강조한다. 역사적 계시를 말하면서 상부구조(이념)만을 강조하는 것은 유령이고 아편이라는 것이다.

송천성은 *In the Beginning Were Stories*[33]에서 태초로부터 시작된

---

31 Ibid., 95.

32 서남동, "문화신학, 정치신학, 민중신학: 송천성 신학의 소개와 논평,"『민중신학의 탐구』(서울, 한길사, 1983), 361-382.

33 C. S. Song, *In the Beginning Were Stories, Not Texts: Story Theology* (Eugene, OR:

하나님의 창조는 문자가 아니라 이야기라고 주장한다. "태초에 이야기들이 있었다." 서남동이 "안동신랑"에서 제시한 것처럼 송천성도 이야기가 본문의 현존보다 앞섬을 강조하면서 각양각색의 이야기들을 분석하며 성서 이야기와 합류를 시도한다. 그런데 송천성이 이야기로 소개하고 분석한 자료들에서 대만 원주민의 민담은 찾아보기 힘들다. 송천성은 아라비안나이트 이야기, 한스 크리스찬 앤더슨(Hans Christian Anderson, 1805~1875), 미국 샌프란시스코의 앨리샤, 아프리카 민담 등을 소개한다. 민담 소개와 더불어 "이야기로서 이야기 신학", "실천적 스토리텔링으로서 이야기 신학", "이야기에 대한 공감 표현으로서 이야기 신학", "공동체 재건을 위한 이야기 신학함" 등을 강조하면서 이야기 신학에 대한 대화의 장을 넓힌다. 서남동의 송천성에 대한 논평과 더불어 덧붙이고 싶은 바는 대만 민중의 삶의 자리에서 울리고 있는 민담 연구의 요청이다. 송천성은 원주민들이 지니고 있던 민중성을 이야기 신학에서 강조하지 않는다. 이에 이 글에서 대만 원주민들의 이야기를 다음 장에서 소개할 것이다.

특별히 필자가 관심하는 바, 송천성은 민담을 한 장르로 이해하였다. 그에 의하면 민담은 "사람들의 생생한 기록이고 삶의 이야기인데, 민담은 삶 그 자체로서 설레며 가슴 뛰게 한다. 민담의 가장 위대한 예술성은 비예술성에 기인한다. … 민속 예술(folk art)은 감춰지지 않게 드러나며, 자발적으로 표현된 감정 안에서 늘 진실성을 담보한다."[34] 민담의 예술성이 진실함과 생생한 기록에서 드러난다면, 대만 원주민들의 삶과 민담의 진실을 연구함으로써 민중이 지니고 있

Wipf and Stock Publishers, 2011.

34 C. S. Song, *In the Beginning Were Stories, Not Texts: Story Theology* 킨들판: 3764중에서 2893 쪽.

는 삶의 지혜와 원동력을 배우며 민중 민담의 원형에 한 발 접근하고
자 한다. 네덜란드, 청나라, 일본 등의 식민주의 시대를 거치면서도
매일 매일 살아간 대만 원주민들의 민담 소개는 아시아 신학의 민중
정체성을 되돌아보게 하는 두 이야기의 합류의 일환이 된다.

V. 대만의 민중: 원주민들의 창조 이야기들

아시아 민중 담론의 시발점을 찾는다면, 원주민들의 이해와 연구
가 중요하다. 대만 원주민은 전체 인구의 약 2%를 차지하고 있으며
역사적으로 약 5,500년 동안 대만에 살아온 것으로 추정된다. 한족
(漢族)이 17세기에 대만에 이주한 것에 비하면 원주민들의 역사는
훨씬 오래되었다. 그들의 조상들은 오스트로네시안족으로서 언어와
문화면에서 동남아시아와 태평양 섬들의 민족들과 연관이 있는 것으
로 보인다. 대만의 원주민은 총 16개 지파로 나뉜다(Amis, Atayal,
Paiwan, Bunun, Tsou, Rukai, Puyuma, Saisiyat, Yami, Thao, Kavalan,
Truku, Sakizaya, Sediq, Hla'alua, Kanakanavu).[35] 각 지파는 고유의
언어, 문화, 종교를 지니고 있다.

1. 아미스족의 "빛나는 소녀" 이야기

아미스족(族)의 인구수는 177,000명으로 집계되는 데 대만 원주
민 중에 가장 큰 지파이다. 특별히 재정과 토지에 관한 중요한 결정

---

[35] https://www.apc.gov.tw/portal/cateInfo.html?CID=5DD9C4959C302B9FD0
636733C6861689 2018년 2월 14일 접속.

은 집안의 여성 지도자가 내린다. 결혼과 같은 중대사는 모계 쪽 남자 형제들(삼촌)의 모임에서 결정한다. 지파의 정치, 법, 전쟁, 종교와 같은 공적인 사안들에 대해서는 다양한 나이로 구성된 남성 지도자로 결성된 협의회에서 다루게 된다. 아미스족의 가장 중요한 전통의식은 추수감사제인데 여기서는 소년이 성인으로서 남성 그룹에 들어가는 성인식을 축하하기도 한다.

화렌지역의 아미스족의 근원지는 타이발랑(Taibalang)이다. 아미스족 어른들은 갓난아이가 태어나면 "빛나는 소녀"(The Glowing Girl)라는 멋진 이야기를 들려준다. 이야기는 다음과 같다.[36]

부부에게는 아이 6명이 있었다. 막내는 예쁜 딸이었다. 이름은 타이무젠(Taimujen)이다. 어렸을 때부터 똑똑했고, 사랑스러운 아이였기 때문에 모든 이들의 사랑을 독차지했다. 또한 타이무젠은 아름다운 목소리를 지니고 있었으며 부모와 형제자매를 위해 노래를 부를 때마다 시냇물과 바람까지 그녀의 노래를 경청했다. 이 소녀에게 특이한 점이 있었는데 항상 어디를 가던 금빛 망토를 두르고 있었고 낮이건 밤이건 소녀를 알아보지 못하는 사람이 없었다. 어느 날 카로이와산(Caroywasan)이라는 바다 신의 아들이 소녀가 바다에서 물을 기르고 있는 것을 보고 소녀를 아름다운 요정으로 만들어 버렸다. 그 이후로부터 소녀는 늘 카로이와산의 마음에 자리 잡고 있었고 카로이와산은 어떻게 소녀를 아내로 만들지 늘 생각했다. 타이무젠의 어머니는 두꺼운 보드로 만든 벽장에 딸을 숨겼지만 너무 빛났기 때문에 널빤지를 뚫고 빛이 새어 나왔다. 그리고 풀이 자라는 땅에서도, 곡물이 있는 헛간에서도 심지어 길 위의 진흙에서도 소녀가 있는 곳은 깜

---

36 http://ticeda.moc.gov.tw/shenhuaen/001/001xxshua.html.

빡거렸다.

그래서 타이무젠은 카로이와산의 눈에서 피할 길이 없었는데 닷새 동안 숨바꼭질을 했다. 바닷물은 넘실거리고 물결이 모든 해안가를 덮치고 마을도 위험해졌다. 카로이와산은 타이무젠을 신부로 맞아 집으로 데려오기로 결정했다.

바닷물이 해안을 집어 삼킬 듯이 계속 넘실거렸다. 타이무젠과 오빠들과 언니들은 더 이상 견딜 수 없어 도망칠 수밖에 없었다. 큰 목재 절구에 모두 웅크리고 있었다. 모두들 넓은 바다에서 오르락내리락하면서 살아남도록 안간힘을 썼다. 그리고 마침내 산에 도착했고 거기서 새 집을 지었다.

너무나 충격적인 경험이기에 그들은 그날의 기억을 잊을 수가 없었다. 계속해서 슬픔과 걱정에 살 수 밖에 없었다. 그렇게 시간이 지나 그들이 아이들을 낳게 되었다. 그런데 아이들은 모두 괴이하게 태어났고 사람처럼 보이지 않았다. 모두 통곡하고 가슴이 미여지도록 울었다. 그 때에 하늘의 영들(Spirits in the Heavens)이 그들의 음성을 들었다. 그래서 위로하며 축복을 전달하기 위해 천사들을 보냈다. 드디어 모두는 슬픔과 걱정에서 치유되었고 더 이상 어둠에서 살지 않았게 되었다. 결국엔 정상적인 인간 모습을 지닌 아이들을 낳았다. 세 명의 아름다운 딸들이 연속으로 태어났다. 첫째는 흰 피부에 빛나는 눈을 가지고 있었다. 지코한 질라우(Jeekohan Jeelau)라고 이름 지었다. 둘째는 총명하고 민첩했고 친절하고 이해심이 넓었기에 파다한 질라우(Padahan Jeelau)라고 불렸다. 막내는 날씬하고 우아한 모습이었고 춤을 잘 췄다. 이름은 다마트산 질라우(Damatsan Jeelau)였다. 그리고 나서 막내아들이 태어났는데 이름은 다다하누오 질라우(Dadahanuo Jeelau)였다.

막내아들은 점점 잘 크고 강해졌다. 산을 타고 다니고 바다에서 수영을 하고 기술도 좋고 평화스럽게 지냈다. 그러던 어느 날 사냥을 하고 있었는데 푸른 나무들과 신록의 평원으로 된 곳에 다다르게 되었다. 누나들에게 자신이 본 것을 말했다. 그리고 누나들은 그 장소로 이주하길 원했고 거기서 새로운 집을 지었다. 그곳에서 자녀들을 낳았다 그리고 후손들의 숫자는 점점 많아졌다.

그리고 늘 누군가는 새로운 장소를 찾아서 새로운 정착지를 만들려고 했다. 그러나 사람들은 그들의 조상들이 몇 대를 넘어 처음 살았던 곳을 결코 잊지 않았다. 그 장소가 타이발랑(Taibalang)으로 알려진 곳이다. 세 자매는 타이발랑 아미스족의 창시자들이다. 첫 번째 선조들이 여성들이기 때문에 아미스 사회의 모계제 특성이 반영되어 있다.

아미스족의 창조 이야기에는 장소 원인론이 결부되어 있다. 왜 타이발랑에서 살게 되었는지에 대한 원인론적 설명이다. 장소나 이름에 대한 원인론은 창세기에서 자주 등장하는 이야기 설명 형식이다. 아미스족은 모계사회이기 때문에 민담의 주인공들이 여성들이다. 빛나는 소녀이거나 세 자매이다. 반짝이며 총명하고 노래를 잘 부르는 여아로 이야기가 발단되었다. 결국엔 세 자매가 부족의 자손들을 번창시킨다는 이야기이다. 새 개척지 타이발랑의 발견은 막내 동생의 몫이었으나, 새로운 땅으로 이주하길 원하고 결정을 내리는 것은 누나들의 역할이었다.

또한 창조의 상대 축을 이루는 것은 카로이와산, 바다 신의 아들이다. 그는 창세기 1장의 흑암의 깊음(테홈)과 같이 물을 통해 힘을 과시하는 혼동의 신으로 등장한다. 창조와 새로움은 물의 깊이와 폭력을 극복한 후에 오는 것이기에 소녀의 가족들은 절구를 이용하여 피신한다. 물로 온 마을이 덮이자 노아가 방주에 올랐듯이 소녀의 가족들은 절구에 탔다. 또한 소녀의 가족들은 카로이와산으로 인해 고난에 빠진다. 가족들은 악인들이 아님에도 불구하고 고난에 빠진다. 마치 욥처럼 말이다. 그들은 고난 극복을 위해 하늘의 영적인 도움을 절실히 요구하였다. 아미스족 아이들이 태어나면 이 이야기를 들려준다는 것은 아이의 출생은 부족과 가족, 아이에게 축복임이 틀림없다. 또 다른 의미에서는 카로이와산의 등장처럼 고난의 시간도 동반될 것임을 이야기는 보여준다. 아시아 민중이 고난을 겪듯이.

2. 부농족과 "호리병박꽃에서 태어난 소년" 이야기

부농족은 카오슝 지역과 타이동 지역, 난토우 지역에 흩어져서 살고 있다. 총 인구수는 50,000명 정도이다. 기본적으로 가부장적 사회 구조를 이루고 있다. 가족 구성원들은 비-혈연관계의 개인들까지도 포함한다. 따라서 부농의 전통적인 가족 구성원은 광범위하게 포함된다. 의례(儀禮)는 기장 심기, 제초하기, 추수하기에 맞춰 진행된다. 파시부트부트(Pasibutbut)는 가장 유명한 노래인데, 기장 추수를 할 때 드리는 기도를 의미한다. 제초를 하는 동안 부농 사람들은 여덟 파트로 나눠 합창을 한다. 또한 말라흐탄기아(Malahtangia)는 일생 일대 가장 중요한 의례인데 남자들의 성인식이다. 이러한 기본적인 부농족에 대한 이해와 더불어 창조 이야기를 접해보자.[37]

전설은 이 땅에 식물과 동물만이 있던 때로 돌아간다. 사람들은 아직 존재하지 않았고 자연은 평화롭고 아름답기 그지없었다. 들에 난 풀

---

37 http://ticeda.moc.gov.tw/shenhuaen/002bnong/002shcshuo.html

들이 바람에 평화롭게 흔들리고 있었다. 이름 모를 꽃들이 여기저기 자라고 있었으며 태양은 모든 피조물을 비추고 있었다.

어느 날, 황금 빛 호리병박꽃이 하늘에 갑자기 나타났다. 아주 천천히 아래로 둥둥 떠내려 오더니 평지에 안착하였다. 그리고 작은 벌레가 꽃에서부터 기어 나오더니 천천히 자랐고 크고 강한 소년이 되었다. 모든 나무들과 수풀들, 꽃들과 풀밭들이 놀라 외쳤다. '부농 부농!' 모든 들짐승들과 날짐승들도 '부농 부농!'을 부르며 세상 곳곳에 일어난 소식을 전하기 위해 땅의 표면을 향해 돌진하거나 하늘로 비상하였다. 소년은 산을 뛰어다녔고 산열매들과 딸기를 수집하면서 허기를 달래고 모든 짐승들과 벌레와 친구가 되었다.

밤이 찾아와 동물들이 잠 잘 때에 소년은 하늘의 별들을 세어보았다. 그런데 갑자기 너무 외로웠다. 그래서 동이 틀 때까지 소년은 나무 잎을 따서 화관을 만들었다. 그러던 어느 날, 화관을 가지고 산 정상에 올라 태양과 대화하기로 맘을 먹었다.

태양이 나오자마자 소년은 두 팔을 벌리고 말했다, '태양님, 태양님 덕분에 옥산(玉山)에 오게 된 것에 무척 감사합니다. 그런데 이 세상이 아주 아름답지만, 저는 아직도 정말 외롭습니다. 저에게 다정하고 너그러운 여자 친구를 주시겠어요?' 이에 대한 응답으로 도자기 항아리가 하늘에서부터 떨어졌고, 목소리가 들렸다. '이 항아리를 음식으로 채우고 구우면 도움을 얻게 될 것이다.' 숲속으로 돌아온 후에 소년은 매일 땔나무를 베어다가 항아리가 좋아 보일 때까지 그리고 뜨거워질 때까지 구웠다. 그 날 밤에 뜨겁게 달궈지고 빛이 나는 항아리가 산 주변의 아름다운 경관을 비추고 있었다.

장엄한 광경이었다. 그 때, 도자기 항아리가 금이 가더니 갈라졌다. 그리고 소녀가 항아리에서 나왔다. 소녀는 그에게 말했다. '내가 여기

있어. 이렇게 훌륭한 산지를 함께 일구자.' 그 때에, 나무와 식물과 모든 벌레들과 물고기, 새와 산속 짐승들은 즐거워하며 축하했다. 그리고 코러스가 갑자기 번져갔다. '부농. 부농!' 소년과 소녀는 많은 아이들을 낳았고 그들의 자손은 부농족이 되었다.

부농이라는 이름의 시초를 창조 이야기에서 볼 수 있다. 부농족이 지니고 있는 정체성을 창조 민담으로 승화시켜 부농만의 특별한 역사적 계시에 집중하게 된다. 식물들과 동물들의 "부농 부농"이라는 외침은 시적이고 리듬을 타게 한다. 예술적 감성이 창조 이야기에 합류되어있다. 민담을 나누는 부모들은 아이들에게 동화 구연을 하듯이 이야기의 클라이막스에 의성어를 사용하게 된다.

그런데 사람이 존재하지 않는 원시 상태의 창조의 주변 환경에 주목하고자 한다. 왜냐하면 부농족 이야기와 창세기 2장 이야기에서 공통점을 발견할 수 있기 때문이다. 인간 창조의 배경 환경을 자연에서 찾을 수 있다. 창세기 2장에서는 하나님이 먼지(아파르)를 취해 생기를 코에 불어넣어 아담을 만들었다. 그런데 안개도 이미 땅을 적시고 있었다. 부농족의 소년은 호리병박꽃 속의 벌레에서 인간으로 변형되었다. 두 이야기에서 인간이 존재하기 전에 자연 환경은 이미 현존하고 있었음을 알려준다. 이는 창조 이야기와 생태, 자연간의 대화의 장을 열기도 한다. 두 이야기에는 인류 창조라는 과정 속에서 최초의 남자와 여자의 만남이 대자연이라는 풍광 속에서 이뤄진다. 민중은 자연의 섭리에 순응하며 사는 자들이다.

또한 부농족의 창조 이야기에서 호리병박꽃에서 나온 소년은 창세기 2장의 아담과 같은 상황을 직면했다. 여러 다른 동물과 식물이 있었지만 소년의 외로움 달래줄 짝이 없어 외로웠다. 창세기에서는 하나님이 자발적으로 여자를 만드셨으나, 부농족 소년은 스스로 외로움을 해소하길 원하며 태양을 찾아간다. 창세기와는 다르게 태양이 신 역할을 하고 있다. 또한 소년이 스스로 땔나무를 모으고 도자기를 굽는 과정을 거친 후 소녀를 만나는 것은 아담과 이브와의 만남과는 상이점을 보인다. 아담은 처음 만난 이브에게, "내 뼈 중의 뼈요 살 중의 살이라"(창 2:23) 말하며 둘 간의 관계성을 중요시한다. 그래서 창세기 2장 24절에서는 남자가 부모를 떠나 그 아내와 연합하여 둘이 한 몸을 이룬다는 이야기로 연결된다. 그런데 부농족 소녀의 첫 반응은 산지를 함께 일구어 가족이 되자는 이야기를 한다. 부농 이야기에서 소년과 소녀 자신들 만큼 중요한 것은 산이다. 산은 그들의 삶의 터전이다. 남자와 여자가 부모를 떠난다는 개념은 존재하지 않는다. 오히려 부족의 삶의 터전이 되는 산에서 함께 살고자 한다는 의미가 크다. 그래서 산은 자손에서 자손으로 충만한 곳이며 그들에게 민담을 전달하는 곳이 된다.

필자가 만난 부농 사람들은 이 이야기의 배경처럼 친환경적인 생활을 이어가고 있었다. 산에서 나오는 자원으로 자연이 주는 지혜로 삶을 살고 있었다. 특별히 호리병박꽃에서 소년은 천천히 나와서 천천히 자랐다고 표현되었다. 자연의 순리에 거스르는 일들은 삼가는 이들이었다. 창조 이야기들은 공동체의 정체성과 삶의 모형을 표현한다.

VI. 맺는 말

"기독교인으로서 아시아에서 살아가기"라는 실존적 질문은 필자로 하여금 성서와 아시아의 민담 연구라는 두 이야기의 합류로 해답을 찾도록 인도하였다. 구약 성서가 민담 전승의 역사와 연구사를 지니고 있는 한, 구약 성서 연구는 아시아 민담 연구의 포문을 열었다. 그리고 서남동의 민중 신학이 이미 일궈놓은 민담 신학은 한국 민중을 넘어서 아시아 민중의 삶의 사회전기를 불러낼 수 있다.

이 글 서두에 민중 정체성에 대한 담론을 잠시 언급하였다. "오늘날엔 민중이 없다"라고, 그래서 민중신학은 사라질 신학이라고 생각하는 사람들이 내세우는 질문이 바로 "누가 민중"인가 하는 정체성에 대해 질문이다. 궁켈에서 배워온 바, 구두 전승을 이끌고 간 사람들이 바로 민중이고, 민중은 문서화되기 이전부터 창조 이야기와 함께 살아간 이야기의 담지자들이다. 따라서 민중은 사라지지 않을 것이다. 이야기가 사라지지 않듯이. 대만 아미스 족이 아이가 태어날 때마다 "빛나는 소녀" 이야기를 전승시켜 주었듯이, 세대를 아우르면서 이야기는 전해져 내려오고 앞으로도 전해질 것이다.

서남동의 민담에 대한 이해로 결론을 대신하고자 한다. "태초에 사건이 있었다"라는 창세기 분석에 "태초의 X는 신학적인 논술로 전달되는 것이 아니고, 역사적인 사건이기에 '이야기'로 담겨지고 전해지는 것이다. 역사적 논술로 되지 아니한다. 역사적 논술은 객관적이고 과거의 것이 되어버리는데 '이야기'야말로 그 원계시(原啓示)의 재생이라 할 수 있다."38

---

38 서남동, "민담에 관한 탈신학적 고찰," 297-298.

역사의 주체인 민중 속에서 합류가 일어난다

권진관
(성공회대학교 은퇴교수)

앞으로의 아시아, 한국, 한반도, 나아가서 전 세계에서 펼쳐질 민중의 혁명과 변혁 운동은 맑스 레닌적 정치경제학이나, 어떤 특정한 이념이나, 사상(예, 마오이즘, 주체사상), 특정의 형이상학을 기반으로 하는 것이 아니라, 민중 안에서 합류되고 있는 이야기들, 축제, 문화, 예술 등의 합류로부터 항상 새롭게 상황적이고 역사적인 조건 속에서 적합하게 흘러나오는 영성, 지성, 감성, 지혜에 의해서 이끌어지고 있고 또 성취되어질 것이다. 민중은 이러한 영성과 집단적 지성과 감성, 지혜를 포착해 내고 언어화하고 구호화하는 창조적인 주체이다. 2016~17년 한국에서 일어난 촛불혁명이 이것의 좋은 예이다. 역사에서 전무후무한 이 촛불 혁명운동은 민중해방을 위한 논리와 이론을 형성하기 위한 원천적 경험이요 재료가 된다. 이것은 새로운 공부를 시작하게 할 것이며, 새로운 인문학, 사회과학, 예술을 잉태해 줄 것이라고 본다.

박혜경 박사의 논문에서는 다양한 창조 설화와 민담들이 소개되어 있다. 논찬자는 우선 그 민담들이 흥미롭고 재미있어 좋았다. 신학은 모름지기 문화가 담겨져 있어야 하고, 재미가 있어야 한다. 서양의 담론들이나 교리들을 논하는 것이 신학이라면, 우리가 하려고 하는 것은 반신학이고 탈신학이 될 것이다. 우리의 신학은 서양문화 속에서 나오는 교리나 이론을 논의하는 것이 아니라, 우리들의 문화에서 비롯한 이야기, 민담, 신화, 사건들을 다루기 때문이다. 그리고 이 논문에서 대만 원주민들의 창조설화와 민담에 담겨있는 민중(원주민)들의 정체성, 공동체성 그리고 자부심을 발견할 수 있다.

박혜경 교수는 한국의 서남동의 합류론과 대만의 송천성의 창조론에 기초한 성육신 신학, 문화신학, 이야기 신학을 비교하면서 이것들을 넘어서는 하나의 시도로, 대만의 원주민들의 민담과 창조설화들을 살핌으로써 새로운 아시아 신학의 단초를 보여주고 있다.

민담은 민중들의 문학의 "영"을 전한다고 하는 궁켈의 말에 공감이 간다. 민담은 민중의 상상력과 믿음과 꿈이 담겨있는 이야기이다. 그렇기 때문에 민담은 민중의 정서, 영성, 지혜의 오래된 결정체(?)라고 할 수 있다. 민담들의 내용이 일정하지 않고 다양하지만, 그러나 그것들은 민중의 영성과 정서와 지혜와 꿈 혹은 열망(desire)을 다양한 각도에서 부각시켜주고 표현해 준다. 그러므로 민담은 집단으로서의 민중의 주체성으로 향한다. 민담은 민중의 주체성의 표현이다. 주체성이란 민중 안에 있는 영성, 지혜, 꿈, 열망, 관계망 등의 종합을 가리킨다. 주체성이란 민중 안에 들어와 있는 다양한 요소들이 일정하게 정리되어 질서 잡혀 있어서 일정한 행동을 하게 되는 상태(영성, 지혜, 지성, 꿈, 열망)를 가리킨다. 그러므로 민담은 항상 민중의 주체성(subjectivity)과 관련되어 있다. 그리고 민중신학은 민중의 주체성에 대한 관심을 집중한다. 역사 속에서 민중이 어떻게 주체로 일어나고 있느냐를 보도하는 것이 민중신학적 중요한 과제가 된다.

김봉준 화백이 밝힌 바대로, 서남동은 "예수의 온 관심은 민중해방에 있었기 때문에 민중은 신학의 일부가 아니라 신학의 전부이며, 따라서 민중을 망각하는 한 그것은 신학이 될 수 없다"라고 했다. 살아있는 주체인 민중이 신학의 중심부분에 있다는 것이고, 그것에 집중하는 것이 민중신학이다.

민담 자체가 합류의 성과이고, 민담은 민중 주체 안으로 합류해 들어와 민중(주체)을 변화시킨다. 민담과 이야기와 신화가 오늘날의 집단으로서의 민중들의 공간 속에서 유효한 기능을 하는 까닭은 그것들이 역사 속에서 민중들 안으로 합류해 들어와 민중들이 구전으로 전해 왔었던 것이고, 그 구전의 과정 속에서 민중의 지혜, 영성, 꿈 등이 그 안에 이미 반영되어 있기 때문이다.

오늘날의 우리 시대는 이러한 역사 속의 민중의 집단적, 개인적인 영성, 지혜, 꿈을 무시하고, 정보와 데이터 그리고 시스템에 의해서 세상을 콘트롤하려고 한다. 돈으로 모든 것을 환산하고 돈으로 인간 주체들을 피동적인 주체로 콘트롤한다. 오늘날은 민중의 집단적 개별적 영성과 꿈과 지혜를 형성해 주는 많은 유산들, 자료들이 쓸모없는 과거의 것으로 간주해 버리는 현대적 과학기술의 문명이다. 스마트한 문명기술, 자동화된 생활 속에서 사람들은 이러한 생활을 가능케 하는 대자본의 권능 아래 수동적이고 자동화된 로봇처럼 살면서, 역사로부터 내려오는 초월적 영성과 지혜와 정서를 잃어버리고 있다. 이야기를 잃어버리는 세대가 되었다. 발터 벤야민의 말처럼, 민중의 지혜가 담긴 이야기 대신에 소설 그리고 정보만이 판을 치는 세상으로 변하고 말았다. 진정한 주체성을 잃은 것이다. 이런 정보화 시대의 문명을 극복하기 위해서 민담과 이야기, 예술과 시, 자연, 문학, 상상력, 춤, 민중문화, 전통 문화가 풍부하게 복원되어야 하고 일상 속에서 사용되고 소비되어야 한다.

오늘날의 문명에서는 소유적인 욕망에만 눈이 어둔 소위 "근대적인 주체"가 형성되고 말았다. 이들은 이명박 정부 시절에 크게 활개를 쳤고, 그것으로 우리나라의 생태계가 망가졌다. 이들은 청부사상(깨끗한 부자론)이라고 하는 거짓말로써 세상을 우롱했다가 요즘 DAS 사태에서 보듯이 부패한 부자로 적폐의 온상지임이 판명되고 있다. 오늘날의 탐욕적 주체들은 자본의 노예 상태에서 소유적-소비적 존재로서의 자기 확장을 위해 모든 것을 건다. 이들은 필요한 정보와 데이터를 갈급할 뿐, 민담이나 이야기, 시, 상상력을 조장하는 예술과는 거리가 멀다. 이런 문명 속에서는 이야기, 소설, 음악, 미술 작품들도 돈의 축적을 가능하게 하는 것만이 살아남는다. 이들은 소비지향적이고 자연파괴와 오염을 일으킨다. 이러한 근현대적 소유-소비적인 욕망주체를 넘어서서 새로운 주체가 형성되어야 한다.

최근에 등장하였던 주체 담론으로 네그리와 하트의 다중론이 있다. 이 다중은 우리의 민중의 역사와 유사한 것 같지만, 전연 다르다(참고로, 홍콩의 우산 혁명은 다중운동의 일부라고 말하는 학자들이 있다. 나는 이 운동도 민중운동의 일환이었다고 생각한다. 나는 민중운동과 다중운동의 차이에 대해서 한 학기 강의를 한 적이 있다). 김봉준 화백의 말대로, 2016~17년의 촛불혁명은 70~80년대의 민중운동과 수많은 사람들의 투쟁과 민중 문화운동, 문학운동, 신학운동, 교회운동 등의 경험의 연속선상에서 이루어진 것이다. 그러므로 우리는 네그리와 하트의 다중론을 참고는 하되, 그것을 넘어선 전연 다른 우리의 고유한 주체 담론을 형성시켜 나가야 하며, 이것은 민중신학의 과제이기도 하다. 이 주체 담론에는 문화, 예술, 이야기(민담, 신화 등), 영성, 꿈, 상상력, 지혜, (계시의) 하부구조, 역사적 사건 등이 중요한 주제어가 될 수 있을 것이다.

주체라는 말은 유아독존적인 존재를 가리키는 것이 아니라, 관계 속에 있는 존재를 가리킨다. 관계 속에서 새로운 혼종(?)이 나온다. 이러한 새로운 것(주체)이 나오는 것은 자연의 순리이다. 그러므로 주체는 항상 유동적이고 과정적이고, 나타나는(emerging, 창발되는) 존재이다. 민중은 다양한 관계, 인적, 비인격적 대상들과의 관계, 특히 자연환경과의 관계마저도 갖는다. 민중이라고 하는 주체는 특히 과거로부터 내려오는 민중의 유산과의 관계 속에 있는 존재이다. 그러므로 이러한 주체담론은 김봉준의 지적대로 물활론, 범재신론, 생태신학, 생태미학 등을 다 포용할 수 있는 이론이라고 하겠다. 예를 들어 물활론이라고 하면, 민중이 물들을 그렇게 본다는 점을 강조한다는 얘기다. 그러므로 민중신학에서는 그냥 물활론을 받아들이는 것이 아니라, 그런 생각들이 민중의 자기 이해 속으로, 즉 주체성으로 수렴된다는 면에서 수용하는 것이다. 이처럼 주체라는 말에는 관계의 망이 중요한 자리를 가지므로 포괄적인 차원을 가진다. 더 나아가서, (이것은 위에서 비쳤으므로 반복되는 듯하지만) 주체는 이러한 관계성뿐 아니라, 언어, 즉 말과 이야기적인 존재라는 것에서 민담, 이야기, 시 그리고 이미지 언어로서의 예술 작품 등에서 오는 언어적 요소들을 수용하는 존재이다. 우리가 문학, 예술, 민담, 이야기, 역사 등을 말하는 것은, 현재의 상황 속에 존재하는 주체와의 관계 속에서 말하는 것이고 논하는 것이다. 그러므로 민중신학, 민중 예술은 주체에 대한 특별한 관심을 기울일 필요가 있다. 민담이든, 예술 작품이든 그 속에는 어떤 주체가 작동하고 있으며, 그 주체들의 영성, 이해(지혜), 열망 등이 담겨 있다. 민중신학은 그 주체들의 내적 외적 상태들을 예수의 관점에서 살피고, 예수의 하나님의 나라(민중들이 주인이 되는 나라)와 연결시키려는 하나의 시도라고 하겠다.

서남동은 민중 문학을 민중의 내면적 주체성과 관련시켰고, 민중의 외적인 삶을 규정하는 영역으로 경제적 토대와 구조를 생각했다. 그는 한편으로는 이야기, 문학, 예술이 민중의 내면의 주체성을 밝혀준다고 했고, 다른 한편으로는 경제적 하부구조가 민중의 외적인 요소를 구성한다고 했다. 그는 민중의 내적 외적 요소들을 주체 담론 안으로 종합하여, 민중 주체가 살아있는 "영"의 존재로 보고, 성령론적 해석을 시도했던 것이다. 그러므로 이 논찬자의 생각으로는 민중신학 담론의 중심에는 주체로서의 민중을 있다는 것이고, 이것은 죽재 서남동의 생각과 같다고 본다. 이에 따라서, 죽재 서남동은 민중의 외적인 하부구조에 대해서 관심을 갖지 않았던 송천성에 대해서 비판을 가했다. 이 논찬자가 보기에 서남동은 송천성을 넘어섰고, 더 나아가려고 했다. 그러나 66세의 일기로 세상을 떠나고, 후학들에게 과제를 많이 남겨 놓은 것이다. 우리가 그의 탄생 100년을 기해서 다시 서남동을 말하는 것은 그냥 그를 회고하고 기념하려는 것이 아니라, 오늘날의 현실적 과제를 해결하기 위함이었다.

서남동은 민중을 둘러싼 경제적 하부구조와 민중 내면을 형성하는 문학, 예술, 이야기 등에 관심을 가졌던 것이다. 그리고 그는 합류를 중요한 방법론적 도구로 사용했다. 사실, 합류는 두 이야기들의 합류이지만, 두 이야기, 혹은 두 요소의 합류뿐 아니라, 더 다양한 요소들과 이야기들의 합류가 주체 안에서 그리고 오늘의 현장 속에서 일어나고 있다는 것에 주목해야 한다. 광화문 거리에서 일어났던 촛불 시위라고 하는 현장 속에서 다양한 요소들의 합류가 일어났던 것이고(김봉준의 마지막 촛불그림, "생명은 희망을 엮는다"에서 보듯이 다양성의 합류), 그 속에서 민중의 영성과 지혜와 지성이 분출되어 나왔던 것이 이번 촛불혁명의 진실이라고 하겠다. 그러므로 촛불시위와 같은 혁명적 운동은 유물론적인 합법칙성에 의해서 다 설명되어지는 것이 아니라, 주체와 현장 속에서 일어나는 합류의 현상으로서 그때그때마다 창발되는(emerging) 민중들의 집단적 지혜와 영성에 의해서 이끌어지는 운동인 것이다. 이것이 오늘날 제3세계 운동의 한 전형을 설명할 수 있는 가장 좋은 프레임이라고 본다.

그렇다면 하나의 결론적인 논평으로 다음과 같이 요약할 수 있겠다. 두 분의 논문에서 민중의 주체성이 잘 부각되어야 할 필요가 있음을 지적하고자 한다. 대만의 창조신화가 오늘날의 민중의 현장에서 어떻게 합류하여 어떤 의미를 던져주는지를 밝혀주었으면 한다. 그리고 문화 종교적 다원주의가 합류를 일으키고 있는데 그 합류의 현장이 경제적 구조를 가진 현장이라는 것과 그 합류가 일어나고 있는 장소는 현장 속에서 해방을 위해 분투하고 있는 주체들 안이라는 것을 확인해 줄 필요가 있다.

박혜경, "구약성서의 민담과 아시아 민중 민담의 합류— 창조 이야기들을 중심으로"

최순양

(이화여자대학교 교수)

서남동 선생의 두 이야기의 합류를 기존에 연구된 역사적 예수 해석이나 기적 이야기가 아니라 '창조 이야기'를 통해 연결하는 지점이 매우 독특하고 통찰력이 있었다고 생각한다.

구체적으로는 창조 이야기를 매개로 서양학자 궁켈과 동양학자 송천성을 연결하여 비교하고 있는 점 또한 뛰어났다고 본다.

궁켈이 창조 이야기 해석을 민중들의 민담으로 분석하면서 역사적, 문서적 가치보다는 민중들의 이야기로 볼 수 있기 때문에 서남동과 연결시킬 수 있다는 점이 인상적이었다. 그런데, 한 가지 의문이 드는 것은 궁켈이 다른 여러 동화나 문화적 창작물등과 창조신앙을 연결할 때, 궁켈이 염두에 두고 있는 민담의 주인공은 서남동 선생이 생각하셨던 '민중'의 개념과 어떤 점에서 만날 수 있고 또한 만날 수 없는 것일까 하는 것이다. 물론 포로생활을 경험했던 이스라엘이 집단적 민중으로 표현될 수 있기 때문이기도 하지만, 궁켈에게서 이해된 대중은 '민중'의 개념보다 더 광범위했던 것은 아닐까?

또한 박혜경 님은 창조신화를 신의 이야기라기보다는 민중의 이야기로 해석하면서, 서남동 선생처럼 민중의 에네르기와 연결시킬 수 있다고 보았다. 이러한 '합류'의 장점은 특정한 종교와 문화를 그 근거로 하는 것이 아니라 '민중'을 근거로 하기 때문에 서구 우월주의나 기독교 우월주의보다는 다른 종교와 문화의 신화들과도 개방적으로 만날 수 있다는 점 역시 통찰력 있는 관점이라 생각했다.

더욱이 송천성과의 연결 지점을 이야기할 때는 아시아의 민중들에게서 전해지고 이어진 이야기들이 다름 아닌 민중의 현실 즉 그들의 구원과 희망을 노래하는 것이기 때문에 더 필자에게 친근하게 다가온다는 내용에도 감명을 많이 받았다

서양에서 전해진 '신' 위주의 창조신앙이 아니라 인간이 고통 속에서 스스로를 구원하기 위해 신적 존재를 찾는다는 것은 어떤 면에서 매우 인간 긍정적이고 주체적 힘을 시사한다고 느꼈다. 그리고 박혜경 님이 대만의 민중들의 영성과 이야기에 집중하면서 송천성의 신학을 설명하고 있는데, 송천성의 매력은 아시아에서 특히 고난 받는 민중 하부구조의 사람들에게서 그 영성을 찾는다는 것에 그 장점이 있다고 생각한다(궁켈에게서는 찾아 볼 수 없는 점이다).

논찬자가 조직신학자이기에 몇 가지 제안을 한다면 다음과 같은 지점들이다.

창조라고 하는 주제가 어떻게 고난과 구원과 연결되는지의 담론을 좀 더 구체적으로 설명한다면 뛰어난 독창적 담론이 될 것이라

생각된다. 즉 창조이야기를 시편과 연결시키면서, 신이 인간에게 베푸는 시혜적 이야기가 아니라 민중이 스스로의 고통을 극복하려는 신앙적 이야기라고 본다면 그런 색깔들을 구체적으로 더 설명해 주면 좋을 것 같다.

또 하나 제안하고 싶은 것은 '아시아'라고 하는 개념을 일반화하여서 설명하기를 꺼려하는 조류들이 생겨나고 있음을 볼 때, 송천성에게서 드러났던 민중들의 영성을 일반적 개념—예컨대 아시아의 민중이나 아시아의 영성—으로 설명하기보다는 아시아에서(일반적인 아시아가 아닌) 특별히 고통 받는 혹은 고난의 경험을 가지고 있는 이들의 영성으로 표현하는 것이 어떨까 하는 생각을 한다. 글에 따르면 송천성은 아시아 사람들 전반의 영성을 다루기보다는 아시아의 가난한 사람들에 대해 묘사하고 있다고 생각되기 때문이다. 따라서 송천성의 민중을 설명할 때 이러한 특수성과 독특성이 녹아난 개념을 소개한다면 더 정교한 논문이 되지 않을까 생각한다.

6 장
가난의 초월성과 민중신학의 미래
: 민중 데우스, 예술 그리고 성서

손호현

(연세대학교 교수)

"하나님의 자녀가 되길 원하면서 고통 받기는 원하지 않는다면, 너는 틀렸다"라고 마이스터 에크하르트는 말한다.[1] 가난과 고통은 신의 존재론적 구성요소이기 때문이다. '가난으로부터의 초월'이 정의의 문제라면, '가난의 초월'은 신비의 문제이다. 종말론적 약속과 이유 없는 위안은 서로를 생략할 수 없다. 연기된 약속은 기다려져야 하지만, 연기되지 않는 가난 자체의 초월성도 우리는 주목하여야 한다. 전자가 역사의 문제라면, 후자는 예술의 관심이기도 하다. 민중신학의 창시자 서남동은 이 둘을 각각 민중의 밖과 민중의 안이라고

---

1 Maurice O'C. Walshe trans. and ed., *The Complete Mystical Works of Meister Eckhart* (New York: A Herder & Herder Book, 2009), 547-548. 이하 약자 W로 표기.

불렀다.[2] 역사에서 두들겨 맞으면, 민중은 춤을 춘다. 예술은 밖의 역사에서 실현되지 않은 중요성, 대안적 역사의 내부적 표현이다. 그렇기에 예술 자체는 혁명적 초월성을 자신 속에 품는다. 우리가 예술의 초월성과 민중의 시성(詩性)을 증언하는 민중예술신학을 주목하고자 하는 이유가 여기에 있다. 성서도 단순한 고전의 지위를 넘어선 민중예술의 사건 곧 민중사건의 해석장으로 구성되는 것이다. 이 글은 가난의 초월성이라는 신비를 민중신론, 민중예술신학, 민중성서 해석학이라는 세 측면에서 성찰하며 미래의 민중신학의 단초를 제공하고자 한다.

I. 민중신론: 민중 데우스(*Minjung Deus*)

민중신론(民衆神論)은 가난의 초월성 사건이라는 민중의 정체성이 지닌 존재론적 특권에서 출발한다. 달리 말해 미래의 민중신학은 '민중'과 '신'의 관계에 대한 성찰을 보다 발전시킬 것이다. 지난 세기의 민중신학이 민중 예수라는 기독론적 사유에 집중하며 성과를 가져왔다면, 미래의 민중신학은 신론적 성찰에서도 결실을 맺을 것이다. 토마스 아퀴나스에 따르면, 신학은 모든 연구 주제들을 하나님이라는 단일한 관점 곧 단일한 "형식적 관심"(formal interest, *formalem*)을 통해 논의할 수 있다(*Summa Theologiae*, Ia. I, 3). "그것들이 하나님 자신이거나, 혹은 그것들이 자신들의 기원이자 목표로서 하나님에게 관계되기 때문이다"(Ia., I, 7). 이 글은 첫째 가능성 곧 민중이 하나님 자신이라는 '민중 데우스'(*Minjung Deus*)의 가능성을 성찰하고자 한

---

2 서남동, 『민중신학의 탐구』(서울: 한길사, 1983), 48.

다. 아래에서 우리는 중세 에크하르트의 신비주의와의 대화를 통해 민중의 사건성과 하나님의 존재 사이의 관계를 설정하고자 시도할 것이다.

'민중'(民衆)이라는 말의 역사에 대한 최정운의 연구에 따르면, 이 것은 19세기 말 일본에서 처음 만들어져서, 중국을 거쳐 식민지 조선에 들어오며, 5·18 광주민주화운동 이후 1980년대 널리 쓰이었다.[3] 특히 1970~80년대에 사회학자 한완상은 『민중과 지식인』, 『민중사회학』 등에서 민중을 "정치적으로 억압당하고, 경제적으로 착취당하고, 사회적으로 주변화되고, 문화적으로 소외당한 사람들"이라고 정의하였다.[4] 시대와 지역에 따라 이러한 정치, 경제, 사회, 문화의 네 가지 억압은 항상 동일하게 작동하기보다는 어느 하나가 주도적이 된다고 한완상은 본다. 그러나 대다수의 민중신학자들은 이러한 사회과학적 접근이 민중의 역동적 실체를 온전히 표현할 수 없으며, 민중은 역사적인 사건과 예술적 얼굴로 체험되어질 수 있을 뿐이라

---

3 근대 일본에서 영어 'people'이 한자 '人民'으로, 'nation'이 '民族'으로 번역되었다. 반면에 '民衆'은 서양의 어떤 정치 언어의 직접적 번역이 아니며, 동양 문화권의 전통적 개념과 관련되지도 않는다. 오히려 그것은 한자권에 속한 한중일 삼국의 근대 지식인들이 협력하여 독창적으로 만들어낸 신조어이다. 이 말은 루소(J. J. Rousseau)의 『사회계약론』에 깊은 영향을 받은 일본의 자유민권운동가 나카에 초민(中江兆民)의 1888년 『국회론』에 처음 등장하며, 중국의 혁명사상가인 리다자오(李大釗)와 마오쩌둥(毛澤東)에 의해 차용되어졌다. 조선에서는 1908년 4월 신채호가 『대한매일신보』에 기고한 「대한의 희망」이라는 글에서 "民衆의 希望으로 國家가 卽有하며"라는 표현 속에 처음으로 사용된다. 이후 최남선이 쓴 1919년 「기미독립선언서」에 등장하고, 1923년 신채호의 「조선혁명선언」에서는 특정한 타인들에 의해 선동되는 '인민'과는 대조적으로 "민중이 직접 하는 혁명"이라는 아나키즘(anarchism)의 개념으로 제시된다. 하지만 한국전쟁과 반공의 시대를 거치며 민중 개념은 사회적으로 비도덕적인 색광(色狂)의 모습으로 잠행하다가 1970-80년대의 민주화운동을 통해 부활하게 되는 것이다. 최정운, 『한국인의 탄생: 시대와 대결한 근대 한국인의 진화』(서울: 미지북스, 2013), 484-496.

4 한완상, 『民衆과 知識人』(서울: 正宇社, 1978); idem., 『民衆社會學』(서울: 종로서적, 1984); 현영학, "민중·고난의 종·희망"(1982년 강연; 1985년 출판), 『예수의 탈춤: 한국 그리스도교의 사회윤리』(천안: 한국신학연구소, 1997), 92에 재인용된다.

고 본다. 예를 들어 현영학은 한완상의 사회학적 설명보다는 김지하와 서남동의 문학적·종교적인 통찰이 하나님의 계약 상대자로서의 민중을 더 진실에 가깝게 표현한다고 생각했다.[5]

어떤 경험적 집단이 민중으로 고정될 때 신학은 그러한 물상화가 지닌 우상숭배적 위험성을 동시에 비판적으로 제기하게 된다. 미래의 민중신학은 민중의 사회과학적 개념으로서의 미완결성과, 신학적 개념으로서의 확장 필요성을 주목한다. 누가 민중인가라는 질문은 단지 정치적 억압, 경제적 착취, 사회적 주변화, 혹은 문화적 소외 등과 같은 몇몇 사회과학적 "경계설정 기제"(boundary marker)를 통해 최종적으로 확정되고 완결될 수 없는 성격의 물음이다.[6] 민중의 정체성은 이러한 네 차원의 억압보다는 훨씬 더 복합적인 다층적 요인들을 지닌다. 여성, 성소수자, 이민자와 난민, 종교적 소수인종 등의 문제는 이러한 사중적 민중 집단에서 분석요인으로 쉽게 주제화되지 못하고 있다. 또한 어떤 특정한 경계설정 기제를 통해 민중의 안과 밖이 날카롭게 그어질 수도 없다. 예를 들어 진보적 신학자와 지식인 계층의 경우와 같이, 어떤 집단이 민중에 속하는 것인지 아니면 배제되는 것인지는 끝없는 논쟁 가능성을 가진다. 결국 민중은 경계설정 기제들을 통해 한 번에 집단으로 고정된 것이 아니라 역사 안에서 변화하는 사건적 성격을 가진다. 어느 한 시기에 경계선 안에 놓여있던 집단 혹은 개인이 바깥으로 배제되는 경우가 있고, 그 반대의 경우도 있다. 민중 개념은 집단적 포함과 배제라는 경계설정 기제를 통해 확정되기에는 훨씬 더 큰 정도의 유동성과 사건성을 가진다.

---

5 현영학, "민중·고난의 종 · 희망",『예수의 탈춤』(1982; 1985), 95.

6 Kathryn Tanner, *Theories of Culture* (Minneapolis: Fortress Press, 1997), 108-110.

민중은 집단이라기보다는 사건으로 존재한다. 필자는 민중을 가난의 초월성 사건이라고 제안한다.[7]

나아가 신학적 개념으로서의 민중은 인식론적 차원에서 존재론적 차원으로 보다 확장될 필요성을 가진다. 라틴 아메리카의 해방신학자들은 가난한 자가 복음의 본질을 보다 올바르게 이해하기 때문에 일종의 "인식론적(認識論的) 특권"(epistemological privilege)을 가진다고 하였다.[8] 벌거벗은 왕을 벌거벗은 모습 그대로 보는 어린 아이들에 대한 우화처럼, 민중은 솔직한 용기와 인식론적 특권을 통해 현실의 적나라한 폭력과 비인간화의 상황을 복음의 빛에서 분명하게 이해한다. 또한 한국의 민중신학은 이러한 인식론적 특권이 민중을 하나님의 계약 상대자이자 역사의 주체로 만드는 이유라고 증언하였다. 이러한 성과에 기초하여 미래의 민중신학은 이제 민중의 인식론적 특권과 더불어 민중의 '존재론적(存在論的) 특권'(ontological privilege), 곧 민중이 하나님 자신의 존재론적 개념으로서 가지는 신학적 가능성을 추가적으로 성찰하고자 한다. 과거의 민중신학이 '민중 예수'에 대한 기독론적 통찰을 발전시켰다면, 우리는 앞으로 민중으로 존재하는 하나님 곧 '민중 데우스'라는 민중신론도 탐색하고자 한다.

---

7 민중은 어떤 경계설정의 기제보다는 비트겐슈타인(Ludwig Wittgenstein)의 "가족 유사성"과 같은 사건으로 경험되어진다는 것이 진실에 가까울 것이다. Ludwig Wittgenstein, *Culture and Value*, trans. Peter Winch (Chicago: The University of Chicago Press, 1980), 14.

8 후고 아스만(Hugo Assmann)은 "가난한 자의 인식론적 특권"이라는 표현을 최초로 사용한 라틴 아메리카 신학자이다: "가난한 자의 인식론적 특권(epistemological privilege of the poor)이란 무엇인가? … 가난하고 억압받는 사람들조차도 자신들 속에 내재화된 억압자의 모습을 가진다는 것을 생각할 때, 우리는 어떤 의미에서 그들이 부자들보다 하나님의 말씀을 더 잘 들을 수 있는 특권을 가진다고 말할 수 있는가? … 복음의 특권적인 가난한 자란 투쟁하는 가난한 자, 곧 혁명의 통전적 관점 속에서 투쟁하는 가난한 자이다." Sergio Torres and John Eagleson eds., *Theology in the Americas* (Maryknoll, N.Y.: Orbis Books, 1976), 299-300.

우리는 민중이 하나님의 뜻을 드러낼 뿐만 아니라, 하나님 자신의 존재 방식이라고 본다. 다시 말해, 민중은 집단의 개념이 아니라 사건의 개념 곧 가난의 초월성이 역사적으로 현상하는 신비의 사건인 것이다. 이러한 가난의 초월성이 무시될 때, 민중은 집단적 대중으로 전락하게 된다. 대중은 경험적 집단이지만, 민중은 오직 사건으로 존재하게 되는 초월성의 신비이다. 아래에서 우리는 가난의 초월성 사건으로서의 민중 데우스를 에크하르트의 삼중적 가난을 통해 구성하고자 시도한다.

에크하르트의 신비신학은 신플라톤주의적 세계관 곧 하나님의 유출과 회귀에 기초하고 있다: "하나님은 되고, 안-된다."9 됨이라는 시원적 유출의 관점에서 볼 때, 동일한 신비의 어두운 토대에서 창조주와 피조물은 동시적으로 태어난다: "모든 피조물이 '하나님'('God')이라고 할 때, 하나님이 된다. 곧 하나님은 존재하게 되는 것이다."10 안-됨 곧 되돌아감의 관점에서 볼 때, 하나님이 창조주이기를 그치고 영혼도 피조물이기를 그칠 때 모두는 토대로 함께 되돌아간다:

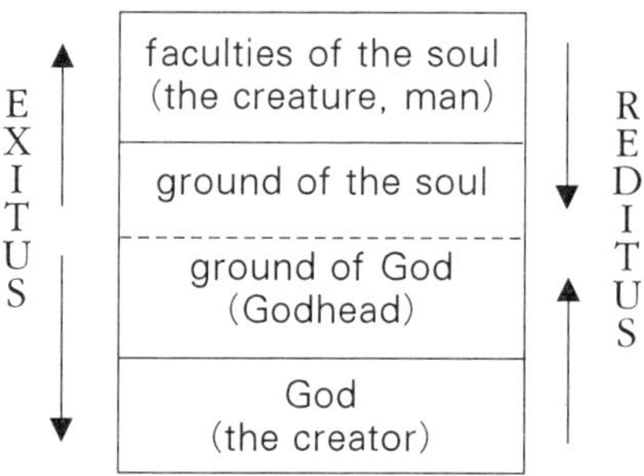

---

9 "God becomes and unbecomes."(*Got der wirt und entwirt.*) W, 294, n. 4.
10 W, 293.

"내가 신성(Godhead)의 토대로 들어갈 때 … 하나님도 안-된다."[11] 민중과 데우스 각각은 시간적 됨의 차원에서 이해된 하나님이며, 민중 데우스는 초월적 안-됨의 차원에서 이해된 불이(不二)의 하나님이다. 존 카푸토는 이러한 이중적 과정을 다음과 같이 표현하고 있다.[12]

하나님의 됨(*exitus*)은 역사의 주체로서의 민중의 역동성을 계시하고, 하나님의 안-됨(*reditus*)은 가난의 초월성으로서의 민중의 시성(詩性)을 드러낸다. 여기에 가난 자체가 초월성의 경험이라는 존재론적 특권을 지니는 이유가 있는 것이다. 가난의 초월성은 데우스의 토대와 민중의 토대가 만나는 침묵의 중간지대이다. 침묵의 중간지대는 삼투성을 지닌 다공적(多孔的, porous) 사건의 공간이며, 오직 적극적 가난만이 만들어 내는 진공의 가상공간이다. 역사의 주체로서 민중이 존재하게 '되면,' 하나님도 존재하게 '된다.' 거꾸로 되돌아감의 과정은 이러한 유출의 여러 외피들을 벗고 가장 엄격하게 가난해지는 것 곧 절대적인 의미에서 '안-되는' 것이다. 가난의 초월성은 말씀을 모시는 가난한 마음 곧 민중의 시성인 것이다. 에크하르트는 되돌아감의 과정 곧 우리가 민중의 시성이라고 부른 초월적 가난을 세 가지로 설명한다. 마태복음 5:3에 대한 설교문에서 에크하르트는 가난이 지닌 삼중적 형태를 이렇게 말한다. "가난한 자는 아무 것도 원하지 않고, 아무 것도 알지 않고, 아무 것도 가지지 않는다."[13] 민중은 사회경제적 가난, 인식론적 가난, 존재론적 가난의 초월적 사건이다.

첫째로, 사회경제적 가난은 소유로부터의 초월성을 뜻하는 무욕

---

11 W, 294.

12 John D. Caputo, *The Mystical Element in Heidegger's Thought* (New York: Fordham University Press, 1986), 131.

13 W, 420.

(無欲)이다. 소유의 가난은 민중 자신과 사물의 세계 사이의 불이(不
二)를 이룰 때 가능하다. 이것은 저것이 '아니다'는 현실적 분별심을
극복할 때 민중은 하나님의 자녀로 입양되는 것이다. "만약 한 명의
성자가 되고자 한다면, 너는 '아니다'(niht)를 제거해야만 한다. '아니
다'가 분열을 가져오기 때문이다."14 민중이 자신에게서 '아니다'를 도
려내는 것은 자신이 타자가 '아니다'는 분별심을 도려냄으로써 본래적
인간의 토대를 드러내는 것이며, 모든 피조된 만물을 '무'(nicht)로서
벗어버리는 초월적 상승을 의미한다. 하지만 이러한 소유의 가난은
아직 가난한 신비 자체에 도달하지는 못한 상태이다. 모든 존재는
하나님에게서 빌려온 존재이기에, 이러한 차용상태의 존재를 벗지
못하고는 하나님과의 근원적 합일을 이룰 수 없기 때문이다. '타자와
자아'의 분별심을 극복하는 것은 가장 근원적인 이원론인 '자아와 하
나님'의 분별심도 극복하는 토대로 나아가야만 한다.

둘째로, 인식론적 가난은 지식으로부터의 초월성을 뜻하는 무지
(無知)이다. 민중은 좁은 의미에서의 신학을 갖지 않는다. 이데올로
기로서의 신학, 이른바 서남동이 "반신학"(反神學, Gegen Theologie)을
통해 비판한 지식의 상부구조는 민중의 인식론적 특권을 통해 탈배
움된다.15 민중의 인식론적 가난은 민중의 인식론적 특권의 다른 말
이다. 그것은 '도구론적 사유의 거부', '비종교적 세계관' 그리고 '탈

---

14 W, 256. 에크하르트와 유사하게, 스피노자가 인간의 코나투스(conatus, 自存性)에
　기초한 신인동형론(神人同形論, anthropomorphism)과 신인동감론(神人同感論,
　anthropopathism)의 신학을 비판하며, 선악과 미추 등에 대한 인간의 분별심이 "실
　재의 존재들"(entia realia)에 기초하기보다는 단지 인간의 생존욕망이 만들어낸 실체
　가 없는 "이름들," "이성의 존재들"(entia rationis), 혹은 "상상의 존재들"(entia
　imaginationis)이라고 비판한 것은 새겨 볼 만하다. Edwin Curley ed, *The Collec-
　ted Works of Spinoza*, vol. 1 (Princeton: Princeton University Press, 1985), 92,
　446.
15 서남동, 『민중신학의 탐구』, 305.

배움의 무지'라는 특징들을 가진다. ① 민중의 인식론적 가난은 이유 없는 위안이다. 그것은 무엇을 찾기 위한 촛불처럼 하나님을 여기지 않는다. 하나님이라는 촛불을 들고 다른 무언가를 찾는다는 것은 하나님을 찾지 않는다는 뜻이다. 민중은 하나님이라는 도구를 가지고 위안을 찾지 않는다. 그는 이유 없는 위안으로서의 하나님을 찾는 것이다. 위안은 '왜'(why)가 없을 때 참되다. '왜'가 없는 위안은 왜의 대상 곧 세계를 극복하는 것이다. 에크하르트 앞의 성 버나드(St. Bernard)는 하나님을 사랑하는 데에는 이유가 없다고 했으며, 에크하르트 이후의 안겔루스 질레지우스(Angelus Silesius)는 장미는 왜가 없다고 했다. 민중의 왜가 없는 사랑은 가난의 초월성이 가져오는 사랑이다.

장미는 왜가 없다.
그저 꽃이 피기 때문에, 피어날 뿐이다.
장미는 스스로에 관심이 없으며, 남이 보는지도 묻지 않는다.[16]

② 민중의 인식론적 가난은 비종교적 세계관에 기초한다. 영적인 사랑이 종교라면, 민중에게는 종교도 없다. 민중은 하나님을 영적으로 사랑하지는 않는다. 오히려 에크하르트에 따르면 "너는 하나님을 비영적(非靈的, nonspiritually)으로 사랑해야만 한다."[17] 종교의 통상적 영성이 물질성(物質性)의 부정이라면, 민중의 급진적 비영성은 물질

---

16 Caputo, *Heidegger's Thought*, 40에 재인용; cf. W, 242 n 6. 에크하르트의 "꽃"에 대한 언급으로는 W, 404 참조. "아무도 아닌 자의 장미" 곧 민중 데우스에게 파울 첼란은 찬미가를 드린다. 파울 첼란, 제여매 옮김, 『아무도 아닌 자의 장미』(서울: 시와진실, 2010), 25.
17 W, 464.

성의 부정을 부정하는 이중부정 곧 "부정의 부정, 부인의 부인"이다.[18] 종교의 영적 가치들이란 시간의 세계에서 인간이 하나님께 부여하는 장식품이자 옷가지이다. 그러한 숫자와 다자의 세계는 존재 자체라는 근원적 동일성 속으로 침전한다. 민중의 가난은 이러한 개념적 장식들을 비종교적 세계관을 통해 찢어버리고 초월한다. 민중은 인식론적 가난을 통해 초월성 속으로 곧 '맨 하나님' 속으로 과격하게 침투하는 것이다. 맨 하나님은 종교적 개념 이전의 토대 하나님이다. 에크하르트를 이어 20세기의 본회퍼도 이러한 비종교적 기독교 해석을 제안한다. "기계장치의 하나님"(*Deus ex machina*)이라는 종교적 하나님 없이 사는 성숙한 삶이 기독교 신앙이라는 것이다: "우리는 세계 안에서 '마치 하나님이 존재하지 않는 것처럼'(*etsi deus non daretur*) 살아야 한다는 것을 인식하지 못한다면, 우리는 정직할 수 없다."[19] 하나님의 하나님됨과 민중의 민중됨이 불이(不二)의 관계를 가지는 이유가 바로 이러한 인식론적 가난의 비종교적 세계관에서 기인하는 것이다.

③ 따라서 민중의 인식론적 가난은 배움 이후에 찾아오는 탈배움의 무지이다. 곧 그것은 위-디오니시우스의 "진정 신비롭게 어두운 무지", 에크하르트의 "탈-앎"(nescience, unknowing) 그리고 니콜라스 쿠자누스의 "배운 무지"(docta ignorantia)라고 불린 것이다.[20] 하

---

18 W, 467. 능산적 자연과 소산적 자연 전체로서의 "하나님, 혹은 자연"(*Deus, sive Natura*)을 주장했던 스피노자도 한 편지(1662년 4월)에서 이렇게 말한다: "나는 자연으로부터 하나님을 분리시키지 않는다." Curley, *Collected Works of Spinoza*, vol. 1, 118.

19 Dietrich Bonhoeffer, *Letters & Papers From Prison* (New York: Touchstone, 1997), 360.

20 Pseudo-Dionysius, *The Complete Works* (New York: Paulist Press, 1987), 137; W, 36; Jasper Hopkins, *Nichoas of Cusa on Learned Ignorance: A Translation and an Appraisal of De Docta Ignorantia* (Minneapolis: The Arthur J. Banning Press, 1985), 50.

나님 너머의 하나님 혹은 토대의 신성은 종교적 개념과 앎을 통해서
가 아니라, 그러한 앎을 다시 해체하는 탈-앎과 탈-배움을 통해서
나아갈 수 있다. 민중의 인식론적 특권은 앎을 벗어버리는 탈-앎,
배움과 무지 사이의 분별심을 넘어서는 배운 무지이다. 마치 태초에
존재하지 않았던 때 아무 것도 알지 못했던 것처럼, 그렇게 민중은
만물을 아는 것이다. 민중의 인식론적 무지는 종교적 지식에 대한
이데올로기 비판을 담고 있다. 진리조차 하나의 구호로 전락한 시대
에 민중은 종교적 배움을 탈배움한다. "그는 자신을 위해서, 진리를
위해서, 혹은 하나님을 위해서 자신이 살지 않는다는 사실조차 알지
못한다."21 그렇기에 민중에게 하나님은 '이유 있는 위안'이 아니라
'이유 없는 위안'이다.22 "만물에게는 왜가 있지만, 하나님에게는 왜
가 없다."23 민중은 인간이 하나님께 붙여준 모든 존재론적 '왜'를 떼
어버린다. 이것이 민중의 인식론적 특권의 핵심이다.

　마지막 셋째로, 민중의 존재론적 가난 혹은 존재론적 특권이란
아무 것도 아닌 자로서의 민중, 아무 것도 가지지 않는 절대가난, 곧
자신의 존재의 옷조차 내려놓는 가장 극단적인 가난으로서의 민중의
무존재성(無存在性)를 가리키는 말이다. 그것은 자신이 존재하지 않
았던 때처럼 곧 하나님과 함께 토대 안에 존재하던 때처럼 존재하는
초월성의 가상적 사건이다. "존재란 첫 번째 행동, 첫 번째 분열이다."24
존재란 맨 하나님이 우리에게 부여한 첫 번째 언어적 장식물이다.

---

21 W, 423.

22 손호현, "신정론과 위안: 에크하르트의 「하나님의 위안」 연구," 「신학연구」 72집
　　(2018), 63-90.

23 W, 363.

24 James M. Clark and John V. Skinner trans, *Meister Eckhart: Selected Treatise and
　　Sermons* (London: Fount, 1994), 183.

하지만 존재와 그것의 진선미성(眞善美聖)은 여전히 '하나님'이라는
신성의 옷 혹은 장식품일 뿐이지 맨 신성 자체는 아니다. "만약 하나
님이 선함이나 존재나 진리나 일자가 아니라면, 그는 도대체 누구인
가? 하나님은 순수한 무(無)이다. 이것 혹은 저것이 아니라는 뜻이
다."25 신학은 존재론을 넘어 무론으로 전진해야 한다. 존재의 가을
이 민중 데우스의 신비인 것이다. 민중 데우스는 민중과 데우스로
분열되기 이전의 사막이자 토대이며 침묵의 중간지대이다. 여기에는
민중도 없고 데우스도 없다. 없음만이 있을 뿐이다. 사도행전 9:8의
"사울이 땅에서 일어나 눈을 떴으나 아무 것(nihil)도 보지 못하고"를
에크하르트는 그가 무(無)로서의 하나님을 본 것으로 해석한다. "바
울이 하나님을 보았을 때, 그는 그것을 무(Nothing)라고 불렀다."26
마치 여인이 아이를 잉태하듯, '무' 안에서 데우스의 존재는 잉태된
다. "그러한 무 안에서 하나님은 태어난다. 하나님은 무의 열매이다.
하나님은 무 안에서 태어난다."27 에크하르트의 신비신학에 따르면,
다자와 시간의 세계를 상징하는 숫자는 존재의 근원성으로서의 일자
에 기초하고, 다시 이러한 일자는 존재의 자궁으로서의 무에 기초한
다. "어떤 숫자든 일자에 의존하고, 다시 일자는 무에 의존하는 것이
다."28 세계가 숫자라면, 종교적이고 영적인 데우스 관념은 일자이
며, 데우스 너머의 데우스, 신성 자체, 곧 민중 데우스는 절대적 초월
성의 가난을 가리키는 것이다. 민중이 피조물이기를 그치고, 데우스

---

25 W, 287. 스즈키에 따르면, "엑크하르트가 신성(神性)의 개념을「순수한 무(無)」로 전
   개시킬 때, 그는 불교의 공(空, sunyata)이론에 완전히 일치한다." Daisetsu T.
   Suzuki 저/강영계 역,『엑크하르트와 禪』(서울: 主流, 1982), 30.
26 W, 137.
27 W, 140.
28 W, 469.

가 창조주이기를 그치는 중간지대에 비로소 민중과 데우스, 존재와 무는 신비적 합일(*unio mystica*)로서 민중 데우스를 이루는 것이다.

이처럼 민중의 인식론적 특권과 존재론적 특권은 상호의존적이며 서로를 강화시킨다. 민중의 반(反)신학은 이데올로기로서의 종교를 근원에서 전복한다. 에크하르트의 신비신학과 한국의 민중신학에서는 하나님조차도 자신의 존재신학적 혹은 삼위일체적 개성들을 내려놓고 가난해져야 한다. "그 속을 보기 위해서는 하나님조차도 자신의 모든 신성한 이름들과 인격적 속성들을 비용으로 지불해야 할 것이다."[29] 여기에 한국적 민중신론의 급진성이 존재하는 것이다. 민중이 물과도 같이 역사의 배를 띄울 수도 침몰시킬 수도 있는 것처럼, 민중 데우스는 '하나님'의 잉태 과정을 방해하고 낙태하고 살해할 수도 있는 것이다. 신죽음의 신학 이전에, 헤겔 이전에, 루터 이전에, 에크하르트는 이미 신의 가사성(可死性)을 보았다. "만약 우리가 존재하지 않는다면 그리고 무를 받아들인다면, 우리는 하나님에게 폭력을 행사하는 것이고 하나님을 살해하는 것이다."[30] 에크하르트가 말하는 살해 대상으로서의 신은 민중이 아직 그 밑에 자리하는 데우스, 민중 위의 창조주 데우스, 곧 종교적이고 영적인 데우스를 가리키는 것이다. 민중이 드러내는 가난의 초월성이 종교적 신 혹은 영적 신의 잉태를 거부하는 한에 있어서 신을 낙태하고 살해할 수 있는 것이다. 반면 민중이 스스로를 오직 피조된 객체로만 이해하게 될 때에, 종교적으로 축소된 데우스가 태어나도록 하는 것이다. 이처럼 민중의 운명은 데우스의 운명과 상호적이다. 민중이 자신의 운명을 결정할 때, 데우스의 운명도 함께 결정되는 것이다. 단재 신채호 선

---

29 W, 81.
30 W, 227.

생의 가르침처럼, 역사적 객체를 위한 이름이 "인민"이라면, 역사의 주체는 "민중"이라 불려야 한다.[31] 민중은 인민의 위치에서 나와야 하며, 데우스도 종교와 영성의 하나님 위치에서 나와야 한다. "하나님을 위해서 자신 밖으로 나아오라. 그러면 너를 위해서 하나님도 하나님 자신 밖으로 나아올 것이다."[32] 본회퍼 이전에 에크하르트는 민중의 청원기도가 이렇게 달라야 한다고 가르친다: "우리가 하나님으로부터 자유롭게 되도록 하나님께 기도하자."[33] 민중과 데우스는 생각과 존재의 가난을 통해 각자에서 나와서 함께 토대로 들어가야 한다. 민중도 없고 데우스도 없는 그 상호탈출의 중간지대, 거기에 민중과 데우스로 나누기 이전의 신성한 민중 데우스가 거주하는 것이다. 토대는 영원한 탄생의 근원지이며 가장 비밀스러운 "침묵의 중간지대"이다.[34] 민중과 데우스의 상호탈출과 상호죽음의 어두운 공간이 사막으로서의 토대 곧 민중 데우스 자체이다. 그것은 피조물-창조주라는 분별심조차 들어갈 수 없는 절대적 가난의 초월성이다. 그곳은 민중의 인식론적 특권과 존재론적 특권이 서로 환치되는 역설적 공간이다. 그곳은 민중의 눈과 데우스의 눈이 존재론적 동일성을 획득하는 신비의 사건, 곧 데우스를 보는 민중의 눈이 민중을 보는 데우스의 눈이 되는 성육신적 사건이다. "내가 하나님을 보는 눈은 하나님이 나를 보는 눈과 동일한 눈이다. 내 눈과 하나님의 눈은 하나의 눈, 하나의 봄, 하나의 앎 그리고 하나의 사랑이다."[35] 그곳은

---

31 신채호, 「조선혁명선언」; 최정운, 『한국인의 탄생』, 489에 인용.

32 W, 110.

33 W, 422.

34 W, 30.

35 W, 298. 하나님이 인간이 된 이유는 인간으로 하여금 하나님이 되게 하기 위함이라는 이레니우스의 성육신에 대한 통찰은 여전히 유효하다.

민중이 데우스 존재의 원인이 되는 전복의 공간이다. "나는 하나님의 하나님이 됨의 원인이다. 내가 존재하지 않았다면, 하나님은 하나님이 아니었을 것이다."[36] 그곳은 활동의 장소가 아니라, 쉼의 장소이며, 무위의 장소이며, 초월적 가난의 장소이다. 그곳은 민중 데우스가 계신 곳이다.

결론적으로, 가난과 고통의 현상학은 민중신론의 신비를 가리킨다. 민중은 없음의 힘, 무의 초월성이 성육화하는 사건이다. 민중은 비움과 없음과 가난이 역사화된 신의 얼굴이다. 그렇기에 민중 데우스는 자신의 존재를 다 비운 신이다. 민중 데우스는 제국의 무력(武力)이 아니라 가난한 자의 무력(無力)으로 성육화하는 하나님이다. 그렇기에 민중은 무를 원하고, 무를 알고, 무를 가진다. 민중이 하나님의 인식론적·존재론적 특권을 누린다는 것은 그가 무력한 가난의 초월성을 담지한다는 뜻이다. 민중은 사회학적 집단으로 포착되기에는 너무나도 초월적이고 역동적인 사건이다. 민중은 단지 하나님의 증인을 넘어서는 하나님의 씨앗 곧 씨알이기 때문이다. 민중은 하나님처럼(like)이 아니라 하나님이다(is). 키케로, 세네카, 오리게네스에게서 이어온 통찰처럼, 에크하르트는 "하나님의 씨앗은 우리 안에 있다"고 한다.[37] 하나님의 씨앗은 그 스스로 잠재적인 하나님이라는 뜻이다. 이러한 씨앗 하나님의 속성을 다석 유영모와 함석헌은 '씨알'

---

36 W, 424. 철학자 헤겔은 에크하르트의 존재론적 상호성을 이렇게 재진술한다: "만약 하나님이 존재하지 않았다면, 나도 존재하지 않았을 것이다. 만약 내가 존재하지 않았다면, 하나님도 존재하지 않았을 것이다." G. W. F. Hegel, *Lectures on the Philosophy of Religion, Volume 1: Introduction and The Concept of Religion,* ed. by Peter C. Hodgson (Berkeley, Los Angeles, London: University of California Press, 1984), 347-8

37 Cicero, *De Tusc. Quaest,* III, ch. 1, n. 2; Seneca, *Letter* 73, 16; Origen, *Homily on Genesis* 13.4; Eckhart, W, 558.

로서의 민중 사상으로 발전시켰다. 이들이 본 것은 다름 아닌 민중 데우스의 불이(不二)적 신비인 것이다. "배나무 씨앗이 배나무로 자라고, 호두나무 씨앗이 호두나무로 자라는 것처럼, 하나님의 씨앗은 하나님으로 자란다."[38] 서양의 어떤 해석자는 에크하르트에서 예수 그리스도뿐 아니라 노자와 부처로 나아가는 길을 발견했다고 한다.[39] 우리는 그의 신비신학에서 노자와 부처뿐 아니라 유영모와 함석헌 그리고 민중신학의 미래를 발견할 수도 있을 것이다.

요컨대, 우리 미래의 민중신학자들은 민중의 인식론적 특권을 넘어 존재론적 특권을 향해 나아가고자 하며, 존재론(存在論, ontology)을 넘어 무론(無論, nihilogy)으로 전진하고자 한다. 한국적 신학인 민중신학이 무론이라는 아시아의 자궁에서 잉태한 신론이 바로 무신학(無神學, nihilotheology)으로서의 민중 데우스론이다. 하이데거의 진단처럼 서구의 주류 신론은 존재신학(存在神學, ontotheology)의 사유였다.[40] 서구 형이상학의 절정으로 평가될 수 있는 스피노자는 형이상학의 능산적 자연과 물리학의 소산적 자연을 합친 전체로서의 "데우스, 혹은 자연"(*Deus, sive Natura*)을 제안하였지만, 그러한 자연 하나님에게는 아직 무의 자리가 없다. "진공은 자연에 존재하지 않는다."[41] 오히려 스피노자에게 "악마는 정확하게 무와 일치한다."[42] 실

---

38 W, 550.

39 Raymond Bernard Blakney, *Meister Eckhart: A Modern Translation* (New York: Harper One, 1941), xiv.

40 Martin Heidegger, "The Onto-theo-logical natureof Metaphysics," in *Essays in Metaphysics: Identity and Difference* (New York: Philosophical Library Inc.,1960); *Identität und Differenz* (Günther Neske Pfullingen, 1957).

41 Curley, *Collected Works of Spinoza*, vol. 1, 544 그리고 423. Harry Austryn Wolfson, *The Philosophy of Spinoza: Unfolding the Latent Processes of His Reasoning*, volume 1 (Cambridge: Harvard University Press, 1934), 254 이하에 스피노자의 신론 구조 분석을 참조하라.

체론적 사유를 비판하며 실체가 곧 과정이라고 주장한 화이트헤드의 유기체 철학에 있어서도 아직 우주 전체의 진화과정은 "하나님은 현실적 존재자(an actual entity)이다"는 사실에 기초하고 있다.[43] 하나님을 우주의 "우발적 창조성"(serendipitous creativity)으로 이해한 고든 카우프만도 그러한 창조성을 물질 자체의 잠재성이 지닌 속성으로 이해함으로 존재신학의 지평을 떠나지는 않았다.[44] 그러나 한국적 문화신학으로서의 민중신학은 존재론을 넘어 무론으로 전진하고자 한다. 우리는 서구에서 비정통·비주류로 밀려난 신비주의와 대화를 꺼리지 않으며, '존재에 대한 경외심'을 넘어서 '무에 대한 경외심'에서 사유를 출발한 아시아와 한국의 사상전통을 재생하고자 한다.[45] 오래전 천부경(天符經)은 '존재를 잉태하는 창조적 무'(一始無)를 한민족 영성의 출발점으로 드러낸다.[46] 다석 유영모의 자연 하

---

42 Curley, *Collected Works of Spinoza*, vol. 1, 145.

43 Alfred North Whitehead, *Process and Reality*, corrected edition (New York: The Free Press, 1978), 27-28. (페이지 표기는 Macmillan Publishing Co., Inc. 에서 1929년에 출판된 초판을 따랐다.)

44 Gordon D. Kaufman, *In Face of Mystery: A Constructive Theology* (Cambridge: Harvard, 1994), 267.

45 서양의 사유가 '존재에 대한 경외'에서 출발한다면, 동양의 사유는 더 들어가서 존재의 토대가 되는 '무에 대한 경외'에서 출발한다고 비교될 수 있다. 서양철학이 라이프니츠의 "왜 존재하는 것이 있고, 무가 아닌가?"라는 물음을 제1철학인 존재론의 출발점으로 삼는 반면, 동양의 사유는 '존재조차 태어난 것이기에, 존재의 어머니가 되는 무 혹은 없음이란 무엇인가'에 대한 질문에서 시작한다. 또한 철학자 이기상은 서양의 사유가 존재중심주의, 이성중심주의, 태양중심주의에 예속되었다고 비판한다. 이기상, "'태양을 꺼라!' 존재 중심의 사유로부터의 해방: 다석 사상의 철학사적 의미", 김흥호·이정배 편집, 『다석 유영모의 동양사상과 신학: 동양적 기독교 이해』(서울: 솔, 2002), 40; 이기상, 『다석과 함께 여는 우리말 철학』(서울: 지식산업사, 2003), 166-167 참조.

46 이정배, "천부경을 통해서 본 동학과 多夕의 기독교 이해," 『없이 계신 하느님, 덜 없는 인간』(서울: 모시는 사람들, 2009), 129-169 참조. 필자는 천부경의 저자 문제는 그것이 드러내는 사상과 분리되어서 생각되어야 한다고 본다.

나님도 스피노자의 자연 하나님과는 다르다. 다석의 자연 하나님은 허공조차 포함한 자연 전체, 1의 유(有)의 세계와 0의 무(無)의 세계를 합친 01의 불이(不二)적 하나님, 곧 "없이 계신 하나님"이다.[47] 다석의 "자연은 성령, 허공, 천체로 이루어진 있는 그대로 하느님이다."[48] 이처럼 한국의 미래 민중신학은 '무로부터의 창조'(creatio ex nihilo)를 넘어서는 '무의 창조성'(creatio nihili, creativity of nothing)을 고백하고자 한다. 우리의 아시아적 신론은 스피노자, 화이트헤드, 카우프만으로 이어지는 존재신학을 무의 창조성에 대한 예비적 증언이라고 재해석한다. 서양의 주류신학은 '존재의 꽃'만 하나님으로 보았다. 그러나 한국의 민중신학은 꽃의 테두리를 둘러싸고 있는 변두리의 '허공'도 하나님으로 보고자 한다. 다석의 말처럼, "꽃을 있게 하는 것은 허공"이기 때문이다.[49] 서양의 문화가 존재신학을 인류에게 선물하였다면, 한국적 문화신학으로 민중신학은 존재의 진화적 팽창도 무의 창조성으로 보는 탈존재론적 무신학으로 보답하고자 한다.

II. 민중예술신학: 예수와 예술, 역사적 성육신과 미학적 성육신

박노해의 시집 「노동의 새벽」은 민중이 시성(詩性)을 담지한 고결

---

47 김흥호, 『제소리: 유영모 선생님 말씀』(서울: 풍만, 1983), 54, 161; 박영호 지음, 『진리의 사람 다석 유영모 (下)』(서울: 두레, 2001), 372; 류영모 강의, 주규식 기록, 『다석 씨알 강의』(서울: 교양인, 2015), 134-135 등을 참조하라.

48 류영모/박영호 풀이, 『다석 류영모 명상록: 진리와 참나』(서울: 두레, 2000), 246-247; 이기상, 『다석과 함께 여는 우리말 철학』(서울: 지식산업사, 2003), 393에 재인용된다.

49 박영호, 『다석 전기: 류영모와 그의 시대』(서울: 교양인, 2012), 412-413.

한 존재라는 실증적 증거이다. 민중은 개, 돼지가 아니라 진정한 의미에서의 온전한 인간 곧 초월적 시성의 담지자이다. 유동식에 따르면, "시(詩)라는 한자는 말씀 언(言) 변에 모실 시(寺)로 되어 있다. 말씀이란 '로고스'요 하나님의 말씀이다. … 이 '말씀'을 모신 글이 곧 시이다."[50] 민중의 시성이란 민중이 자신의 방식과 스타일로 하나님의 씨알인 초월적 말씀을 모신다는 뜻이다. 예술이 드러내는 민중의 절망, 수치와 비참, 분노와 봉기, 초탈과 웃음은 모두 이 빈 초월성의 중간지대를 가리키는 미학적 신호이자 인식론적 손가락이다. 민중의 그러한 초월적 방식과 스타일을 '민중예술'이라 부를 수 있을 것이다. 달리 말해 예술 일반이 비감각적 이상의 감각적 표현이라고 한다면, 민중예술이 그렇게 표현하고자 하는 비감각적 이상은 다름 아닌 가난의 초월성이다. 예술을 통해 우리는 초월의 감각화, 신비의 물질화를 경험하게 된다. 그렇기에 시몬 베이유는 "아름다움은 성육신이 가능하다는 실험적 증거이다"라고 했다.[51] 예수라는 "역사적 성육신"(historical incarnation)과 예술이라는 "미학적 성육신"(aesthetic in- carnation)은 서로를 거울처럼 비춘다.[52] 민중예술은 민중 하나님, 곧 민중 데우스가 객체적 불멸성을 획득하는 미학적 성육화이다. 그것은 화이트헤드가 말한 주체적 불멸성을 넘어서는 "객체적 불멸성," 곧 개인의 불멸이 아니라 민중 사건의 불멸을 가능케 한다.[53] 예술의 구원하는 기능은 개인의 불멸이라기보다는 예술

---

50 유동식 엮음, 『영혼의 노래: 흰돌 윤정은 시집』(서울: 한들출판사, 2005), 15.

51 Simone Weil, *Gravity and Grace,* trans. Emma Crawford and Mario von der Ruhr (London and New York: Routledge, 2002), 150.

52 손호현, "아름다움과 성스러움: 존재 유비로서의 예술과 예수,"「신학사상」165집 (2014년 여름).

53 Whitehead, *Process and Reality,* viii-ix.

적 적멸을 통한 형이상학적 이기심을 극복함으로 땅과 역사와 인간의 객체적 불멸을 주목하게 한다. 그렇기에 민중예수의 역사적 성육신은 민중예술의 미학적 성육신으로 재현되고, 하나님의 미학적 성장과 진화적 팽창이 가능한 것이다. 역사와 예술은 성육하는 신의 일종의 자서전이며, 자유로서의 신 존재의 확장 과정이다. 우리는 아래에서 민중신학이 예술 특히 민중예술을 주목해야 하는 몇 가지 이유를 사유하고자 한다.

첫째는 예술과 계시의 근접성이다. 예술 자체는 계시의 한 감각적 표현이다. 예술은 역사서나 신문기사 등과는 달리 인간의 실존을 가장 응축적인 형식으로 보여준다. 예술에서 종교가 가장 투명한 표현 형식을 발견하는 이유도 여기에 있다. 그렇기에 철학자 헤겔은 한 국가의 예술이 그들의 철학과 종교를 이해하는 중요한 열쇠가 된다고 하였다.[54] 민중예술도 이러한 신비의 드러남이라는 일반적 속성을 가진다. "예를 들어 나의 하나님은 모차르트의 *Masonic Funeral Music*의 34소절에서 44소절 사이에 살아있다."[55] 미학적 성육화를 주목하지 않는 개신교의 예술망각증은 조만간 신학 자체의 존립을 위협할 수도 있다. 현대 신학적 미학의 아버지라 할 수 있는 발타자에 따르면, "아름다움이 없는 세상"에서는 선이 마음을 끌지 못할 것이며 참도 설득력을 잃게 될 것이라고 하였다.[56] 예술과 아름다움의

---

54 G. W. F. Hegel, *Aesthetics: Lectures on Fine Art*, trans. T. M. Knox (Oxford: The Clarendon Press, 1975), 7-8.

55 영화 「아마데우스」의 개봉에 맞추어 출판된 한 인터뷰에서, 극작가 피터 셰퍼(Peter Shaffer)가 모차르트의 라이벌이며 비엔나의 궁정 작곡가인 살리에리의 대사 한 소절을 인용한 것이다. *The Times*, 16 Jan. 1985.

56 Hans Urs von Balthasar, *The Glory of the Lord: A Theological Aesthetics*. Volume 1: Seeing the Form, trans. Erasmo Leiva-Merikakis (San Francisco: Ignatius Press, 1998), 19.

신비를 주목하지 못하는 신학은 참도 선도 더듬거리며 제대로 말하지 못할 것이기 때문이다.

둘째로, 역사와 예술은 한 민중의 두 언어이다. 민중신학과 문화신학은 서로를 요구한다. 역사가 '가난으로부터의 초월성' 곧 혁명의 자리라고 한다면, 예술은 '가난의 초월성' 곧 시성의 보존이다. 역사와 예술은 가난의 초월성으로서 민중 사건이 자신을 드러내는 방법들이다. 그렇기에 '민중신학'이 역사를 증언하는 반면, '문화신학'은 예술을 주목한다는 이분법은 잘못된 배타적 단순화의 오류이다. 서남동은 역사와 예술의 관계를 민중의 밖과 안, 몸과 영혼의 관계라고 보면서 민중의 외부적 고통에 대한 "사회경제적" 분석과 내부적 한의 경험에 대한 "문학사회학"의 분석을 결합해야 한다고 주장하였다.[57] 몸 없이 영혼이 존재할 수 없으며, 예술 없이 역사도 전진할 수 없다. 철학자 화이트헤드는 예술의 역사전복성을 "명제"(proposition)라는 형이상학적 용어를 통해 설명한다. 명제로서의 예술이란 현실과 가능성 사이의 간격이 만들어내는 가설적 대안 혹은 "느낌의 유혹"인 것이다.[58] 다시 말해 역사가 가치의 실현된 중요성이라면, 예술은 실현되지 않은 중요성의 존재론적 잠복이다. 민중봉기로서의 정치적 혁명이 좌절될 때, 민중은 예술을 통한 가상적 혁명을 시도하는 것이다. 국문학자 신은경은 탈춤, 소설, 음악 등등의 민중예술이 실제적 정치혁명이 아니라 가상의 미학적 전복 곧 "간접적 한풀이"와 "한풀이의 대리체험"의 역할을 담당하여 왔다는 것을 보여준다.[59] 80년 광주민주화운동의 좌절도 「임을 위한 행진곡」이라는 미학적 잠복과

---

57 서남동,『민중신학의 탐구』, 48.

58 Whitehead, *Process and Reality,* 185.

59 손호현, "춤추는 하나님과 한류," 한국문화신학회 엮어씀,『한류로 신학하기』(서울: 동연, 2013), 258.

내면화를 거치며 2016~17년 촛불혁명을 가져온 것은 아닐까? 그렇기에 현영학의 주장처럼 한국 신학사의 핵심 갈등은 역사와 예술 혹은 '민중신학과 문화신학' 사이의 갈등이 아니라, '엘리트문화신학과 민중문화신학' 사이의 갈등으로 이해되어야 한다. "문화신학은 엘리트의 문화만이 아니라 도리어 그것보다도 엘리트에게 다스림을 받고, 부림을 당하고, 소외당하고 무시와 천대를 받아온 민중의 문화와 종교를 더 깊이 연구하고 새로운 신학의 자료로 삼아야 하지 않을까 하는 것이다."[60] 이미 한국의 신학자들은 민중신학과 문화신학의 만남의 가능성을 1970년대 말부터 제기하여 왔었다. 유동식의『민속종교와 한국문화』(1978), 서남동의 "恨의 형상화와 그 신학적 성찰"(1982), 현영학의 "한국탈춤의 신학적 이해"(1982) 그리고 서광선의 "해방의 탈춤"(1986) 등을 그 대표적 예로 언급할 수 있을 것이다.[61] 한국 신학의 미래를 모색하는 우리들도 신학적 엘리트주의와 지성주의를 극복하기 위해서 민중문화신학, 특히 민중예술신학의 가능성을 탐구해야만 한다.

셋째, 예술은 잊혀진 신학의 텍스트이다. 민중예술은 민중의 자기기록이자 자기 표현이다. 그것은 소멸과 제한을 넘어서는 가난과 슬픔의 무한한 초월성을 증언하는 아름다움의 암호와도 같다. 반면 민중의 역사는 즉자적인 자기표현의 표현매체로서의 사료(史料)를 가지지 않는 경우가 대부분이다. 민중은 거의 글을 남기지 않는다. 우

---

60 현영학, "민중과 민중신학자"(1983),『예수의 탈춤』, 87.

61 유동식,『民俗宗敎와 韓國文化』(서울: 현대사상사, 1978). 이 저작은『素琴 柳東植 全集』제2권(서울: 한들출판사, 2009)에 다시 출판되었다. 서남동, "한의 형상화와 그 신학적 성찰", NCC 신학연구위원회 편,『民衆과 韓國神學』(서울: 한국신학연구소, 1982). 현영학, "한국탈춤의 신학적 이해",『民衆과 韓國神學』. 서광선, "해방의 탈춤", 현영학 외 공저,『한국문화와 기독교윤리』(서울: 문학과 지성사, 1986).

리가 물려받은 이른바 기독교 고전이라는 신학의 고등 텍스트들은 대부분이 마가렛 마일즈의 표현을 따르면 "문화적 특권을 누리며, 고등 고육을 받은, 남성들의 그리고 대개의 경우 수도사들의" 저작들이다.[62] 민중의 자기 증언이 간과되고 침묵당한다면, 우리는 민중 데우스가 아니라 엘리트의 '데우스'만을 믿게 될 것이다. 신학이 해석학적 계급의식이 필요한 이유가 여기에 있다. 민중예술은 본회퍼가 말한 성숙한 세계와 비종교적 상황에서 이데올로기로서의 신학 없이 공허를 견디고 초월성을 상업화하지 않는 한 방법이다. 한때 목회자가 되고자 했던 화가 반 고흐는 그러한 민중에게 예술이 지닌 의미를 잘 이해하였다. "삶과 회화에서, 난 하나님 없이도 잘 지낼 수 있다. 그러나 고통 가운데 있을 때, 난 나보다 위대한 어떤 것, 내 삶의 전체인 어떤 것 없이는 지낼 수 없다. 그것은 바로 창조하는 힘이다."[63] 그렇기에 엘리트 텍스트가 전달하지 않는 민중의 생생한 산 목소리를 드러내는 민중예술은 신학의 대안적 텍스트로 재발굴되어야 한다. 신학이 민중예술의 후경에 놓인 신비의 익명성을 주목하지 못한다면, 그런 건조한 신학은 생명력 없는 학교신학 혹은 초월성 없는 교회신학에 그칠 것이다.[64] 예를 들어 벽초 홍명희가 1928년에서 1940년 신문에 연재한 『임꺽정』, 1970년대 황석영의 『장길산』 등은

---

62 Margaret Miles, *Image as Insight: Visual Understanding in Western Christianity and Secular Culture* (Boston: Beacon Press, 1985), 9.

63 André Malraux, *The Metamorphosis of the Gods,* trans. by Stuart Gilbert (Garden City, New York: Doubleday & Company, Inc., 1960)의 속표지에 인용되고 있다.

64 폴 틸리히는 제도적 종교로서의 기독교를 성찰하는 협의의 "교회신학"(Kirchen-theologie)을 넘어서 인간의 궁극적 관심에 대한 모든 문화적 표현을 주목하는 "문화신학"(Kulturtheologie)이 필요하다고 주장한다. Paul Tillich, *Main Works / Hauptwerke,* vol. 2 (Berlin and New York: De Gruyter, 1990), 81ff.; idem., *What Is Religion?* (New York: Harper & Row, 1969), 175ff.

민중신학이 주목해야 할 민중의 내면을 드러내는 예술적 소리이다.

넷째, 민중예술신학은 동양적 신학의 한 방법론일 수 있다. 민중신학은 한국 민중 나아가 아시아 민중의 문화적 흙인 예술에서 토착화신학으로 꽃피어야 한다. 동양의 종교는 근원적으로 미학적인 본질을 가지는 것으로 이해될 수 있다. 서양에서의 종교는 동양에서의 예술과 유사하다. 마이스터 에크하르트를 성찰하며, 쿠마라스와미(Ananda K. Coomaraswamy)는 아시아의 예술을 가상적인 종교적 상징주의라고 이해한다. "예술이 종교이고, 종교가 예술이다. 이 둘은 서로 관련된 것이 아니라 동일한 것이다. 이것을 인식하지 못하고 아무도 신학을 할 수는 없는 것이다."[65] F. S. C. 노스롭(Northrop)에 따르면, "동양의 종교는 서양이 종교라고 여기는 것보다는 서양이 미학이라고 여기는 것에 가까운 어떤 것으로 가장 잘 이해될 수 있다."[66] 마틴(James Alfred Martin)도 "서양보다는 동양에서 정치적 요소, 경제적 요소, 미학적 요소 그리고 종교적 요소가 보다 미묘하게 연관되어져 있다"고 진단한다.[67] 한국 민중의 종교적 심성을 기독교 신학자들이 이해하려면, 그들은 한국민중예술을 보아야 한다.

다섯째, 한국의 민중은 슬픔의 예술로서 슬픔의 신학을 하였다. 한국신학과 한국미학은 각각 자신의 방식으로 이를 주목하고 서로 대화하여야 한다. 3·1운동 직후 조선인을 옹호하고 자신의 조국 일본의 식민지 정책을 신랄하게 비판하였던 야나기 무네요시(柳宗悅)는

---

65 Ananda K. Coomaraswamy, *The Transformation of Nature in Art: Theories of Art in Indian Chinese and European medieval art; Iconography, ideal representation, perspective and space relations* (New York: Dover Publications, 1956), 62.

66 F. S. C. Northrop, *The Meeting of East and West: An Inquiry concerning World Understanding* (Woodbridge, Connecticut: Ox Bow Press, 1979), 403.

67 James Alfred Martin, Jr., *Beauty and Holiness: The Dialogue between Aesthetics and Religion* (Princeton, N.J.: Princeton University Press, 1990), 139.

"국가는 짧고 예술은 긴 것이다"라고 말하며, 결국 승리하는 것은 조선의 아름다움이지 일본의 칼이 아니라고 예언하였다.[68] 그는 민족과 예술의 불가분의 관계를 강조하며, 조선의 예술을 슬픔의 예술로 해석하였다. "힘 있는 자는 자기 속에 살고 즐거운 자는 자연에 산다. 그러나 슬퍼하는 자는 신 속에 산다."[69] 식민지 시대 조선민중의 슬픔을 자신의 시로 표현한 윤동주는 칼 라너가 말한 "사제와 시인의 결혼"을 체현한 한국인이다.[70] 윤동주의 시「팔복」은 한국 민중의 근원적 신관이 슬퍼하는 하나님이라는 것을 예술적으로 증언한다. 단순한 위로는 슬픔의 존재 자체로서의 하나님을 민중으로부터 추방하는 것이다. 슬픔의 하나님으로부터 끊어지지 않는 것이 조선 민중이 바란 이유를 넘어선 위안이라는 것을 증언한 애도의 형이상학적 예술이 바로 윤동주의 시인 것이다. 시인 윤동주를 통해 미학적 성육신으로 자신을 드러내는 조선의 하나님은 부재하는 신, 화내거나 위로하는 신, 위로를 연기하는 신이 아니라, 민중의 상처로서 존재하기에 영원히 슬퍼하는 신이다.[71] 서남동은 이러한 민중의 고통과 예수의 고통의 역설적 동일성을 "신 밖에 던져진 상태가 아니라 신의 품 안에 파고드는 괴로움"이라고 하였다.[72] 민중신학이 한국적 신학을 지향하는 한에 있어 한국민중예술이 담지하고 있는 초월적 슬픔의 경험을 신학적으로 대변하여야 한다.

---

68 야나기 무네요시 지음/이길진 옮김,『조선과 그 예술』(서울: 신구문화사, 1994), 22.

69 야나기 무네요시,『조선과 그 예술』, 88. 힘 있는 중국은 자기 속에 살고, 즐거운 일본은 자연에 살지만, 오직 조선만은 신의 슬픔 속에 산다는 것이다.

70 Karl Rahner, "Priest and Poet," *Theological Investigations*, vol. 3 (Baltimore: Helicon Press, 1967), 310.

71 손호현, "윤동주와 슬픔의 신학:「팔복」에 드러나는 신정론을 중심으로,"「신학논단」 81집 (2015년 9월).

72 서남동,『전환시대의 신학』(서울: 한국신학연구소, 1976), 28.

여섯째, 예술은 화해의 한 길이다. 예술은 인간의 화해 가능성을 자신의 존재로 증언한다. 인류를 서로에 대한 적의에서 화해시킬 수 있는 것은 정치나 과학이 아니라 예술과 종교의 몫이다. 예술은 직접적 경험을 통한 화해를 넘어서 타인의 고통과 비참을 대리적으로 이해할 수 있는 길을 제시하기 때문이다. 톨스토이의 예술론에 따르면, "예술은 인간의 연대의 수단이며, 개인과 인류의 안녕을 목적으로 하는 삶과 진보를 위해 필수불가결한 동료 감정으로 인간을 함께 결합시키는 것이다."[73] 그러한 대리적 공감의 의도를 민중예술은 매체의 선택을 통해 적극적으로 실현하려 한다. 고려의 대문호 이규보는 자신의 『동국이상국집』에서 어떤 화공의 빼어난 산수화를 굳이 자신이 시로 다시 표현하는 이유를 이렇게 적고 있다. "그림은 저저마다 갖기 어렵고 시는 어디나 퍼질 수 있거니 시를 봄이 그림을 봄과 다름이 없을진대 시도 또한 영원히 전해지리라."[74] 민중예술화가 홍성담도 유화라는 매체보다 판화를 선택한 이유를 그 접근성으로 꼽고 있다.[75] 이처럼 민중예술은 가난한 나눔과 화해의 마음을 체현하는 스타일이다. 신학이 현실적 쟁투의 단순한 요약이 아니라 본질적 존재의 신비를 증언하고자 한다면, 인류의 생존과 미래를 위해서라도 인류의 방향성에 대한 섬세한 감지로서의 예술을 주목해야 할 것이다. 예술은 단지 지식의 진보를 넘어서 감정의 진보를 가져옴을 통해 인류의 지난한 역사를 이끌어간다. 이런 점에서 예술과 종교는 서로

---

73 Lyof N. Tolstoï, *The Kingdom of God Is Within You, What Is Art?* (New York: Charles Scribner's Sons, 1899), 387.

74 최행귀 외, 『우리 겨레의 미학 사상: 옛 선비 33인이 쓴 문학과 예술론』 (파주: 보리, 2006), 53.

75 김인경, "한국 민중예술의 신학적 해석: 홍성담 작가를 중심으로," 연세대학교 연합신학대학원 석사학위논문, 2018.

닮았다. 둘 다 정복하고자 하기보다는 초월의 깊은 표현이고자 한다. "위대한 예술 작품은 더 이상 정복자들의 조각을 소장하고 있는 승리의 성당이 되어서는 안 된다. 그것은 사랑에 의해 철저히 변모된 한 인간의 영혼, 고난당하고 살해당할 때조차도 자신의 가해자들에 대한 연민과 사랑을 가진 한 인간을 표현하는 것이다."[76]

마지막 일곱째로 민중예술신학은 예술해석학과 성서해석학의 근접성을 주목한다. 예술의 해석경험은 예술작품으로서의 성서의 해석경험을 도울 수 있다. 예술작품은 물리적 작품이 아니라 그러한 물리적 작품이 일으키는 파동적 사건으로 존재한다. 앞의 모차르트와 살리에리의 예로 돌아가면, 살리에리가 경험한 하나님은 '모차르트의 *Masonic Funeral Music*의 34소절에서 44소절'이라는 물리적 악보로서 존재하는 것이 아니라 그 악보가 음악으로 연주되고 감상될 때 발생하는 초월적 파동사건으로 존재하는 것이다. 이러한 예술경험의 해석학은 성서해석학의 영역으로 전용되어질 수 있다. 이미 200여 년 전에 슐라이어마허(F. Schleiermacher)는 종교적 텍스트, 법률적 텍스트, 혹은 문학적 텍스트에는 각각 거기에 독특한 해석의 방법들이 있다는 기존의 특수해석학의 견해를 비판하며, 이해의 일반 기술로서의 보편해석학이 필요하다고 주장하였다. "성경은 일반적으로 해석의 규칙에 따르지 않는다고 믿는다면 그것은 잘못된 생각이다."[77] 혹은 성서를 이해하는데 특별한 해석학이 존재한다고 하더라도, 그러한 특수해석학은 역시 일반적 해석학의 기초에서 이해되어질 것이다. 그러나 신학은 여전히 해석학 논의에서 아무런 일이 일어나지 않은 듯 성서의 특정 텍스트, 원저자 혹은 현대의 독자라는 어떤 특

---

76 Tolstoï, op.cit., 485.
77 슐라이어마허 지음/구희완 번역, 『해석학』 (서울: 양서원, 1987), 79.

정 요소에 의미론적 특권을 집중시키는 경향성을 보인다. 민중신학은 계시의 물상화 경향성을 넘어서 침노하는 신비의 초월적 사건성과 계시의 유목성을 증언할 성서해석학을 필요로 하는 것이다. 우리는 아래에서 민중성서해석학의 단초를 구성하고자 시도할 것이다.

III. 민중성서해석학: 민중사건의 해석장(hermeneutical field)으로서의 성서

성서가 민중의 책이라는 주장은 손쉬운 즉각적 의미를 넘어서는 비판적 사유의 결과로서 발전되어져야 한다. 그것이 민중의 책인 이유는 직접적 저자나 독자가 배타적으로 민중이기 때문이라기보다, 성서 텍스트가 계기가 되어 만들어지는 해석의 가상적 공간 곧 해석장이 가난의 초월성으로서의 민중 사건을 제어할 수 없는 신비로 드러내기 때문이다. 현대 한국 사회에서 작용하고 있는 성서관은 크게 두 가지이다. 하나는 무오한 영감 받은 '경전'(經典)이라는 견해이고, 다른 하나는 위대한 종교적 '고전'(古典)이라는 견해이다.78 그러나 이제 우리는 민중의 초월성을 가능케 하는 '해석장'(解釋場)이라는 다른 세 번째 가능성을 고려하고자 한다. 아래에서 우리는 캐트린 테너의 대중문화 성서론에서 출발하여, 그것을 민중성서해석학으로 발전시킬 것이다. 테너는 성서를 "고등 문화의 고전"으로 이해하기보

---

78 찰스 하지(Charles Hodge)의 영감설에 기초한 미국 프린스턴 신학의 성서무오설이 박형룡 등에 의해 수입되면서, 성서무오설을 신봉하는 이른바 '정통주의' 신학이 역사비평방법론을 채용하는 다른 모든 신학을 '자유주의'라고 낙인찍은 것은 역사적 비극일 뿐 아니라 해석학적 의식의 심각성 부재를 드러내는 표시이다. 한국교회사학연구원 편, 『한국 기독교 사상』(서울: 연세대학교 출판부, 1998), 11-42 참조.

다는 "대중문화 텍스트"로 보는 것이 더 설득력을 가진다고 제안한다.[79] 그러나 우리는 고전이나 대중문화 텍스트보다는 민중사건의 해석장으로 성서를 보는 것이 더 진실에 가깝다고 주장한다.

1. 무시간적 텍스트

성서해석학의 첫 번째 모델은 성서가 역사문화적 특수성을 넘어서 모든 인류를 위한 보편적 의미를 담지한 "무시간적 텍스트"(time-less text)로서의 고전이라고 보는 견해이다.[80] 대표적으로 하르낙(Adolf von Harnack)은 교리사가 복음을 철학화한 타락의 역사인 반면, "복음서 안에 담긴 본질적 요소들"은 "무시간적"으로 존재한다고 주장한다.[81] 그에 따르면, 성서의 내용은 시간의 부침(浮沈)을 넘어서는 영원한 가치와 타당성을 가질 뿐 아니라, 인간으로서의 독자도 외부세계의 모든 진보와 발전에도 불구하고 변하지 않는 심층적 기질을 가진다. 비록 테너 자신은 언급하지 않았지만, 이러한 무시간적 고전으로서의 성서관은 후기자유주의 신학자 린드백(George A. Lind-beck)의 다음의 진술에 잘 드러나고 있다. "신학적 명제주의자들의 실수는 성서가 말하고 있는 실재들이 성서의 텍스트 위에, 뒤에, 밑에, 혹은 앞에 존재하는 교리적, 형이상학적, 도덕적, 경험적 혹은 역사적 영역들에서 발견되어진다고 생각한 것이다. 바르트의 젊은 시

---

79 Kathryn Tanner, "Scripture as Popular Text," *Modern Theology* 14:2 (April: 1998), 279. 손호현, "캐트린 테너의 대중문화의 신학: 대중문화로 본 하나님, 교회, 성서," 「신학사상」 161집(2013 여름), 56-64 참조. 필자는 여기에서 제안된 내용을 비판적으로 발전시키고자 한다.

80 Tanner, "Scripture as Popular Text," 280.

81 Adolf von Harnack, *What is Christianity?* (New York: Harper Torchbooks, 1957), 149, 17; Tanner, "Scripture as Popular Text," 280에 재인용.

절 표현으로 돌아가서 말해본다면, 이상하고도 새로운 세계는 어떤 다른 곳에 존재하는 것이 아니라 바로 성서 안에 존재하는 것이다."[82]

하지만 이러한 견해는 특정 시기의 텍스트를 무시간적으로 보편화시키는 서양 근대주의 이데올로기의 위험성을 지닌다. 그것은 특정 지역과 특정 역사의 헤게모니를 보편화시키는 강자의 오류에 빠질 수 있는 것이다. 이러한 입장은 성서가 증언하는 것보다는 성서의 텍스트 자체를 중시하고, 하나님의 절대성을 "성서의 신성화"로 환치하려는 시도라고 테너는 비판한다.[83]

2. 끝없는 의미를 지닌 시간적 텍스트

가다머의 영향사 개념과 리쾨르의 상징이론에 기초하여, 데이빗 트레이시(David Tracy)는 성서의 고전적 지위를 일종의 "끝없는 의미의 시간성"(timeliness of inexhaustible meaning)이라고 제안한다.[84] 성서 텍스트 안에 내재하는 응축된 의미는 거의 무한한 잠재적 의미를 지니며, 새로운 독자는 결코 과거의 시대에 제한되지 않는 영속적 시의성을 거기서 끝없이 재발견할 수 있다는 입장이다.

그러나 테너는 이러한 입장이 "의미의 잉여", "내용의 끝없는 충만성", 텍스트의 "깊이의 차원" 등의 개념들을 통해 모든 인류와 독자에게 거의 무한한 의미를 제공하는 텍스트 자체의 내재적 능력을 일방적으로 강조하고 있다는 점에서 여전히 무시간적 고전 텍스트라는 첫 번째 모델에 암묵적으로 의존하고 있다고 비판한다.[85] 두 입장

---

82 George A. Lindbeck, "Barth and Textuality," *Theology Today* 43 (1986), 365.
83 Tanner, "Scripture as Popular Text," 282.
84 Tanner, "Scripture as Popular Text," 284.
85 Tanner, "Scripture as Popular Text," 284.

모두 독자의 탈(脫)텍스트적인 창조적 독서를 축소하고 고착된 텍스트를 보편화시키는 위험성을 동일하게 가지는 것이다.

3. 불확정성을 지닌 시간적 텍스트

텍스트의 시간성을 강조하는 또 다른 입장으로 영미권의 신비평(New Criticism)은 "불확정성의 시간성"(timeliness of indeterminacy) 모델을 제안한다.[86] 이 입장은 텍스트가 소유한 속성보다는, 오히려 그것이 결여하고 있는 속성을 강조한다. 곧 성서는 오히려 확정적 의미를 결여하기에 고전이라는 것이다. 예를 들어 그들은 시적(詩的) 텍스트의 경우와 같이, 의미가 확정될 수 없고 또한 번역될 수도 없는 대체불가능한 완결성의 극단적인 형태를 성서가 모범적으로 보여준다고 간주한다. 성서는 일종의 "언어적 이콘"으로 기능하기에 고전이라는 것이다.[87] 시가 온전히 번역되고 대체될 수 없는 것처럼, 성서의 텍스트도 다원성과 모호성이라는 불확정적 시의성을 가지기 때문에 다른 텍스트로 대체될 수 없는 언어적 이콘의 지위를 누리는 것이다. 요컨대 고전으로서의 성서는 의미하는 것이 아니라 존재한다는 입장이다.

테너에 따르면 세 번째 모델은 앞의 두 입장과 달리 독자의 역할을 적극적으로 강조하는 장점에도 불구하고, 독자에게 끝없이 직간접적으로 도전하는 텍스트의 영속적 권위를 여전히 인정하는 한계를 지닌다. 성서 텍스트가 트레이시의 응축된 시간성을 가지는 것으로 이해되든 혹은 신비평의 불확정적 시간성을 가지는 것으로 이해되

---

86 Tanner, "Scripture as Popular Text," 286.
87 Tanner, "Scripture as Popular Text," 287.

는, 여전히 그러한 속성은 텍스트의 대체불가능한 내재적 속성으로 이해되는 것이다. 따라서 테너는 시간적 고전으로서 성서를 강조하는 두 입장이 사실은 처음의 무시간적 고전으로서의 성서라는 입장에 암묵적으로 기생하는 것이라고 평가한다. 결론적으로 세 가지 모델 모두에 있어서 "고전의 텍스트는 저자와 독자의 역사적 세계에서 분리되어 독립적으로 존재하며, 무시간적 전체 곧 언어적 이콘이 되는 것이다."[88]

4. 대중문화 텍스트

테너는 앞의 모든 고전으로서의 성서 모델들이 "통제할 수 없는 하나님의 신비"를 텍스트의 내재적 속성으로 통제하고 고착시키려는 한에 있어서 해석학적 우상숭배의 위험성을 지닌다고 평가한다.[89] 이러한 통제적 고전 개념을 피하기 위해 그녀는 신학자 아우구스티누스와 문예비평가 아우어바흐(Erich Auerbach)를 따라 성서를 "고등 문화의 고전"이 아닌 "대중문화 텍스트"(popular text)로 이해할 것을 제안한다.[90] 성서는 무시간적 보편성, 시간적 응축성, 혹은 시간적 불확정성 때문이 아니라 대중문화에 성육한 초월성 때문에 의미를 가진다는 것이다. 테너는 대중문화 텍스트로서의 성서관은 다음과 같은 네 가지 특징을 가진다고 주장한다.[91] 첫째, 성서는 전문적인 독서 훈련을 요구하는 작가적 텍스트(writerly text)가 아니라, 삶의 문제를 대중적으로 이야기하는 제작자적 텍스트(producerly text)에

---

88 Tanner, "Scripture as Popular Text," 287.
89 Tanner, "Scripture as Popular Text," 290.
90 Tanner, "Scripture as Popular Text," 279, 290-291.
91 Tanner, "Scripture as Popular Text," 292-293.

가깝다. 둘째, 제작자적 텍스트는 엘리트적 해석의 규칙을 따로 추가적으로 요구하지 않는다. 셋째, 이러한 텍스트의 독서는 단지 문학적 관심을 넘어서 사회적 관심으로 이어진다. 넷째, 이러한 대중적 독서에서 삶과 텍스트의 경계는 무너진다. 나아가 테너는 이러한 대중문화적 성서관은 거기에 상응하는 민주적 신론을 가져오게 된다고 희망한다. "만약 이처럼 성서가 대중문화 텍스트라고 한다면, 거기에서 우리는 민주적 권력의 하나님, 인내하며 설득하는 하나님 그리고 광범위한 영향력의 하나님을 보게 될 것이다."92

5. 민중사건의 해석장

우리는 '텍스트'보다는 '해석장'(解釋場, hermeneutical field)을 성서해석학의 근원적 상징으로 제안하고자 한다. 성서가 고등문화의 고전이라기보다는 대중문화 텍스트에 가깝다는 테너의 보다 발전된 견해는 종교적 엘리트주의를 비판적으로 견제하는 순기능을 가진다. 그럼에도 해석적 우상숭배와 물상화를 극복하기 위해서 테너가 독자의 역할만을 일방적이고 집중적으로 강조하는 것은 분명 한계를 가진다. 한편으로 테너의 견해는 독자를 대중의 차원 곧 단지 대중문화 텍스트의 소비자로 축소함으로써, 우리가 앞에서 민중의 시성(詩性)이라 부는 초월성 곧 대중문화 초월적 지평을 과소평가할 위험성이 있다. 민중은 문화의 평면적 소비자를 넘어서는 초월적 시성의 담지자이다. 다른 한편으로 테너는 전문적이고 학술적인 비평의 불필요성을 지나치게 강조함으로 텍스트의 새로운 창조적 해석을 의도하지

---

92 Tanner, "Scripture as Popular Text," 293. 이러한 테너의 민주적 신론은 문화신학을 화이트헤드에서 기인하는 과정신학에 접목하는 시도라고 평가될 수 있다.

않게 제한하는 한계를 가진다. 그녀의 독자중심 비평은 텍스트의 해석학적 소비 과정에만 집중함으로 텍스트의 생산, 보존, 전달 과정에서 드러나는 민중의 역할을 온전히 주목하기 어렵게 만든다. 이런 이유에서 테너의 대중문화 텍스트 개념이 지닌 상대적 유용성에도 불구하고, 필자는 그것을 발전적으로 극복하기 위해서 성서가 민중사건의 해석장 곧 민중예술작품이라고 제안하고자 한다.

성서는 단순히 텍스트가 아니라 해석장이다. 그것은 물리적 책 혹은 고착된 텍스트의 존재론적 물상화를 극복하기 위한 메타포로서 '장'(field)이라는 가상적 공간 개념에 기대는 사유이다. 예를 들어 전자석(電磁石)의 경우, 전류가 도선 혹은 철사를 흐를 때 그 주위에 자기력이 미치는 공간인 자기장이 형성된다. 전류가 흐르지 않으면 자기장도 사라진다. 마찬가지로 우리가 성서 텍스트를 읽을 때, 자기장처럼 의미의 해석장이 텍스트 주변에 형성되는 것이다. 텍스트 앞의 독자, 텍스트 안의 저자, 텍스트 뒤의 역사, 텍스트 밑의 이데올로기 그리고 텍스트 위의 초월성 모두를 함께 주목할 때 우리는 성서의 민중사건의 파동을 온전히 경험할 수 있다.

첫 번째 해석장의 요소는 독자로서의 민중이다. 텍스트 '앞'의 의미를 강조하는 독자반응이론 혹은 수용이론은 성서 텍스트의 해석학적 소비에 있어 민중 독자의 개성, 경험, 가치를 텍스트에 가져오는 능동성을 강조하는 장점을 가진다.[93] 볼트강 이저(Wolfgang Iser)는 『독서의 행위』에서 의미란 텍스트 자체 안에 존재하는 어떤 물체와

---

[93] 대동소이한 '공시적(synchronic) 독자'를 강조하는 독자반응이론(reader-response theory)이 스탠리 피쉬(Stanley Fish) 등에 의해 주장된 반면, 역사적 시대에 따른 '통시적(diachronic) 독자'의 차이를 강조하는 수용이론(reception theory)이 로베르트 야우스(Hans Rebert Jauss)와 볼프강 이저(Wolfgang Iser) 등에 의해 제안되어졌다. 이러한 차이에 대해서는 Anthony C. Thiselton, *Hermeneutics: An Introduction* (Grand Rapids: William B. Eerdmans, 2009), 316 참조.

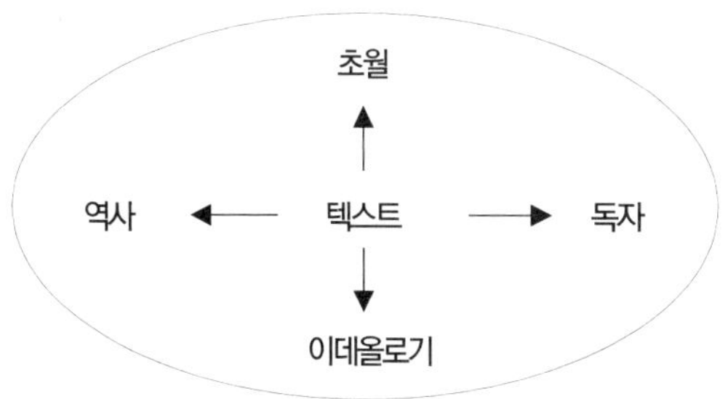

같은 것이 아니라, 독서라는 행동 곧 텍스트와 독자의 상호작용 경험으로 존재한다고 주장한다. "텍스트는 읽어질 때에, 비로소 의미를 가지게 되는 것이다."[94] 민중예술작품으로서의 성서도 마찬가지다. 그것은 이미 존재하는 책이라기보다는, 민중의 창조적 독서를 통해 존재하게 되는 가상적 사건인 것이다. 한국 민중만이 봉산탈춤이나 황석영의 소설 『장길산』 등을 통해 '말뚝이-예수' 혹은 '미륵-예수' 같은 신학적 상상력의 독서를 할 수 있는 것이다. 테너가 강조했듯, 이러한 독자 중심의 접근법은 고전 텍스트의 이콘적 지위에 묶이고 구속된 하나님의 초월성을 비판적으로 해방할 수 있게 한다.

둘째로, 우리는 성서 '안'에 객체화된 민중의 사건 혹은 의도로서의 텍스트 자체를 존중하고 주목해야 한다. 전자석에서 철사의 코일이 없다면 자기장이 형성되기 힘든 것처럼, 성서해석학의 경우에도 민중 텍스트라는 중심이 없다면 민중사건의 해석장이 형성되기 어려울 것이다. 민중 텍스트란 민중의 의도와 민중사건의 이야기가 문서화된 결과로서의 텍스트를 가리킨다. 히브리 민중의 출애굽기나 민중 예수의 십자가로부터의 부활 이야기가 없었다면 인류의 역사는 그 의미가 얼마나 가난해졌겠는가? 모든 성서 텍스트가 민중 텍스트

---

94 Wolfgang Iser, *The Act of Reading: A Theory of Aesthetic Response* (Baltimore: The Johns Hopkins University Press, 1978), 20-21.

라고 할 수는 없겠지만, 성서는 분명 민중의 의도와 사건을 담지한 민중 텍스트를 우리에게 전해주고 있는 것이다. 따라서 슐라이어마허, 딜타이, 베티, 허쉬(E. D. Hirsh)로 이어지는 객관주의 해석학이 지닌 모든 제한성에도 불구하고, 그것이 강조하는 텍스트 안의 저자의 의도라는 해석학적 이상은 발전적으로 보존되어야 한다. 해석장의 과정에서 텍스트 앞의 독자가 발견하는 "중요성"(significance, *Bedeutung*)과는 별개로, 텍스트 안에 객체화된 저자의 의도 혹은 "의미"(meaning, *Sinn*)도 분명 존재하는 것이다.[95]

셋째 해석장의 요소는 텍스트 '뒤'의 역사 혹은 배경이론이다. 민중의 의도와 사건은 민중 텍스트라는 최종 형태로 긍정적인 결정화를 이루기도 하지만, 더 많은 경우 침묵당하고 잊혀진 민중의 역사로 부정된다. 성서의 텍스트화와 정경화의 과정에서 문지기 역할을 하는 편집자 개인 혹은 집단이 종종 그 사회의 종교적 엘리트인 경우가 빈번하다. 이런 이유에서 엘리자베스 피오랜자(Elisabeth S. Fiorenza) 같은 여성신학자들은 의심의 해석학을 통해 침묵의 현실로서의 성서 텍스트를 관통하고자 하며, 그레코-로만 세계의 가부장제적 상식의 영향력 아래서 완결된 텍스트 뒤의 후경에 감추어진 "팔레스타인 예수 운동"의 해방 전통을 재발견하고자 시도한다.[96] 특히 그녀는 역사비평방법론에 의존하여 마태나 누가 같은 완성된 복음서들이 아니라 그것의 기초 자료가 된 "Q"(Quelle) 문서의 재구성을 통해 예수 운동의 역사적 실재로 나아가고자 한다. 마찬가지로 민중신학은 학자적 비평작업으로서 역사비평방법론을 적극적으로 수용하여 텍스트 뒤

---

95 E. D. Hirsch, *Validity in Interpretation* (New Haven: Yale University Press, 1967), 143

96 Elisabeth S. Fiorenza, *In Memory of Her: A Feminist Theological Reconstruction of Christian Origins* (London, 1983), 132.

민중사건의 역사를 재구성하고 민중신학적 해석의 타당성을 제고하는 과제를 지닌다. 민중성서해석학은 성서라는 고전 텍스트 자체가 계시의 원형으로서 가장 규범적인 권위를 가진다고 보지는 않는다. 대신 그것은 민중이 경험한 초월성 자체, 곧 해방을 위한 민중의 역사라는 준거점을 통해 성서를 사건으로 재해석하고자 하는 것이다.

넷째 요소는 텍스트 '밑'에 숨겨진 이데올로기다. 성서 안에는 민중 텍스트가 있는 것처럼 엘리트적 텍스트도 존재한다. 혹은 일견 중립적인 텍스트가 그 규범적 해석에 의해서 전자 혹은 후자로 사용되는 경우도 있다. 민중보다는 지배층의 목소리, 여성보다는 남성의 목소리, 외국인보다는 유대인의 목소리를 성서가 더 드러내고 강화하는 역할을 할 때도 있는 것이다. 바로 이런 이유에서 민중신학은 "존재하는 모든 것은 언어의 거울을 통해 자신을 성찰한다"라는 가다머의 보편적 해석학 입장이나, 폴 틸리히식의 문화의 질문과 성서의 대답 사이의 상관관계 방법론을 무비판적으로 수용할 수는 없다.[97] 언어는 하이데거나 가다머의 주장처럼 존재 자체의 어떤 깊은 철학적 부름일 뿐 아니라, 동시에 구체적인 사회관계들의 표현적 징후 곧 사회적 권력들의 억압과 통제의 수단일 수도 있다. 이처럼 언어와 이성의 잠재적 단절은 하버마스(Jürgen Habermas)의 언어의 이데올로기성에 대한 깊은 의심에서 기인하는 것이다. 의식적으로 혹은 무의식적으로 왜곡되어진 인간의 의사소통은 단순히 해석학적 경험의 보편성을 넘어서는 언어(language), 노동(work), 권력(power)의 "이데올로기 비판"을 요청한다.[98] 예를 들어 서남동은 '선한 사마리아인의 비

---

97 Habermas, "On Hermeneutics' Claim to Universality," in Kurt Mueller-Vollmer ed., *The Hermeneutics Reader* (New York: Continnum, 1994), 299에 재인용.

98 Habermas, "A Review of Gadamer's Truth and Method," in Ormiston and

유'(눅 10:30-37)를 밑으로부터 뒤집어 일방적 선행의 시혜자 사마리아인과 예수를 동일시하던 기존 해석을 전복하고, 오히려 현실 사회에서 강도당한 희생자가 민중신학의 메시아임을 보여준다.[99] 이데올로기 비판이 없는 민중신학은 이빨 없는 신학이 될 것이다.

마지막 해석장의 요소는 텍스트화와 언어화가 불가능한 해석학적 잉여로서의 침노하는 초월성이다. 민중사건은 초월의 지평에서 언어의 지평 속으로 "침노하는" 자의 것이다(마 11:12). 철학자 플라톤은 형이상학과 언어를 "삶의 바다를 타고 건너는 뗏목"이라고 했다(Phaedo, 85d). 언어의 뗏목 없이 삶을 건너갈 수도 없지만, 언어가 삶 자체도 아닌 것이다. 그렇기에 아우구스티누스와 마이스터 에크하르트 같은 이들은 성서의 말씀과 동시에 텍스트를 초월하는 근원적 침묵에 귀 기울였다. "만약 우리가 이해했다면, 그것은 하나님이 아니다."[100] 침묵은 신비가 건네는 말씀인 반면, 말씀은 언어로 성육한 침묵이다. 대체로 지금까지 서양신학이 존재의 유비와 긍정신학의 말씀(kataphatic word)을 주목했다면, 한국신학과 민중신학은 부정신학의 침묵(apophatic silence)을 통해 가난의 초월성과 민중의 시성을 또한 지켜나가야 할 과제를 가진다.[101] 악기의 줄은 그것을 둘러싼 침묵의 공간에서 연주될 때 소리를 내는 것처럼, 한국신학으로서의 민중신학은 성서의 말씀을 둘러싼 초월의 지평을 사건화하고 성육화해 내어야 한다. 예를 들어 존재보다 허공(빈탕)의 신성 곧

Schrift (ed.), *The Hermeneutical Tradition: From Ast to Ricoeur* (New York: SUNY, 1990), 239-40.

99 서남동, 『민중신학의 탐구』, 78.

100 *"Si comprehendis, non est Deus."* Augustine, *Sermo* 52, 16 (PL 38, 360).

101 Hohyun Sohn, "Hans Urs von Balthasar and the East: Identity or Dialogue," *Heythrop Journal* LIX (2018), 573-585.

‘없이 계신 하나님’을 강조한 다석 유영모의 사상은 한국종교전통 속에서의 민중신학의 상황화라는 과제를 위해 주목되기 시작하였다.[102] 초월의 침노가 없는 텍스트는 이미 죽은 텍스트이다. 침노하는 민중은 아직 끝나지 않은 초월성의 사건이기 때문이다.

결론적으로, 성서는 민중사건의 해석장으로 존재케 된다.[103] 칼 바르트의 앞의 진술은 그렇기에 다음과 같이 수정되어야 한다: ‘이상하고도 새로운 성서의 세계는 어떤 다른 곳에 존재하는 것이 아니라 바로 성서의 텍스트 앞에, 안에, 뒤에, 밑에 그리고 위에 발생하는 초월적 가난의 사건을 가리킨다.’ 단순히 고전이나 대중문화 텍스트의 지위를 넘어서, 성서는 독자비평, 문학비평, 역사비평, 이데올로기비평 그리고 신비주의가 함께 가상적으로 만들어내는 민중예술작품 곧 민중사건의 해석장이다. 종교개혁자 루터는 예술 특히 음악이 단지 “인간의 선물”이 아니라 “하나님의 선물”(*Dei donum*)이라는 것

---

102 예를 들어 김희헌, “유영모와 민중신학: 한국적 범재신론과 실천적 수행종교,”「신학연구」67 (2015년 12월), 145-173.

103 성서 텍스트 앞의 독자, 안의 저자, 뒤의 역사, 밑의 이데올로기, 위의 초월성이 함께 만들어내는 해석장은 어떤 해석학적 방법론 혹은 절차를 허용하는가? 필자는 궁극적으로 볼 때 그러한 해석장의 절차적 방법론은 유용할 수 있지만 민중사건으로서의 해석장이 지닌 존재론적 함의를 전부 드러내는 데는 한계를 가질 것이라 추측한다. 예를 들어 ‘독자비평→문학비평→역사비평’, ‘독자비평→문학비평→이데올로기비평’ 등과 같은 여러 순서적 해석이 제안될 수 있지만, 그러한 방법론적 절차가 민중사건의 초월성을 온전히 표현하지는 못할 것이다. 오히려 해석장으로서의 성서관은 중세 신비주의와 연금술이 제시한 원으로서의 신론과 유비성을 가진다고 생각한다: “하나님은 모든 곳에 중심점으로 가지지만, 아무 곳에도 원주(圓周)로 가지 않는 원(circulus)이다.” Carl Gustav Jung, *The Collected Works of C. G. Jung, vol. 11: Psychology and Religion: West and East,* trans. R. F. C. Hull (New York: Pantheon Books, 1958), 155 note 6. 하나님은 어떤 지점, 어떤 존재, 어떤 민족도 원주나 주변부가 아니라 항상 자신의 존재론적 중심점으로 가지는 것처럼, 성서의 의미도 다섯 가지 해석장의 요소들 중 어느 하나로 환원될 수 없을 뿐 아니라 각각의 요소가 어떤 신비한 방식으로 민중 하나님의 초월성을 온전히 중심적으로 드러내기 때문이다.

을 강조하며 이렇게 말한 적이 있다: "난 신학 바로 다음에, 음악을 위치시킨다."[104] 그러나 음악은 단지 기록된 악보로서 존재하는가, 혹은 연주의 사건으로 존재하게 되는가? 민중예술작품으로서 성서도 동일한 사건적 존재방식을 가진다. 성서는 민중사건이 발생시키는 파동의 해석장이다. "바람이 임의로 불매 네가 그 소리를 들어도 어디서 오며 어디로 가는지 알지 못하나니"(요 3:8), 성서의 의미도 침노하는 민중 데우스의 바람처럼 우리의 해석학적 통제 너머에 있다. 이처럼 민중신학의 성숙과 미래는 민중신론, 민중예술신학, 민중 성서해석학 등으로 다채롭게 꽃피어져야 할 것이다.

---

104 Mark C. Mattes, *Martin Luther's Theology of Beauty: A Reappraisal* (Grand Rapids: Baker Academic, 2017), 123. Cf. Miikka E. Anttila, *Luther's Theology of Music: Spiritual Beauty and Pleasure* (Berlin: De Gruyter, 2013), 120.

손호현, "가난의 초월성과 민중신학의 미래:
민중 데우스, 예술 그리고 성서"

이영재

(전주화평교회 목사)

죽재 서남동의 민중신학을 추념하는 자리에서 손호현 교수가 제시한 민중신학의 미래는 오랫동안 민중신학의 새로운 지평을 목마르게 갈구해온 한국의 그리스도인들에게 바위를 가르고 솟아오르는 광야의 샘물과 같이 싱그럽다. 예술을 상실한 메마른 교조적인 한국교회를 향해 민중예술과 신학이 만나는 새로운 지평을 손호현은 열어준다. 그는 민중의 초월성을 하나님과의 관계에서 논하는 바탕 위에서 민중과 예술의 관계를 더 깊이 천착함으로써 민중신학에 한층 더 깊은 차원을 제공한다. 그는 마이스터 에크하르트와 대화하면서 가난의 초월성을 통해 오늘의 민중을 신비사상 속에서 새롭게 만난다. 이 만남에서 그는 민중을 *Minjung Deus*라는 새로운 기호로 창출한다. 민중은 가난의 초월성을 통해 하나님으로 인식된다.

손호현에게 민중은 더 이상 사회경제적 집단이 아니다. 여성이나 장애인이나 성소수자나 난민이나 이주민, 소종파의 종교인, 더 나아가 지식인까지도 민중의 범주에 들 수 있다. 개념의 경계가 이처럼 폭넓게 되면 민중은 더 이상 사회경제적 범주가 아니다. 죽재와 심원에 잇대어 손호현은 단언한다. 민중은 사건으로 현존한다고.

성경이 증언하는 하나님도 역사 속에서 구원사의 사건으로 현존한다. 노예들을 해방시키셔서 하나님나라의 백성으로 삼으셨다. 이스라엘 백성이 광야와 가나안 땅에서 일으키는 사건 속에 하나님은 현존하셨음을 성경은 증언한다. 히브리어 <더바림>을 '말씀'이라고 번역하지만 그 내용은 '사건'을 뜻한다. 그리스어 <로고스>도 마찬가지이다. '말씀'이 육화되어 예수 그리스도에게서 '민중 사건'이 되었다. 십계명은 열 가지 <더바림>인데 하나님의 말씀이 이스라엘 백성 속에서 사건을 일으키며 사건으로 현존하였으며 지금도 우리의 현장에서 사건으로 현존한다. 이스라엘 백성이 곧 민중이다. 하나님은 계약을 맺은 백성이 역사 변혁의 주체로 살아가는 광야와 가나안 땅의 현장에 현존하여 민중의 사건 속에서 민중으로 현현한다. 이와 같이 민중은 곧 하나님이며 하나님은 또한 민중이라는 손호현의 명제를 구약성경은 충실하게 지지하고 있다.

민중신학은 민중을 하나님과의 관계 속에서 파악한다. 가난의 초월성을 통해 민중은 무욕의 존재로 초월한다. 민중은 또한 '탈-앎'의 무지와 무소유의 무존재로 나아가는 가난의 초월성을 산다. 성서는 하나님을 크게 두 가지로 가르친다. 창조주 하나님과 구원주 하나님이다. 창조주 하나님은 어떠한 피조물의 모양으로도 형상화할 수 없다. 창조주 하나님은 어떠한 제국의 종교들이 형상화한 깃발이나 제복이나 종교의 획일성 속에 담길 수 없다. 애굽제국의 지배로부터 노예들을 탈출시킨 야훼는 어떠한 우상의 제작도 거부한다(출 20:1-4). 손호현이 만난 '민중 하나님'의 초월성은 성서가 증언하는 탈제국-탈우상의 신론을 잘 증언한다.

손호현이 제시하는 민중의 정체성은 폭력을 당하여 좌절하였으나 이내 생명으로 회복하는 민중의 시성에 있다. 민중은 시성을 통해 예술과 만나게 된다. 가난의 초월성을 매개로 모든 억압을 통한 좌절을 딛고 일어서는 민중은 새로운 미래를 열어가는 민중예술론을 구축한다. 여기에 민중신학과 문화신학의 접점이 있고 역사와 예술이 만나는 성육신의 장이 열린다. 민중은 예수 사건을 통해서 역사 속에서 슬픔의 예술을 표출한다. 이 지점에서 문자를 사용한 문예로서 역사 속에 등장한 성서는 민중사건의 해석장으로 민중에게 생명을 부여한다.

수메르 문명권에서 문자는 언제나 엘리트의 전유물로써 지배이데올로기에 종사해왔다. 하지만 바벨론의 디아스포라 노예공동체는 문자를 사용하여 모든 억압을 뚫고 일어서는 민중 사건의 함성을 증언하였다. 지배이데올로기에 대하여 저항하는 대안의 문학운동이 역사상 처음으로 촉발된 것이다. 이것이 성경이 지닌 문명사의 의의이다. 성서라는 문예를 매개로 미술과 음악, 춤과 시로 민중은 자신의 시성은 표현한다. 홍해를 건넌 후에 미리암과 여인들은 소고를 들고 춤을 추면서 해방의 사건을 축하하였다(출15:20-21). 하나님 자신이 이스라엘 백성 속에서 시가 되고 이야기가 되어서 말씀 사건으로 어두운 역사를 밝히시기 시작한 것이다. 구약성경이 이처럼 손호현의 민중예술론을 아낌없이 지지한다.

손호현은 성서를 민중사건의 해석장으로 읽는다. 한국교회를 지배하는 근본주의의 성서관은 논외로 밀쳐놓고 그는 칼빈류의 성서영감무오설이나 벨하우젠류의 문서비평, 양식비평, 전승사비편, 편집비평 등속의 역사비평학, 그리고 현대의 독자비평이나 수사비평과 같은 공시적 성서해석에 대해서 일일이 의심의 눈초리를 보낸다. 성서를 대중문화의 텍스트로 읽어서 민주적 신론을 세우자는 테너의 제안도 소개한다. 하지만 그는 성서를 텍스트로 읽어온 종래의 모든 성서해석학을 참조하면서도 이보다 더 나아가서 성경을 민중사건의 해석장으로 읽자는 민중성서해석학을 대담하게 제안한다.

독자가 텍스트를 읽을 때 그는 역사 속으로 들어간다. 거기에서 독자는 민중사건에 직면하게 되며 성서 속에서 민중 하나님(*Minjung Deus*)을 만난다. 모든 지배자들의 문학 속에서는 제국의 지배이데올로기의 폭력과 그들의 영웅담과 엘리트 인간론을 만난다. 그러나 민중 하나님은 그 독자의 실존 속에서 민중 사건으로 초월한다. 이로써 민중 하나님을 만난 독자는 당대를 지배하는 모든 지배이데올로기를 딛고 일어서는 역사의 주체로서의 민중이 된다. 민중 데우스는 시간의 억압을 초월하여 새 하늘과 새 땅으로 나아간다. 여기에 민중의 참된 해방이 사건으로 벌어진다.

민중신학은 콘스탄티누스 기독교의 폭력성을 딛고 오랫동안 기독교를 성경으로부터 분리시켜온 서구신학을 비판하고 극복하려는 한국인 신학의 첫 시도이다. 서남동뿐만 아니라 안병무도 입버릇처럼 서구신학을 극복해야 한다고 제자들에게 강조하였다. 민중사건이 살아 꿈틀거리는 말씀으로서의 성경을 왜곡하였던 로마 가톨릭 교회의 전통으로부터 교회를 해방시키려는 시도가 개혁교회였다. 개혁교회의 정신 위에서 민중신학은 자신의 보편성을 확보한다. 그러나 서구의 개혁교회조차도 국가의 폭력에 동조하고 편승함으로써 개혁을 온전히 이루어내지 못하였다.

손호현이 표현한 것처럼, 긍정신학의 말씀(kataphatic word)에 주목한 서구신학과 달리 "한국의 민중신학은 부정신학의 침묵(apophatic silence)을 통해 가난의 초월성과 민중의 시성"을 살아내려고 노력한다. 민중신학의 도전은 서구신학의 안내자로 오랫동안 활약해 온 플라톤과 아리스토텔레스를 걷어내는 일부터 착수해야 한다. 서남동과 안병무가 늘 말했듯이 서구신학의 주객도식을 극복해야 하는데 헬라철학을 성경에 비추어 변별해내는 일은 민중신학의 또 다른 과제가 될 것이다. 이런 점에서 손호현이 시도하는 온전히 민중사건의 해석자으로서의 성서 자체로 돌아가자는 외침은 반향이 크다. 그러나 손호현의 약점은 서구신학을 극복하려는 민중신학의 노력을 서구신학 안에서 시도하고 있다는 점에 있다. 내가 보기에, 아우구스티누스는 신플라톤주의의 색안경을 끼고 성서를 읽었으며, 아퀴나스는 아리스토텔레스의 색안경을 끼고 성서를 읽었다. 마이스터 에크하르트의 신학에도 신플라톤주의의 그림자가 짙게 드리워져 있다는 점을 손호현도 인지하고 있다. 헬레니즘은 도시국가의 정치학이며 노예에게서 인권을 박탈하였다는 점을 손호현은 더욱 진지하게 성찰하고 검토했어야 했다.

손호현의 제안을 따라서 성경을 읽어 보자. 민중사건을 만나는 해석자로서의 민중은 고대제국들의 노예제 체제하에서 폭력의 희생물이 되어 고난을 당해온 민중 데우스를 만난다. 모세가 떨기나무 속에 현현한 야훼는 바로 '민중 데우스'였다(출3:1-4). 시내산에서 언약의 백성을 불러서 회막 가운데 정주함으로써 민중 데우스는 민중 이스라엘과 함께 공동체를 이루었다. 민중 데우스는 민중과 함께 쓰러졌다가 다시 민중과 함께 일어선다. 광야 40년의 유랑생활은 민중 데우스의 좌절과 다시 일어섬을 증언한다. 구약성서의 민중 데우스는 신약성서에서 예수의 십자가 죽음과 빈 무덤의 부활이라는 민중의 시성(詩性)으로 다시금 표현된다.

엘리트를 숭배하고 약자를 경멸하며, 승자를 찬양하고 패자를 짓밟는 모든 지중해 문명권의 노예제 사회의 지배이데올로기를 성경의 민중 데우스는 철저히 부정한다. 노예체제를 정당화하는 수메르 문명권과 이집트 문명권과 그리스-로마 문명권의 폭력성은 국가를 건국하고 엘리트들이 지배체제를 강고하게 구축하였지만, 성경의 말씀 사건 앞에서는 모두 허물어지고 만다. 성경은 민중사건의 해석장이며 창조주이시며 해방자이신 '민중 데우스'를 이야기로 전달하며 선포하고 있다. 오늘도 진정한 권력(카이네 엑수시아)으로서의 민중사건은 우리네 역사 속에서 계속 일어나고 있음을 우리는 분명하게 목격하고 있다.

손호현의 민중신학은 민중신학의 미래를 열기 위해서 참으로 소중한 가치를 지니고 있다는 매우 도전적인 새로운 시도이다. 이를 높이 평가하고 박수를 보내면서 나도 그와 함께 구약성경을 가지고 민중신학의 행진을 힘차게 이어갈 것을 다짐한다. 손호현에게 큰 박수를 보낸다.

민중신학과 민중교회

7 장
민중신학과 민중교회의 전망

한기양

(울산새생명교회 목사)

I. 로뎀나무 아래에서 가물가물…

민중교회운동이 시작된 지 30년이 넘었다. 그동안 민중교회운동
은 고난당하는 민중들과 함께 시대의 격랑을 헤쳐 나오며 한국교회
와 기독교사회운동에 적지 않은 역할을 했지만, 지금은 '그 존재 자체
가 가물가물 있는 듯 없는 듯하다' 싶을 정도로 지쳐 있다. 신학의
빈곤과 변화되는 현실에 대응하는 선교전략의 부재로 심각한 자기정
체성과 생존의 위기에 직면해 있다고 볼 수 있다. 물론 개별적으로,
혹은 부분적으로 새로운 선교지평을 훌륭하게 열어내기도 했고, 각
지역마다 헌신적인 역할을 수행함으로써 지역운동과 사회운동에 크
게 공헌한 것은 분명한 사실이다.

하지만 민중교회운동이란 관점에서 그리고 민중신학과 민중교회

론의 관점에서 바라보면 비판적으로 성찰하지 않을 수 없다. 각 영역
별, 각 지역별로 분산 고립된 가운데 스스로 심겨져서 각자도생(各自
圖生)할 수밖에 없는 처지에서 그나마 '살아남았'을 뿐만 아니라 각
부문별로 지대한 역할을 해낸 면도 있지만, 여전히 역력한 피로감과
불임(?)에 가까운 재생산구조와 식어가는 열정에 더하여 열악한 재
정상황 등 여전히 해결되지 않는 생존의 문제에 시달리고 있음을 자
인하지 않을 수 없다는 사실이다. 마치 갈멜산에서 승리한 엘리야가
이세벨에게 쫓겨서 로뎀나무 아래에서(왕상19:1~4) 지쳐 늘어져 있
는 것처럼, 지금 민중교회운동의 처지가 그러하다 하겠다.

따라서 이 글에서는 먼저 서남동과 안병무의 민중신학에서 말하
는 교회론을 다시 짚어보면서 그동안 민중교회운동의 신학적 빈곤과
문제점을 비판적으로 살펴봄으로써, 민중신학과 민중교회론을 재정
립하는 데 도움이 되었으면 하는 심정으로 서술하고자 한다.

II. '지금 여기' 현장의 교회

서남동은 성령의 교회, 즉 민중의 교회란 민중의 현실과 연대하고
있는 '현장의 교회'로서 자연히 민중의 민담과 이야기의 교회가 되어
야 한다고 역설한다. "가톨릭교회가 성전의 종교이고, 프로테스탄트
교회가 성서의 종교라면, 민중의 교회는 민담과 이야기의 교회이다.
종교개혁이 성전과 교회조직의 껍질을 벗겨내고 성서를 찾아냈다면,
민중의 교회는 성서와 신학의 껍질을 벗겨내고 예수와 민중의 이야
기를 찾아내야 한다."[1]

---

1 서남동, 『민중신학의 탐구』(한길사, 1983), 299; 김주한, "성령의 교회-민중의 교회"

성령론적·공시적 해석2은 언제나 '지금 여기'이기 때문에 그 해석의 매체는 그 시대의 언어, 곧 오늘의 언어로 표현되어야 한다. 성령의 교회, 민중의 교회 관점에서 오늘날 교회 현실을 들여다보면 교회의 모순은 적나라하게 드러난다. "교회는 어떠한가? 사회의 구조적 모순을 볼 줄 모르는 교회 지도자들, 정치 경제의 제도적 모순과 상관없는 관념론적 신학, 기업과 경영능력으로 변질된 교회성장, 수구적폐의 보루가 되어버린 교회, 모든 사회적 불의를 알면서도 교회조직의 존속을 위해 말 못하는 교권, 이러한 것들이 우리의 실정인 것 같다." 따라서 민중의 교회는 민중의 한(恨)을 풀어주고 위로하는 교회, 그리하여 한(恨)으로 인한 폭력적 순환의 고리를 끊어야 하는 교회이다. 서남동은 민중의 교회가 한(恨)을 풀어주는 '한(恨)의 사제'가 될 것을 주문하고 있다. 그가 제시하는 민중의 교회는 세상의 한복판에서 민중의 삶과 연대하는 현장성을 회복해야 하며, 예수의 십자가와 부활을 오늘의 사회적 현실 한가운데 현재화·구체화·사건화하는 증언공동체여야 한다고 강조한다.3

그가 꿈꾸었던 민중의 교회 형태를 한국교회 초기 역사에서 발견할 수 있다. 구한말 서양으로부터 전래된 한국교회는 민족의 역사현실과 호흡을 함께하며 민족의 개화와 반봉건운동, 민족운동에 앞장섰던 자랑스러운 역사를 지니고 있다. 초기 한국교회의 선교는 사회

(『교회로 간 민중신학』, 만우와장공, 2006), 129에서 재인용.

2 '성령론적·공시적 해석'은 전통과 현재의 '합류'를 신학적으로 해석하기 위한 해석학이다. 즉 현재 눈앞에서 전개되고 있는 사건의 현장 속에 성령이 개입하고 있음을 깨닫고 거기에 동참하여, 그것을 신학적으로 해석해내는 일이야말로 민중신학이 수행해야 할 사명이라는 것이다. '지금 여기에서'의 사건에 동참하는 것이 과거 민중전통의 계승을 의미하고, 그것을 신학적으로 해석하는 데 필요한 해석학적 방법론이며, 이 해석이 바로 교회의 정체성을 회복하는 방법론적 장치이다(위의 책, 119).

3 위의 책, 130.

변혁운동과 결코 유리되지 않았다. 그 단면을 아래 이야기에서 초기 한국교회의 반봉건 개혁운동을 알 수 있다.

이번에 새로 난 북도 군수 중에 어떤 유세력한 양반 한 분이 말하되, 예수교 있는 고을에 갈 수 없으니, 영남 고을로 옮겨 달란다니 어찌하여 예수교 있는 고을에 갈 수 없나뇨. 우리 교는 하나님을 공경하고 사람을 사랑하는 도다. 교를 참 믿는 사람은 어찌 추호나 그른 일을 행하며 관장의 영을 거역하리요. 그러나 관장이 만약 무단히 백성의 재물을 뺏을 지경이면 그것은 용이히 빼앗기지 아닐 터이니, 그 양반의 갈 수 없다는 말이 이 까닭인 듯.[4]

지방 관리들은 예수교인들이 많은 고을에서 함부로 부정부패를 저지를 수 없었기 때문에 그런 고을에 임명되는 것을 꺼려했다는 이야기이다. 뿐만 아니라 재판을 하던 법정에 교회의 집사의 증언을 중요한 정황증거로 채택한 경우도 있을 정도였다. 이처럼 초기 한국교회사에서 민족의 역사와 운명을 함께했던 여러 사례들을 찾아볼 수 있다.[5] 서남동의 민중교회론은 한국교회 초창기 형성시기의 '처음처럼' 믿음의 초심으로 돌아간다면 충분히 수용되고 납득될 수 있는 근거를 확보하고 있다. 그는 교회를 이해할 때 교회가 실재(實在)하는 현장을 주요하게 생각한다. 교회만이 아니라 그 사회와 그곳에 사는 사람 전체의 문제에 예수 사건을 증언해야 한다는 것이다. 그는 지금도 여전히 교회 밖에서 서성이는 자들을 통해 역사하시는 하나

---

4 «대한크리스도인 회보»(1899.3.1.). 이만열, 『한국기독교와 역사의식』(서울: 지식산 업사, 1992), 105; 위의 책, 136에서 재인용.
5 위의 책, 137.

님의 은총과 계시를 인정하며, 성령의 숨겨진 사역을 향해 열어놓고
있다. '지금 여기서'의 역사적 사건으로 체험하는 인간해방운동에 초
점을 겨냥하는 '그리스도의 몸'으로서의 교회를 말한다. 반봉건 사회
변혁, 민족운동에 앞장섰던 초기 한국교회를 주목했던 바와 같이, 서
남동은 말년에 달동네 빈민지역을 직접 찾아다니며 「빈곤의 사회학,
빈민의 신학」을 주제로 연구하면서 당시 막 시작하던 '민중교회운동'
에 큰 관심을 가지고 기대감을 나타내었다. 그러면서 "특별한 교회라
는 생각보다는 평범한 개척교회로 출발하는 것이 좋지 않겠느냐"라
고 조언한 바 있다.[6] 이는 민중교회가 운동이론에 표류하지 말고 민
중들 삶의 이야기 속으로 들어가 평범함에 깃들어 있는 '예수와 민중
의 이야기'를 증언해야 한다는 교회의 본질을 붙잡으라는 것이 아닐
까 싶다.

III. 십자가를 지는 종말론적 공동체

안병무는 교회의 출발점인 오순절 사건을 "갈릴리 민중이 예루살
렘 한복판에서 주도권을 장악하게 되는 일대 변혁의 사건"으로 본다.
그는 예루살렘 교회(공동체)와 갈릴리 민중의 교회(공동체)라는 두
공동체 중에서 갈릴리 민중공동체의 역할을 교회의 출발점으로 본
다.[7] 안병무는 부활사건의 증언 가운데 누가복음에서 예수께서 "너
희가 예루살렘을 떠나지 말고 머물러 있으라"고 당부하신 말씀과, 마

---

6 한기양. 서남동 《민중신학》 강의록([선교교육원]. 1984년 1학기).

7 안병무, "민중운동과 민중신학,"『1980년대 한국민중신학의 전개』, 34; 김경호, "갈릴리
  예수의 얼굴을 그리는 교회,"(『교회로 간 민중신학』, 만우와장공, 2006) 71에서 재인용.

가복음에서 "부활하신 예수께서 갈릴리로 먼저 가실 것이니 거기서 그를 보자"라는 부분에 주목한다. 그리고 이 두 부분이 서로 상충되는 것에 착안하여 예루살렘 교회와 이에 맞서는 갈릴리 민중의 공동체를 그의 신학의 주요한 주제로 삼는다. 예루살렘 교회는 유대교 전통에 충실하고 율법을 중시하며 할례를 필요로 한다. 안병무는 그들이 스스로를 유대교의 계승자라 여기고 유대교의 조직, 직제, 체계 등을 따르고자 했다고 말한다. 예루살렘 교회는 점차 교권화 되고, 성례전화 되고, 교리화 되어갔다. 안병무는 그 같은 예루살렘 교회에 대한 민중의 저항으로서 마가공동체가 갈릴리를 중심으로 형성되었다고 본다. 그는 마가공동체가 예수를 다시 민중의 현장, 역사의 현장으로 끌어내는 작업을 했다는 데 주목한다. 그는 마가공동체가 제자들과는 거리를 유지했지만, 갈릴리 민중과 여인들과는 함께한 민중의 공동체이고, 예루살렘 교회에 대항하는 역사 현장의 공동체였다는 것을 논한다.[8]

그는 교회를 민중과 예수가 만나는 장의 기점으로 생각해야 한다고 말한다. 그에게 교회는 예수와 민중이 직접 마주하는 현장이다.[9] 그는 교회를 민중의 현장, 역사의 현장에서 기동성 있게 움직이는 공동체로 보았다. 또한 교회의 규모면에서도 큰 교회는 기동성 있게 움직이지 못하기에 작은 교회를 선호했다.

그가 말하는 교회는 예수의 현장인 민중이 그 공동체의 주인이 되어야 한다. 동시에 교회는 하나님 나라 백성의 평등공동체이기 때문에 그 안에서 계층성이 극복된 형태로 나타나야 한다. 교회는 그리스도를 머리로 하여 그리스도의 현존 앞에 모인 공동체이다. 따라서

---

8 위의 책, 72.
9 안병무, 『민중신학 이야기』(천안: 한국신학연구소, 1988), 167; 위의 책 73에서 재인용.

교회 안에 모인 공동체 일원 모두가 동일한 존재로서 주인과 종, 유대인과 비유대인, 남과 여의 구별이 없어지고 모든 차별이 없어져야 하는 것이다.[10]

그는 1893년에 나왔던 선교사협의회 선교정책 10개조를 토대로 한국그리스도교가 민중을 위한 민중공동체가 되어야 한다고 말한다. 이 선교정책은 상류계급보다는 먼저 노동자 계급에게, 남자들보다는 먼저 부녀자에게로 그리고 도시보다는 지방에서부터 전도할 것을 골자로 한다. 그는 이것이 선교 가능성의 측면에서 본 계층의 구분으로 선교전략상 잘 짜여진 것이라고 본다. 이러한 선교정책으로 평생 사람대접 못 받고 가난과 박해에 신음하던 민중이 교회로 몰려들게 되었고, 한국에 그리스도교가 전래된 지 불과 20년이 지난 1905년에 그리스도인이 25만 명이나 되었다고 그는 지적한다.[11]

안병무에게 바람직한 교회관이란 개인이 이룰 수 없는 것을 교회가 이루어가는 것이다. 개인이 좋은 뜻을 가져도 그가 가진 조건이 허락하지 않고 개인의 상황이나 의지, 능력으로 접을 수밖에 없는 일들을 교회가 할 수 있다는 것이다. 교회는 집단의 인격을 갖는 공동체이기 때문에 개인으로서는 엄두도 내기 어려운 역사의 몫을 집단의 인격, 집단의 의지, 집단의 실행을 통해서 다할 수 있다. 바로 의로운 마음을 가진 개인들이 자기 삶에서 이루지 못한 부채의식을 동기로 삼아 새로운 교회의 선교로 엮어낼 수 있다고 보는 것이다.

그는 예수공동체의 고백이 십자가라는 한 단어로 집약된 것이라고 말한다. 십자가 고백은 불의한 세력과의 싸움에서 고난을 당하거

---

10 위의 책, 74.

11 안병무, '한국 그리스도교와 종교개혁'(향린교회 강연. 1977), 『기독교의 개혁을 위한 신학』, 412; 위의 책, 75에서 재인용.

나 죽으면서도, 마침내는 그 불의한 자들을 심판하여 이 땅 위에서 악을 제거해버리고 하나님 나라를 실현하고야 만다는 신앙고백이다. 그러나 불행하게도 기독교는 십자가의 고난을 회피하기 위해 십자가 상징을 하나의 주술로 사용하게 되었다. 손가락 하나 까닥하지 않고 아무 노력도 없이 앉아서 생각하고 고백하는 것에 따라 존재와 세상과 하늘이 움직이게 된다고 생각하는 것이 바로 주술이다. 십자가를 주술적으로 여길 때 예수의 십자가와 고난, 그의 삶의 역사성은 송두리째 날아간다.

> 부활은 패배 자체가 승리한다는 사실을 입증한다. 안병무는 '정의가 반드시 이긴다'라는 소리를 거짓말이라고 했다. 현실에서는 사실이 아니기 때문이다. 정의가 반드시 이긴다고 생각하는 사람은 현실의 불의한 곤봉을 몇 차례 얻어맞으면 체념하게 마련이다. 부활이란 '정의는 진다. 그러나 하나님은 이긴다'의 신앙이다.[12]

> 부활사건은 여기서 저쪽으로 가는 것이 아니라, 저쪽에서 이쪽으로 들어오는 것이다. 현재가 미래를 오게 하는 것이 아니라, 이 현재를 삼켜버리는 그런 미래를 말한다. … 부활신앙은 비관주의를 낙관주의로 바꾼 것이 아니다. 부활신앙은 지금의 어떤 것을 믿는 것이 아니라 미래를 믿는다. 이 말은 결국 지금, 또 나를 믿는 것이 아니라 하나님을 믿는다는 말이다.[13]

---

12 안병무, "부활절의 십자가,"(「현존」, 1971)『불티』(천안: 한국신학연구소, 1998), 36; 위의 책, 82에서 재인용.
13 안병무, "부활신앙과 혁명,"(「현존」, 1970)『기독교의 개혁을 위한 신학』, 508; 위의 책, 83에서 재인용.

철저한 죽음, 그것만이 부활을 가능케 한다. 어떻게 새로운 역사가 우리 앞에 펼쳐지는가? 십자가 없이는 새로움이 없다. 우리의 모든 희망이 막을 내리는 철저한 절망과 죽음의 십자가 없이 새 것은 없다. 십자가와 부활은 하나인데 십자가는 우리 편에서 보는 관점이고 부활은 하나님 편에서 보는 것이다. 부활은 하나님의 영역이고 그것은 믿음 안에 있는 영역이다. 우리가 해야 할 것은 철저히 십자가로 나아가는 것뿐이다. 그는 이것이 바로 '믿음'이라고 한다. "이른바 사회참여, 사회정의, 인권을 내세우는 그리스도인과 교회에 문제가 있다. 그것은 그런 것들이 바로 사회현상의 사회과학적인 관찰에서만 알고 배우려고 한다는 것이다. 따라서 모세 이야기에서 배울 중요한 것이 있다. 그것은 바로 "네가 서 있는 곳은 거룩한 땅이니 네 발에서 신을 벗어라"라는 말씀을 듣는 현실이다. 나는 이것을 '지성소의 경험'이라고 한다. 지성소, 내 발에서 신을 벗어야 하는 엄숙한 장소와 때, 이것은 어떤 경우에도 양보할 수 없고, 침범할 수도 없는 지고의 자리. 이런 절대의 경지가 있기 때문에 상대적인 것에 빠지지 않는다."14 안병무의 '지성소'15 발견은, 이제까지 역사 속에서 사건을 만들어갔던 내면적 사건, 실존적 깊이의 사건으로 출발하는 민중신학의 역사가 전통신학의 신앙과 만나게 되는 지점으로 보인다.

그는 그리스도가 우리를 개인으로 부르지 않고 공동체의 일원으

---

14 안병무, "제가 무엇인데 감히,"(수도교회 30주년 기념예배. 1984)『구걸하는 초월자』, 311-312; 위의 책, 89에서 재인용.

15 '지성소' 체험: 모세가 불붙는 가시덤불에서 타지 않는 가시덤불을 보면서 두려움 속에만 머물지 않고 "내 백성을 구원하라"는 하나님의 명령에 결단하여 일생 동안 자기 백성을 이끌어내는 해방사건에 참여한 것이라고 한다. 안병무, "지성소,"『구원에 이르는 길』(천안: 한국신학연구소, 1997),100; 위의 책, 88에서 재인용.

로 불렀다는 것을 말한다. 우리는 개인의 구령이라는 말에 소외되어 이기주의자가 되었지만, 성서 전체를 통하여 하나님이 우리를 공동체의 일원으로 부르셨음을 알 수 있다. 그의 교회론은 철저하게 종말적이기 때문에 분명 교회는 십자가를 지는 공동체여야 한다. 교회는 스스로를 위해 있지 않고 세계를 위해 존재한다. 교회가 스스로를 위해 존재하며 자기 조직이나 소유, 자기울타리 안에 있는 청중의 숫자를 목표로 삼거나, 그것을 힘의 근원으로 삼기 위해 존재할 때 교회는 교회로서의 가치를 상실한다. 교회 스스로 자기완결적인 목표로 삼을 때 그 교회는 이미 예수와 상관없게 된다. 그래서 그는 예수의 십자가 사건이 다른 사람을 위하여 자신을 내어준 사건이듯이, 하나님께 부름 받은 개인이나 교회는 이웃을 위해 자신을 내주는 존재여야 한다고 본다. 그의 교회론은 성장주의 교회론과 질적으로 다르다. 눈앞의 영광이나 성과를 기대하지 않고 의로운 죽음, 십자가의 죽음을 기대하며 그 열매는 하나님의 몫으로 여기는 교회론이다. 이렇듯 십자가를 지는 교회는 그 당시에는 쓰라린 고통을 겪지만, 오히려 새로운 사건의 창조자, 형성자, 담지자가 될 것이다. 그리하여 민중의 자각을 일깨워가며 그들의 해방적 의사소통의 장이 되는 새로운 해방사건의 증언자가 될 것이다.[16]

IV. 1980년대 민중교회운동의 시작과 신학진술의 부재

민중교회운동이 현상적으로 나타난 것은 1980년대부터라고 할 수 있다. 그러나 앞서 언급되었듯이 한국 기독교는 전래 초기부터

---

16 위의 책, 92-96.

단순히 종교로서만이 아니라 반봉건 사회변혁사상으로, 열강들의 지배에 대한 민족구국의 이념으로도 받아들여졌다. 한국 기독교가 초창기부터 이러한 민족·민중적 성격을 지니고 있었기 때문에 지배집단들의 반민중적·반민족적 작태에도 불구하고 일제하에서는 독립운동을, 해방 이후 군사독재체제 속에서는 민족의 통일과 민주화를 위한 민중운동을 지속할 수 있었다. 이렇게 내면화된 역사를 토대로 광주민중항쟁 이후 1980년대 사회변혁운동 흐름 속에 가시화된 것이 민중교회운동이었다.

당시 민중교회운동은 민중선교를 전체 사회운동의 부문운동으로 규정하고 교회에 기반을 둔 과학적 기독교운동을 전개하고자 했다. 이를 위해 1970년대 이른바 종로5가권의 명망가 중심 운동이나 기구 중심의 사회선교와는 차별을 강조하면서 교회운동으로서의 민중선교를 지향했다. 민중교회운동은 1980년대 사회변혁운동에 대한 교회의 반성과 시대적 응답이라고 할 수 있을 것이다. 그런 점에서 민중교회운동은 기독교사회운동의 올바른 모습이고자 했고, 사회선교의 본질을 담고 있는 형태이고자 했으며, 교회가 민중 속으로 들어가는 '주님의 뜻'에 순종하는 모습이고자 했다. 이는 또한 세상을 섬기는 교회의 참 모습을 회복함으로써, 교회의 본질 회복에 결정적인 밑거름이 될 것을 자임했다.[17] 그러한 민중교회운동의 성격은 「한국민중교회운동연합」 규약의 전문과 목적(제2조)을 통해 알 수 있다.

… 우리 한국민중교회운동연합은 우리 사회 전역에 전개되는 변혁의 요구에 부응하여 한국 사회의 변혁과 아울러 해방과 변혁의 신앙으로 일찍이 우리가 경험해 보지 않았던 새로운 민중교회의 건설과 한국교

---

17 한기양, "노동자 선교의 현실과 과제,"(기장 「총회 회보」, 1991년 11월호), 35.

회의 변혁을 이루어 나가고자 한다. 동시에 이러한 우리의 신앙과 운
동을 올바르게 수행하는 것은 오늘의 역사 단계에서 앞서가신 우리
주 예수 그리스도의 십자가를 짊어지고 자주, 민주, 통일의 민족, 민
주운동의 대열에 책임적이고도 헌신적으로 동참하는 데서 찾아짐을
믿으며, 우리의 민중교회운동을 힘차게 벌여나갈 것이다.[18]

본회는 복음의 본질성 회복과 한국민중해방 전통을 계승하는 민중교
회운동을 통하여 한국 사회와 한국교회의 민족, 민주적 변혁운동을
전개함으로써 이 땅의 억압받고 고통당하는 민중이 주인 되는 하나님
나라 건설에 헌신함을 그 목적으로 한다. 우리는 이런 목적 실현을 위
한 운동과 사업을 전개해감에 있어서 복음의 진리성과 민중성 그리고
지역성에 기초한 올바른 대중노선에 입각하여 민족자주의 원칙, 민중
주체의 원칙, 자력갱생의 원칙, 기층민중운동 역량의 강화 우선의 원
칙을 지켜나갈 것이다.[19]

민중교회운동은 시작하면서부터 신학진술을 소홀히 함으로써 한
계를 지닐 수밖에 없었다.

첫째, 민중교회운동은 당면한 시대적 긴박성에 직면하여 하나님
나라를 정치체제와 일치시키려는 협소한 진술에 그침으로써 '세속화
된 종말론'을 주장하는 것[20]으로 받아들여지고 말았다. 하나님 나라
는 오직 하나님의 주권만이 용납된 하나님의 통치가 관철되는 세계
이다. 그러나 민중교회운동에서는 민중을 계급적으로 이해하는 측면

---

18 한국민중교회운동연합 창립총회 규약 전문, 1988.7.14.
19 위 규약, 제1장 총칙 제2조(목적).
20 류장현, "민중교회론의 신학적 재정립,"(『교회로 간 민중신학』, 만우와장공, 2006),
  147.

이 표면적으로 진술되었고, 민중이 해방되는 이상사회를 하나님 나라와 동일시하거나 '보다 더 속 깊은 신학진술'을 하지 못함으로써, '종말론의 세속화'라는 비판을 피할 수 없게 된 것이다.

둘째, 민중교회운동은 '정치적 수단과 방법을 통하여 하나님 나라를 실현하려 했다'는 비판[21]을 면할 수 없었다. 사회과학적 원칙에 입각한 '민족·민주적 변혁운동'을 통해 하나님 나라 건설에 헌신한다거나, 정치적 투쟁을 일방적으로 강조했다는 비판에서 자유롭지 못했다. 또 기독교변혁운동인 민중교회운동을 사회변혁운동의 부문운동으로 표현한 것이 하나님나라 운동을 사회운동의 부문운동으로 축소시켰다는 오해를 받으면서도 사실 반론을 제기하거나 행간에 축약된 신학적 고민을 상술할 여력도 없는 실정이었다. 당시 각 지역에 흩어져 있던 민중교회운동가들은 현장에서의 긴박한 요구에 부응하기에 급급했을 뿐만 아니라 하루하루의 생존 전선을 넘고 있었기 때문에 정교한 신학진술을 할 여력은 없었다.

셋째, 민중교회운동은 '종교적 현상과 체험적 신앙을 과학성의 논리로 일반화했다'는 비판[22]에 대해서는 일찍이 수용했다고 볼 수 있다. 초기에 '외피론', '조건활용론' 등을 내세우던 좌편향적인 운동가들을 중심으로 합법적인 교회 공간을 사회운동의 전진기지로 여기며, 공동체의 신앙고백보다는 사회운동 단체와 다를 바 없는 모습을 나타내기도 했다. 하지만 그 당시 현장에서 느꼈던 '촉'으로는 "기꺼이 활용당해 주어야겠다, 혹은 활용당할 수 있다"는 당당함과 자신감도 있었다. 이 대목에서 30여 년이 지난 지금 돌이켜보면, 서남동 교수가 지적한 "특별한 교회라는 생각보다는 평범한 개척교회로 출

---

21 위의 책, 147.
22 위의 책, 148.

발하는 것이 좋지 않겠느냐'라는 조언이 크게 들려온다고 볼 수 있겠다. 또 안병무 교수가 표현한 '지성소의 경험', 즉 그것은 바로 '네가 서 있는 곳은 거룩한 땅이니 네 발에서 신을 벗어라'(출3:5)라는 말씀을 듣는 신앙이 결핍되었거나 간과해버린 것이 아니었던가 싶다.

넷째, 서남동·안병무에 의하면 민중교회는 전적으로 새로운 교회운동으로서, 교회가 제도화되기 이전의 '예수공동체' 혹은 '종말론적 본래성'으로 되돌아가는 것인데, 민중교회운동은 제도교회 형식으로 출발하여 사회운동에 전념하므로 새로운 교회운동을 전개하지 못했다는 비판[23]에 대해 뼈아프게 신음하고 있다. 기구운동을 극복하고 기독교운동을 대중화하기 위한 교회운동이 오히려 또 다른 교회형태의 운동으로 축소되었고, 한편으로 지역시민운동의 부문 역할에 머물고 말았던 것이다.

다섯째, 민중교회운동은 민중을 계급적으로 개념화하여 선교의 대상과 폭을 제한했으며 하나님의 구원을 사회구원으로만 이해했고, 노동교회 개척에 주력하면서 계급교회를 지향했으며, 민중의 종교성과 일상성이 무시되었다는 비판[24] 역시 1980년대라는 엄혹한 시대 상황에 대응했던 민중교회운동 초창기에 드러났던 것으로 이내 문제점을 자각하고 극복해갔다. 하지만 신학적 반성으로 이어진 논리적 진술로 정리되지 못한 것이 매우 아쉽다.

V. 1990년대 세계사적 변화 속의 민중교회운동

---

23 위의 책, 149.
24 위의 책, 151.

초기 민중교회는 당시 정치적 탄압이 극심하고 아직 사회운동이 성숙하지 못했을 때, 사회운동가들을 보호하고 양육하는 진지로서의 역할을 훌륭하게 수행했다.

민중교회는 1980년대 한국 사회라는 시대의 전장(戰場)에서 직접 전투병의 역할도 했지만 전방에 위치한 응급진료소 같은 역할도 많이 했다. 참으로 많은 사람들이 상처와 아픔을 안고 찾아왔다. 그때 민중교회들이 시행했던 프로그램은 다양했다. 노동상담소, 야학, 노동자 문화교실, 맞벌이 가정을 위한 탁아소, 청소년 공부방, 주말진료소, 노동법 강좌 등 다양했으며 이들 일상 프로그램 외에 각종 지원사업으로 분신, 연행, 투옥 등을 당한 자들을 위한 대책활동 등이었는데 이런 일들이 시도 때도 없이 이어지는 상황이었다. … 공장이든 민중교회든 '현장으로!'는 80년대 운동권의 슬로건이었다. 민중의 현장에서 많은 이들이 활동했다. 땀의 현장만이 아니고 피와 눈물의 현장이기도 했다. … 그 고난의 현장에 민중교회가 있었다. 민중의 신음과 고통의 현장에서 민중교회도 참 열심히 일했던 시기였다고 자부한다.25

그러나 1990년대 급격한 시대적 변화의 소용돌이에서 민중교회 운동의 현장에 끊임없이 공급되어야 할 '현장신학'의 부재는 구심점과 원동력의 상실로 이어져 각 지역특성과 분야별로 분화되면서 정체성의 위기에 직면하게 된다. 생존의 위기에 봉착하면서 교회로서의 정체성과 물적 토대가 확보되어야 한다는 반성에서 보다 폭넓은

---

25 정상시, "민중교회운동, 생명선교 20년 회고와 전망,"(「생명선교연대 20주년 기념자료집」, 2005), 18.

보폭으로 변화된다.

첫째, 민중 이해의 폭이 넓어진다. "'민중이 역사 발전의 주체'라는 명제는 한편으로 진실성을 지니면서도 다른 한편으로는 민중을 박제화하는 데 기여했다. 민중에 대한 기대가 역사적 정당성을 지닌다 하더라도 그것이 민중을 우상화하는 꼴로 나타난 면도 없지 않다. 또 하나님의 형상대로 지음 받은 '사람으로서의 민중'이, '우상으로서의 민중'으로 형상화된 면도 없지 않다. 우리는 자신에 대한 과도한 기대를 담당하는 과정에서 때로는 교만에 빠지고, 때로는 역부족으로 그 기대에 온전히 부응하지 못하면서 열패감에 시달리는 민중을 만나게 된다."26

"우리가 반성할 것은 민중이라는 개념을 '피억압 계급'이라는 단어가 지니는 사회과학적 의미뿐만 아니라 인간 존재, 실존의 존재를 포괄해내는 방향으로 그 의미를 풍부하게 해야 한다는 것이다."27 이렇듯 민중에 대한 이해가 보다 성숙해져간다.

둘째, 민중에 대한 폭넓은 이해는 선교대상을 확대시키게 된다. 기층 민중으로 일컫던 노동자, 농민, 도시빈민 외에 외국인노동자, 가출 청소년, 장애인, 여성 등 선교대상의 확대뿐만 아니라 환경, 복지 등 선교영역도 확대되었다.

셋째, 선교대상과 영역의 확대 변화는 1980년대 기층 민중에 선교의 초점을 두었던 것에 대한 전반적인 검토와 함께 선교정책의 변화가 일어났다. 민중의 일상성에 보다 깊은 관심을 토대로 민중목회를 의미하는 '복음적 민중교회운동', 복음적 민중선교28와 사회선교

---

26 노창식, "민중의 입장에서 본 지구화와 희년의 성취,"(『갈릴리로 가신 예수』, 1996), 350.
27 김광훈, "기장 민교운동의 흐름과 전망,"(『갈릴리로 가신 예수』, 1996), 269.
28 정상시. "민중선교와 목회"(『갈릴리로 가신 예수』. 1996). 위 각주20)의 책. 154에서

의 전통을 이어가면서 복지선교를 결합하는 '사회선교복지'[29] 또한 강조되었다.

넷째, 강단에 머문 민중신학은 민중교회운동의 신학이 되지 못했다. 이른바 2세대 민중신학자들은 사회변혁 이론으로 무장하여 민중운동에 가담하려 했으나, 사회과학에 기초한 급진적 관념 신학은 민중교회운동의 정체성과 생존 위기를 극복하는 데 아무런 상관이 없게 되고 말았다. 이는 협력관계에 있어야 할 민중신학과 민중교회운동의 분열을 초래했다.[30] 그 결과 민중신학은 현장을 상실하여 관념론적 강단신학에 머무르게 되었고, 민중교회운동은 신학적 토대가 빈곤하여 올바른 선교과제를 겨냥하지 못하게 되었다. 마치 레이더를 상실한 채 어림짐작으로 수동식 구식대포를 쏘아대는 격이었다. 여전히 민중적 당파성과 민중교회운동의 신앙노선과 선교실천을 견지하고 있었지만, '운동성'과 '교회성'으로 표현된 좌·우편향이 혼재하면서 정교한 신학적 성찰을 하지 못한 채 기존교회와의 연대와 동참을 수용함으로써, 새로운 교회운동의 역동성을 잃어갔다.

이론과 실천이 별개의 것이 아닌 동전의 양면과 같은 것이라면, 실천으로서의 민중교회운동은 올바른 신학진술 없이는 제대로 된 방향을 잡지 못하는 법이다. 그 이론적인 작업은 일차적으로 민중교회운동에 몸 바쳐 일해 온 일선 목회자에 의하지 않으면 불가능할지 모른다. 당시에도 그랬지만 지금도 여전히 민중교회에게 시급한 것은 신학적인 체계화가 아니라 올바른 실천방향을 위한 신학적 진술과 신앙고백이라고 할 수 있다.

재인용.

29 최의팔, "사회복지선교의 현실과 전망,"(『갈릴리로 가신 예수』, 1996), 369. 위 각주 20의 책, 154에서 재인용.

30 류장현, "민중교회론의 신학적 재정립," 위 각주 20의 책, 154.

VI. 생명 + 선교 + 연대

1997년 2월 정기총회에서 <기장 민중교회운동연합>은 조직명칭을 <기장 생명선교연대>로 바꾸었다. 1990년대 들어서면서 세계사적인 변화와 더불어 정치사회적인 상황 변화는 각 분야별로 그에 상응하는 변화를 요구받는 실정이었다. 이즈음 개교회의 목회적 차원과 민중선교적 차원에서 다양한 영역과 신앙적 경향 그리고 선교적 내용들이 제각각 모색되고 실천되었다. 사회정치적 변화에 대한 이해도 일선 목회자에 따라 각기 다양해졌다. 당연히 이런 현상에 의해 민중교회운동 조직은 이완되어 갔으며 이전의 일치된 목표와 공통의 실천양식을 중심으로 형성된 단일한 대오는 더 이상 가능하지 않게 되었다.

민중교회운동 조직은 각기 다양한 의견과 실천을 담아내는 데 실패했으며, 새로운 미래사회에 대한 전망과 민중선교의 비전을 제시해주는 데도 한계를 노정하였다. 목회나 선교가 각 교회의 개별적인 상황이나 목회자 개인의 문제로 환원되었으며, 점차 연합으로의 힘의 집중은 개교회로 분산되어져 갔다. … 민중교회운동 조직은 지역에서도, 기독교운동에서도, 전체 운동에서도, 민중운동에서도, 교단갱신운동에서도 독자적이며 통일된 실천을 만들어내지 못했으며, 아무런 성과도 만들어내지 못하였다.[31]

당시 명칭변경을 논의할 때, 위의 고백에서와 같이 더 이상 '민중

---

31 기장 생명선교연대 발제위원회, "기장 생명선교연대 위상정립을 위하여,"(「생명선교연대 20주년 기념자료집」, 2005), 244.

교회운동'이란 조직으로는 변화된 대내·외적 상황을 담아내기 힘들다는 것을 함께 인식했다. 일반 민중운동 영역에서도 이른바 '보따리를 싸는 분위기'였다. 절차적 민주주의가 이루어지면서 문민정부가 들어서는 정치사회적 정세변화는 사회운동 영역에서도 다양한 시민운동으로 분화, 전개되기 시작했다. 그런 정황에서 '민중교회운동'이란 명칭이 너무 무겁게 여겨졌다. 근본적인 목표는 변하지 않았지만, '거대담론'만으로는 '시민생활담론'을 요구하는 현실에 대응하기 힘들었고 전략적 변화가 불가피하다고 본 것이었다. 21세기 주요한 키워드가 '생명'이고 '네트워크'라는 점에서 작명한 것이 <생명+선교+연대>였다.32 민중선교의 지평을 넓히는 것으로서 변화된 환경에 뿌리내림, 즉 '개방성·다양성·포용성'을 담는 것으로 보았다. 그렇게 2000년대를 맞이한 것이다. 민중교회들은 민중선교지향적 교회, 목회지향적 교회, 사회복지선교지향적 교회, 지역 및 부문별 시민운동지향적 교회 등으로 분화 분포된다.

1990년대 중반 즈음 변화된 상황을 읽어내고 지향해야 할 좌표를 설정하는 '레이더'가 부재한 가운데 각 지역에 소재한 민중교회들은 '본능적 감각'으로 "성령의 이끄심에 따라"(행 10:17-23, 16:10) 새로운 선교영역들을 캐낸다. 그러면서도 현장을 해석하고 변화에 대응하는 '민중신학'의 부재를 절감하고 있었다.

당시 민중신학과의 단절에 대한 민중교회 목회자의 지적은 아직도 유효한 점이 없지 않다. "특히 민중신학 2세대들에게 권하고 싶은 것은 선배들이 역사의 전면에 서서 민중들과 함께 투쟁해온 성과를

---

32 1997년2월3일 제12차 정기총회에서 이해학, 최의팔, 노창식, 한기양, 이재호 등 소위
   원회로 모여 총회에 제안할 명칭변경에 대한 안건을 초안하면서 작명했다. 그해 4월
   28일 임시총회를 열고 [한국기독교장로회(기장) 생명선교연대]로 개칭하여 채택하
   게 된다.

책상에서 요리할 생각을 그만두라는 것이다. 가장 좋은 방법은 민중교회에 출석하여 민중들과 함께 예배드리고 생활하며 같이 호흡하는 일일 것이다. 민중은 연구대상이 아니고 살아 숨 쉬는 하나님의 창조물이며, 하나님의 명령을 받아 세상을 변화시키는 하나님의 일꾼이기 때문이다. 민중들의 생산현장과 생활현장에서 민중과 함께 투쟁하는 곳에서만 민중신학은 살아 숨 쉬고 발전할 수 있을 것이다."[33]

1세대 민중신학자는 언제나 민중교회를 새로운 교회운동으로 이해했다. 따라서 민중교회운동은 철저히 새로운 교회운동으로 출발했어야 했다. 그리고 새로운 신앙고백에 걸맞는 예배, 기도, 신앙생활, 제도와 구조, 직제를 개발해나갔어야 했다. 민중교회운동의 정체성과 생존의 위기 역시 본질로 돌아가 본연의 새로운 교회운동을 전개할 때 극복할 수 있지 않을까 싶다. 민중교회운동은 종말론적 본래성을 회복하려는 새로운 교회운동이어야 한다. 그런데 2세대 민중신학자들은 '새로운 교회운동' 대신 교회개혁운동으로 후퇴했다고 류장현은 지적한다. 그는 2세대 민중신학자들이 기존교회의 틀 안에서 민중교회 이념을 담아내려고 했을 때 그 관계가 모호할 뿐만 아니라, 민중교회의 위기탈출을 위해 기존교회와의 연대를 강조함으로써 민중교회의 정체성을 왜곡시켰다고 주장했다. 그는 또 2세대 민중신학자들이 제안한 기존교회와의 연대와 역할분담은 민중교회운동의 위기를 극복하려는 생존전략이었을 수는 있으나 엄밀한 의미에서 민중교회의 본질을 상실한 것이었다고 비판한다.[34]

---

33 김광훈, "민중신학과 민중교회 태동의 역사적 의미,"(『갈릴리로 가신 예수』, 1996), 329.
34 류장현. "민중교회론의 신학적 재정립". 위 각주20)의 책. 166~178.

VII. '똥교회'에서 피어난 〈들꽃피는마을〉

"기차소리 요란해도 아기아기 잘도 큰다." 이런 동요처럼 비록 그
대오는 흐트러졌지만 각 지역에 소재한 민중교회들은 새로운 영역을
개척하거나 민중의 신음에 성실하게 응답해 왔고 또 새롭게 응답해
가고 있었다.

여느 때처럼 우리 부부는 새벽기도를 드리러 교회로 들어섰습니다.
바로 그때, 무어라 형언할 수 없는 악취가 먼저 코를 찔렀습니다. …
놀란 것에 비해 궁금증은 쉽게 풀렸습니다. 서둘러 불을 켜고 교회 현
관에 들어서자마자 현관 바로 옆 공부방의 문을 여는 순간, 한껏 긴장
했던 우리는 맥이 탁 풀리고 말았습니다. 아이들 여덟 명. 그것도 한
덩어리로 뭉쳐 곯아떨어진 … . 겨우 열 살이 되었을까 싶은 아이부터
열두세 살쯤 되어 보이는 '어린 아이들'이었습니다. 언제 빨아 입었는
지 짐작할 수 없을 만큼 꾀죄죄한 옷가지, 걸레가 되다시피 한 양말,
여기저기 아무렇게나 벗어놓은 운동화 … . 혹시나 하는 마음에 교회
문을 나서는 아이들을 따라가려니까, 아니나 다를까 몇 걸음도 못가
서 다시 쓰러져서 눕는 게 아닙니까. 우리 부부도 그때서야 무엇엔가
얻어맞은 듯 가엾은 마음이 들기 시작했습니다. '그래도 교회로 찾아
든 어린 아이들인데 … .' 해서 다시 교회로 불러들여 아이들을 마저
재웠습니다.

… 결국 정오가 다 되어서야 아이들은 고단한 잠에서 깨어날 수 있었
습니다. 머리맡을 지키고 있던 우리 부부는 밥상을 차리기 시작했습
니다. '왜 여기서 자고 있었니?' 숟가락을 쥐어주며 물었지만, 여덟 명
의 아이들은 아구아구 밥을 퍼 넣기에 바빴습니다. 묻는 말에 답을 들

긴 틀린 모양이라 생각하면서, … 신신당부하며 떠나보냈습니다. '이젠 여기 들어오지 마라. 부모님들께서 걱정하실 테니 곧장 집으로 돌아가거라.' 이때까지만 해도 우리는 아이들과의 이 만남이 우리 삶을 어떻게 바꾸어 놓을지 전혀 눈치 채지 못했습니다.

그 뒤로도 아이들은 간혹 교회로 스며들었습니다. … 아이들이 자고 가면 교회가 난장판이 되곤 했습니다. 더군다나 녀석들은 자고 가면서, 교회 한구석에 똥까지 싸놓고 가곤 했습니다. 혹시나 '똥교회'라고 소문이라도 날까 싶어 아무도 모르게 똥을 치우고 물로 싹싹 닦아냈습니다. … 성난 표정으로 다신 오지 말라고 소리소리 지르면서 내쫓았습니다. 그리고 튼튼한 자물통 네 개를 사다가 밤이면 교회의 셔터 문을 닫아걸었습니다.

 … 아이들은 배가 고프다며 그저 밥이나 한 끼 달라고 했는데, 그저 못 이기는 척 밥이나 한 끼 내주었으면 그만이었을 텐데…. 이때 문득 사고를 치고야 말았습니다. 불현 듯 아이들의 이야기를 듣고 싶은 마음이 들었던 것입니다. 엄마 아빠가 헤어진 이야기, 얻어터진 이야기, 집을 나온 이야기, 나와서 거리에서 살아온 이야기, 서로를 만나게 된 이야기…. 이야기를 들으면서 우리 부부는 한 일주일쯤 이 아이들에게 시간을 내기로 마음먹었습니다. …우리는 아이들이 가정으로 돌아가는 쉽지 않겠다는 사실을 그제야 알게 되었습니다.

우리도 모르는 사이에 우리는 이미 아이들의 보호자가 되어 있었던 셈입니다. 결국 우리의 계획은 아니지만 예수님께서 진즉에 세워놓으신 계획이었다고 고백하고 함께 살게 되었습니다. …"[35]

1994년 9월 어느 날 교회에 몰래 들어와 잠을 자던 가출 청소년

---

35 김현수,『똥교회 목사의 들꽃피는마을 이야기』(서울: 청어람미디어, 2004), 20-28.

들을 만나면서 우여곡절 끝에 그들과 함께 살게 된 김현수 목사의 이야기이다. 이렇게 시작된 <들꽃피는마을>의 사례는 '그룹홈'이라는 형태의 우리나라 청소년복지 모델의 대표적인 경우로 손꼽을 수 있다. 이후 여러 개의 '그룹홈'으로 형성된 <사단법인 들꽃청소년세상>과 청소년교육을 위한 대안학교 <들꽃피는학교>로 발전한다. 느닷없이 닥쳐와 시작해버린 이 일을 "아주 오래전부터 하나님의 섬세하신 계획안에 있었던" 일[36]이라고 고백하는 그는 덜컥 일을 벌이고만 것을 "눈에 콩깍지가 씌었다"라는 말로 표현했다. 그는 "콩깍지의 맹목을 몰라서도 아니요, 그 뒷일이 걱정되지 않아서도 아니지만, 그렇게 하지 않고서는 안 될 것 같은 강렬함 때문이었다고밖에 할 말이 없다"[37]라고 고백했다. 아마도 그의 내면에 잠재된 마그마와 같은 열정이 성령의 이끄시는 부르심에 응답하며 표출된 것이리라. 민중교회운동을 온몸으로 맞서서 살아온 1세대에 속하는 그는 <안산노동교회>의 경험과 지역 노동운동과 사회운동의 경험 그리고 탈진된 상황에서 마침내 위로하시는 '그분'을 만나는 체험을 했다고 고백한다. 그 아이들을 만나면서 이미 '콩깍지'는 그의 내면에 만들어져 있었던 셈이다.

열다섯 살 자폐증세가 있는 아이가 그룹홈 '예수가정'에서 생활하며 다른 아이들과 어울려 살면서 치유되는 사건을 보면서 그는 이렇게 고백한다. "이렇게 아이들은 닫힌 마음으로 닫힌 마음을 엽니다. 이렇게 아이들은 상처로 상처를 치유합니다. 이렇게 아이들은 눈물로 눈물을 달랩니다. 이렇게 아이들은 절망으로 절망을 이겨냅니다. 이렇게 아이들은 버림받은 마음으로 버림받은 마음을 위로합니다.

---

36 위의 책. 221.
37 위의 책. 31.

… 아이들이 알건 모르건, 우리 사회가 알건 모르건, 예수 그리스도는 지금도 아이들과 함께 계십니다. 아이들이 이 세상에서 겪는 고통에 담긴 깨달음은 바로 예수 그리스도로부터 오는 것입니다…"[38]

VIII. '공해1번지'에서의 환경선교

민중교회운동을 통해 지역현장에서 '지금 여기'에 절실한 문제를 안고 씨름하다 새로운 선교영역을 일궈낸 사례도 기억해야 한다.

초대교회의 전통과 열심을 본받아 사명감에 불타는 열정으로 인해 비록 초라한 예배실이었지만, 울산새생명교회는 지역사회 전체를 목회대상으로 삼는 것을 당연한 것으로 여긴 것은 물론이고 감히 지역사회에 대한 세계사적 관점에서의 의미부여와 함께 스스로 엄청난 과제를 설정해 버리고 말았다. 하룻강아지 범 무서운 줄 모르는 격이었다. … 창립과 동시에 지역사회의 보다 근원적인 문제인 환경문제를 선교과제로 삼았던 것이다. 1989년2월 첫째 주 금요일부터 12명의 인원이 모여 공해현실을 학습하는 모임을 시작했다. 당시만 해도 환경문제에 대한 일반의 관심은 매우 미약했다(실제로 노동문제가 울산지역의 최대 현안이었다). 심지어 방해하는 세력(권력과 개발주의자들)과 비방하는 집단마저 있을 정도로 당시는 환경문제가 요즘과는 달리 이른바 '잘 팔리는 것'이 아니었다. … 점점 조직적인 환경운동을 지향하는 목적의식성이 뚜렷해져 갔다. 교회로서는 모임이 과도한 원심력에 휩쓸리지 않고 정체성을 찾게 하기 위해 의식적으로 '창조질서보전운

---

38 위의 책, 242-243.

동', '생명운동', '환경선교'39, '환경목회' 등등의 용어를 굳이 만들어
(혹은 찾아서) 사용해야만 했다. …

그럼에도 불구하고 지역사회에 조직적인 환경운동단체가 없었던 까
닭에 그 '모임'을 교회는 울타리 밖으로 '헌납'하지 않으면 안 되었다.
… 개척 초기부터 울산새생명교회 10여 명의 교인은 울산공해추방운
동연합의 기간요원이 되어 '섬길' 수밖에 없었다. 결과적으로 두 개의
개척교회를 이끌어 가야 하는 짐을 짊어진 셈이었다. …

무엇보다도 환경오염의 총체적인 현황조차 거의 없다는 위기감과 그
것의 필요성을 절감하기까지 〈환경감시단〉에게는 환경을 지키고 찾
아가는 '보물지도'(?)가 손에 잡혀져야 했던 것이다. 1994년판『울산
수질환경지도』라는 책은 우리나라에서 '환경지도'라는 용어가 쓰여
지게 된 동기가 되었고, 그것이 작성되는 과정 자체가 소개되어 "샛강
을 살리자"는 캠페인이 여러 지역에서 전개되기도 했다. 이후 1994년
11월에는 범시민적인 '바다살리기' 캠페인을 통하여 저술된『울산 해
양환경지도』는 큰 반향을 불러일으켜 전국적인 "바다살리기운동"의
도화선이 되었다. 이같이 계속된『환경지도』시리즈 발간은 울산의
환경문제를 과학적이고 체계적인 방법으로 접근한 선진적인 시도로
서 높이 평가받았다.

… 따라서 「울산환경운동연합」의 주요 활동이 곧 울산새생명교회 환
경선교 활동의 전부라 해도 과언이 아닐 정도였다. 이 같은 성과를 토
대로 특히 유엔에서 권고하고 있는 지속가능한 개발을 위한 「Local
Agenda 21」을 울산지역에 가장 먼저 소개하고, 1995년 7월에 "울산

---

39 환경선교: 용어의 문제는 1996년6월 울산에서 개최되었던 "환경선교정책협의
  회"(NCCK)에서 일단락되었다. 이 분야에서 일해오던 전국의 목회자들과 전문가들이
  모여 하나님의 창조질서를 보전하는 모든 선교활동을 '환경선교'라는 용어를 공식화
  하게 되었던 것이다.

아젠다 21"(안)을 작성하여 울산시에 제출하여 이후 〈푸른울산21위원회〉의 바탕이 되게 했다. 이것은 마침내 2003년에 이르러서는 이를 바탕으로 울산광역시에서 "생태도시 울산"(에코폴리스 울산)이란 슬로건으로 '태화강대숲공원'으로 대표되는 모범적인 미래도시로 방향을 잡게 한 계기가 되었다고 볼 수 있다. 아무튼 울산새생명교회의 경우는 매우 독특한 사례라고 할 수 있을 것이다. 어쩌면 '공해 1번지' 울산이란 지역사회의 객관적 상황 속에서 지극히 당연한 결과인지도 모른다."[40]

민중교회운동으로 시작한 〈울산새생명교회〉(이전에는 '효성교회')는 초대교회가 그러했고, 종교개혁자들 역시 그러했으며, 한국의 초대교회가 그러했던 것처럼 '시대의 과제와 세상의 문제'를 교회가 떠맡아 감당하기를 자임한다. 이미 노동운동의 메카로 여겨졌던 당시 울산지역에는 운동의 주도권을 장악하고자 하는 야심만만한 노동운동 모든 정파의 활동가들이 곳곳에서 활동하던 시기였다. 그러나 한편 수많은 공장으로부터 배출되는 공해물질로 인해 '공해백화점'이라는 불리는 울산이기도 했다.

하지만 대다수가 노동운동에만 관심을 가지고 매달리면서도 환경문제에는 무신경하게 방치되고 있는 현실에 주목하게 된다. 울산새생명교회는 공동체가 함께 학습하고 모두 하나가 되는 신앙고백과 믿음으로 실천에 옮겼던 것이었다. 마치 '보리떡 다섯 개와 물고기 두 마리'를 주님께 바친 어린 소년의 헌신으로 오천 명을 먹게 하신 기적[41]과도 같이 지역사회전체를 바꿔놓는 일이 사회를 향한 작은

---

40 한기양, "환경선교 영역을 개척한 울산새생명교회의 지역사회 섬김,"(「울산지역 교회사」, 2012).

교회의 신앙운동에서 비롯되었다는 점이다.

이처럼 울산지역을 공해백화점에서 생태도시로 변화하게 하는 데 교회의 환경선교 활동이 그 밑거름이 되었다는 점에서 반드시 기억하고 넘어가야 할 뿐만 아니라, 앞으로도 지역사회에서 교회의 올바른 역할과 신앙운동을 통해 선한 방향으로 변화시키는 데 앞장서야 할 것이다.

IX. "우는 자들과 함께 우는" 공동체

세월호참사로 참담한 피해를 입은 단원고등학교 인근에 소재한 <희망교회>는 지역사회를 섬기는 여러 활동을 하고 있던 중, 갑자가 닥친 참사 소식과 함께 밀어닥친 슬픔의 소용돌이 속으로 모든 활동이 빨려 들어가고 말았다. "우는 자자들과 함께 울라"(롬12:15)는 말씀에 순복하며 모든 계획들을 중단한 희망교회 김은호 목사는 2014년 4월 16일 참사 당일부터 단원고에서 '무사귀환을 기원하는 촛불기도회'를 학부모들, 주민들과 함께 진행하게 된다. 그로부터 지금까지 4·16활동의 중심에 서서 '4·16 안산시민연대 공동체회복위원장'을 맡아 활동하고 있다. 그들의 이야기를 들어보면 함께 "애통해하며"(마5:4) 위로자이신 주님의 손길을 느낄 수 있을 것이다.

> ▶ 그날을 기억하는 일은 고통이다. 그렇지만 결코 잊을 수 없다. 화인(火印). 그 아픔이 사라질 날 있을까. …

---

41 마태 14:13-21; 마가 6:30-44; 누가 9:10-17; 요한 6:1-14.

시찬 엄마(오순이 씨): 우리 가족은 아침마다 네 사람이 함께 집을 나섰어요. 넷이서 차를 타고 가다가 시찬이가 1번으로 단원고에서 내리고 그 다음에 연년생인 시찬이 누나가 제 학교 앞에서 내리고 나면, … 그날도 다름없이 직장에 출근했는데, 조금 있다가 8시58분쯤 인터넷으로 단원고의 사고 소식을 보게 되었지요. 놀라기는 했지만 전원 구조라 해서 그런 줄로 알았어요. … 학교에서 문자도 왔고요. 제 입에서 처음 나온 말은 '하나님, 감사합니다'였어요. 그런데, 상황이 심상치 않았고 모든 것이 거짓이었다는 것을 금방 알게 되었어요.

창현 엄마(최순화 씨): 내가 겪은 진도는 미친 세상이었어요. 단원고에서 마련한 버스를 타고 가서 내린 곳은 팽목항과 좀 떨어진 진도체육관이었어요. 사람들은 우왕좌왕했고 아이들을 찾으러 온 부모들에게 누구도 상황이 어떤지 설명해주지 않았어요. 저는 체육관에 잠시 있다가 직접 팽목항으로 갔어요. 팽목항에서 간신히 해경 배를 타고 바다 한가운데로 가서야 알았어요. 정부가 아무 것도 하고 있지 않다는 것을. 그때 바다에 뛰어들지 못한 것이 한이에요. 그렇게라도 했어야 했는데… 아무 것도 하지 못하고 아이 이름을 부르며 울기만 했어요.

창현 엄마: 세월호 시행령 때문에 삭발했어요. 그런데 교회에서 삭발하고서 어떻게 주일학교 교사를 할 수 있느냐는 거예요. 주변 사람들을 통해 노골적인 눈치를 주고 점차 압박이 왔어요. 우리 가족을 거슬려 했던 교회에 계속 있을 수가 없었어요. 15년간을 다니던 교회를 나오게 되었지요. 그런데 교회 밖에 나오니 교회의 실체가 보이기 시작했어요. 교회 안에만 하나님이 있다는 말이 틀렸다는 것을 알게 되었어요. 교회에서 말하는 복음이 거짓이라는 것도요. 배신감을 느꼈

어요. …

시찬 엄마 : 교회는 그 안에 있는 사람에게만 축복해요. 다니던 교회를 떠나면 금방 나쁜 사람이 되고 험한 말을 듣게 되죠. 전에는 이런 것을 알아채지 못했어요. … 목사님이 말하는 대로 믿어야 하고 그것이 전부인 줄 알아야 하고. 어떻게 그렇게 바보같이 그 말들을 믿고 살았나 모르겠어요.

창현 엄마 : 전에는 다니던 교회 밖으로 나간 적이 없었어요. 교회는 사람들을 다른 곳으로 가지 못하게 우물 안 개구리로 만들잖아요. 그에 순종하고 살았죠. … 그런데 분향소 기독교 예배실을 찾아오는 교회들, 그곳에서 만난 사람들을 통해 깨닫게 되었어요. 모두 기독교인들인데 말씀이 다르더라고요. 말하는 예수도 다르고요. 그래서 진짜가 무엇인지 궁금해지기 시작했어요. 정말로 하나님에 대해 알고 싶어졌어요. …

▶ 교회 밖으로 나와 세상 속 아픔이 있는 곳에서 하나님을 알아간다는 세월호 가족. 그래서였을까. 세월호 문제가 아닌 다른 곳에서도 그들을 만날 수 있었다. 또 다른 아픔의 현장에 가서 약속 없이도 만난 반가움에 얼싸안으며…….

시찬 엄마 : 솔직히 처음에는 가자고 해서 갔어요. 별생각을 못 했어요. 그런데 가서 보니 나 말고도 억울하고 아픔을 겪는 사람들이 많더라고요.

창현 엄마 : 또 다른 아픔의 현장에 가서는 '세상이 왜 이래' 하는 생각
이 먼저 들었죠. 그런데 그 사람들의 아픔이 전과 다르게, 더 느껴지
더라고요.

▶ 그뿐이랴. 광화문광장의 촛불집회에서도 그들은 늘 맨 앞에 섰다.
우리 시대 정의를 위해 선봉에 선 사람들. 자식을 가슴에 묻은 부모들
이 누구보다 용감하게 진실을 위해 싸웠다.

창현 엄마 : 세월호 가족이 이렇게 억세게 싸울 수밖에 없었던 것은
정부가 우리를 너무 무시하고 짓밟아서였어요. 우리를 쳐다보는 시선
은 너무나 차가웠고…

▶ 그랬다. 그동안 세월호 부모들은 죽은 자식 앞세워 시체 장사한다
는 말을 들었고, 목숨 걸고 단식하는 사람 앞에서의 폭식 퍼포먼스를
보았고, 1주기 때만 해도 광화문 앞에서 경찰에 포위당했다가 연행되
었고, 최루액 섞인 물대포를 맞고도 폭도라는 누명을 썼다. 넘치는 보
상을 받고도 떼를 쓴다는 오해도 있었다. … 우리는 이들 곁에서 무엇
을 할 수 있을까.

시찬 엄마 : 옆에 와서 함께 있는 거요. 지금처럼 곁에 있어 주세요.

창현 엄마 : 리본을 달아주세요. 전혀 모르는 사람인데, 나와 아무 상
관이 없는 사람인데 노란 리본을 달고 있는 것을 보면, '세월호를 기억
하고 있구나', '우리와 같이하는 사람이구나' 하는 생각이 들고 정말
고마워요. 더 많은 사람이 노란 리본을 달았으면 좋겠어요. … 세월호

참사는 고난주간에 일어났어요. 이제 세월호 참사는 고난주간, 부활
절과 따로 기억할 수 없을 것 같아요. 이건 정말 우연이 아니라고 생각
하고 싶어요. 교회가 달라져야 하는 기회 아닌가요? 많은 교회가 부
활절과 세월호 참사를 기억하며 깨달았으면 좋겠어요."42

▶ 지난 주일에 '4·16가족과 함께하는 성탄절예배' 준비 때문에 가족
분들과 몇 목사님들이 만났습니다. 참 묘하게도 감리교, 예장통합, 기
장 이렇게 3개 교단의 목회자 4명이 가족 분들과 함께했습니다. 그런
데 서로들 다 자신의 교단들이 더 큰 문제라고 이야기를 나누는 상황
을 접하면서 다들 씁쓸해 했던 기억이 있습니다. 지난 번 4·16참사
3주기에 〈생명선교연대〉에서 함께 모여 연합예배를 드렸습니다. 그
리고 서로 조를 나누어서 4·16과 관련된 이야기를 나누는데, 한 교회
사모님께서 누군가가 자신에게 건강한(?) 교회를 소개시켜 달라고
했다고 합니다. 그래서 특정한 교회를 소개시켜 줄 수 없고 교회에 가
서 4·16참사에 대한 기도제목이 있으면 건강한 교회이니 그 교회 다
니시면 된다고 이야기를 했다고 해서 다들 감탄했습니다. 4·16참사는
여전히 한국교회에서 진행 중입니다. 우는 자들이 여전히 남아있기
때문에 그들과 함께 울기 위해서 4·16참사가 진행형이라는 이야기가
아닙니다. 여전히 우리가 감당해야 할 책임과 역할이 남아있기 때문
이 아닐까 합니다. … 희망교회는 4·16참사를 통해 두 가지에 새롭게
눈을 뜨게 되었습니다. 지금까지 해왔던 피상적 '마을만들기 사업'으
로서의 '마을'이 아니라, 4·16참사 이후 변화된 세상을 꿈꾸고 만들기
위한, 하나님 나라를 확장시켜가는 선교사업으로서의 '마을'에 대한
새로운 고민을 하게 되었습니다. 두 번째는 스스로가 더불어 돌보고

---

42 장은정, [웹진-새길이야기], 2017.4.14.

성장하는 공동체에 대한 고민입니다. 한 생명 한 생명을 하나님께서 창조하신 귀한 존재이자 이 세상에 하나 밖에 없는 생명이라는, 존귀하고 존엄한 존재로서 주민들 스스로가 느끼고 체험할 수 있는 그러한 장을 만들어가는 것입니다."[43]

희망교회는 1994년 11월에 지역사회의 가난한 이웃들을 비롯한 노동자들과 함께하며 이들에게 복음을 전하기 위해, 이 땅이 좀 더 정의롭고 평화로운 세상이 되는 것이 '하나님 나라'를 가르쳤던 예수님의 말씀에 따르는 길임을 고백하며 세워진 민중교회에서 막내교회라고 말한다. 희망교회에서는 4·16참사 이후 와동에서 리본만들기, 동네촛불, 주민 치유를 위한 이웃대화모임, 4·16을 기억하는 주민한마당, 4·16기억 마을신문 등 다양한 4·16활동들을 진행해왔다. 한편 4·16안산시민연대 활동 및 4·16합동분향소에서 진행되고 있는 4·16가족과 함께하는 주일예배를 진행했고, 4·16참사 이후 4·16참사 피해밀집지역인 인근 마을이 좀 더 안전하고 평화로운 공동체 같은 '마을만들기'에 교회의 역할을 설정해놓고 있다[44]는 것이다.

X. '난민디아코니아 긴급행동'

<한국디아코니아> 대표 홍주민 목사는 지난달부터 긴급 '난민디아코니아 긴급행동'을 제안하면서 발 빠르게 낭패를 당하고 있는 예멘 난민들에게 도움의 손길을 보내고 있다. 긴급모금에 나선 그는

---

43 김은호, "희망교회와 416참사,"(한신대신대원 특강, 2017.10).
44 위의 글.

이렇게 말한다.

> 이번에 모금한 후원금은 80여 명의 쉼터시설 구축에 사용됩니다. 올해 현재까지 제주에 무사증 난민신청자는 1,048명인데, 그중 예멘 출신은 549명입니다. 이들 중 300여 명은 취업이 되어 일터에 갔지만 아직 200여 명은 대기상태로 있으면서 좀 더 많은 관심과 대처가 필요한 시점입니다. … 앞으로 심사가 진행되는 몇 개월이 예멘친구들에게 힘든 시간이 되리라 생각합니다. 하지만 지속적인 우리의 사랑과 연대가 함께하는 한, 그 무거운 짐을 함께 지고 가는 한, 커다란 서로간의 배움이 있으리라 생각합니다. … 이번에 내한한 예멘 친구들은 우리에게 어쩌면 우리에게 잊혀진지 오래된 미래를 안고 온 '보물'입니다.…[45]

한국전쟁 당시 발생한 난민 규모는 600만여 명으로 미국, 캐나다, 유럽, 호주, 남미, 인도로 흩어졌고 가까운 일본으로도 갔다. 기네스북에 가장 많은 난민을 실은 수송선은 미국의 매러디스 빅토리아호인데 1950년 1월 22일, 1만4천여 명의 난민을 수송한 것으로 유명하다. 그 배에 탄 한 사람이 문재인 대통령이다. …

제주에 500여 명의 예멘 난민들이 들어와서 나라가 온통 난리다. 우리나라 인구의 10만분의 1정도가 들어왔다고 호들갑을 떠는 것이다. 얼마 전 독일인들이 와서 간담회를 한 적이 있다. 한국인들이 '왜 독일은 120만 명 정도의 이슬람 난민을 수용하는가?' '이해할 수 없다'고 하며 이슬람의 호전성과 문란함 등 부정적인 이야기를 비추었다. 그러자 독일인은 그렇게 대응한다. 독일 인구가 8,000만 명인데 120만 명 정도 들어온 것을 이렇게 비유할 수 있단다. '한 교실에 80명의 학

---

45 홍주민, '난민디아코니아 긴급행동 제주보고'(facebook. 2018.7.5).

생들이 있는데, 한명이 새로 들어오면 큰 영향이 있는가?' 하며 반문한다. 그리고 '이슬람도 평화를 존중하는 종교이기에 그들을 두려워할 필요가 없다'면서 출애굽기에 나오는 여호수아의 말, '두려워하지 말라'고 한 격려의 말을 전했다. … 어찌 보면 나는 한국전쟁 이후 세계의 수많은 나라들이 보내온 소중한 생명의 후사들로 인해 연명해온 사람이다. 어렸을 때 교회가 급식소였으니 늘 구호물자가 있었고 가난하지만 배를 채울 수 있는 최소한의 먹을거리는 있었던 것으로 기억된다.

얼마 전 제주에서 만난 예멘 친구들은 대부분 세월호 세대들이었다. 20~28세의 이들은 마치 나의 아들과도 같은 어린 아이들이었다. 나의 어린 시절과 나의 아들들의 얼굴들이 오버랩 되어 가슴이 메어졌다. … 이들이 가짜일까? 아니다. 이 친구들이 온 목적은 단 하나이다. 생존을 위해서이다. 물론 이들은 심사를 통해 이제 가려질 것이다. 하지만 진짜 난민으로 받아들여진 경우는, 1994년 이래 34,000명이 난민신청을 하였으나 결국 난민지위를 획득한 사람들은 826명이다. 결국 얼마 안 있으면 그들은 등급으로 분류되어 난민지위를 획득하기도 할 것이다. 하지만 그럴 가능성은 2.4%이다. …

제주도, 진정한 마음으로 평화의 섬으로 남길 원하는가. 배척과 혐오의 눈길을 거두시라. 한국, 아시아와 세계의 평화의 심장부로 역할을 하기를 바라는가. 사선을 넘고 이 땅에까지 찾아온 난민들을 따뜻하게 맞이하라. 평화는 바로 거기에서 시작된다.[46]

이런 가운데 <제주 난민대책 도민연대>가 최근 쟁점이 되고 있는 예멘 난민과 관련하여 국민여론을 수렴하기 위해 6월 26일까지

---

46 홍주민, "가짜 난민은 없다," 『에큐메니안』, 2018.6.30.

하루 동안 전국 만19세 이상 성인남녀 1,757명을 대상[47]으로 유무선자동응답 전화조사를 '여론조사공정(주)'에 의뢰하여 실시했는데, 제주도민 89.5%, 전국민 85.7%가 예멘 입국자들로 인해 '불안하다'고 응답했다는 것이다. 거기다 제주도민의 59.2%, 전국민의 47.7%가 "제주도 입국 예멘인들 난민이 아니다"라고 발표했다. 근거가 희박한 이른바 '가짜 뉴스'가 난무한데다 일부 언론의 부정적인 보도까지 더하여 갈등구조가 더 크게 드러나 버렸다. 7월 6일 현재 '난민법 개정하라'는 청와대 국민청원이 63만 명에 달해 역대 최다수를 기록한 상태다. 문제는 교회가 이들이 이슬람국가 출신이라는 이유만으로 반대에 앞장서고 있다는 점이다. 나그네를 '환대'해야 함이 교회 본연의 자세인데, 오히려 의심하고 배척하는 한국교회는 통회 자복하지 않으면 안 된다.

　<생명선교연대> 회원이기도 한 홍주민 목사의 나눔 사역은 당연히 '지금 여기'에 일어나는 사건현장으로 달려가는 민중교회운동의 관점에서 '우리들의 일'이다. 또한 민중신학의 시각에서 교회를 각성시켜야 할 일이다.

XI. 다시 '지금 여기'에서

　우리의 신앙적·신학적 책임은 여전히 '지금 여기'[48] 구체적으로 이 민족과 이 땅의 민중에 대해서이다. 우리의 비틀어지고 뒤집혀진 상황이 신앙양심과 슬기와 용기로써 극복되는 방향에로 접어들기만

---

47 제주특별자치도 제외 전국: 1,217명. 제주특별자치도: 540명.
48 서남동, 『민중신학의 탐구』 (한길사, 1983).

한다면, 우리는 다시금 훌륭하게 세계역사에 있어서 하나님의 의와 평화를 증언하게 될 것이다. 때문에 민중신학은 '지금 여기' 이 땅의 급박한 현실에 대한 하나님의 뜻과 말씀을 질문하고 응답받는 것이어야 할 것이다. 그리고 민중과 민족과 세계의 문제를 정확하게 진단할 수 있는, 그래서 새로운 미래와 하나님나라의 의와 평화를 제시할 수 있는, 역사를 변혁하는 실천의 원동력이 되어야 할 것이다.

한국교회는 너무 허물어져 있다. 근본적인 것에서부터 표피적인 것까지 복합적으로 단절되어 있다. 여기서 안과 밖의 복잡 미묘한 문제를 차분하게 차근차근 풀어 가면 좋겠지만, 격동하는 현 상황은 이를 기다려주지 않는다. 다만 실천적인 동참을 요구하고 있을 뿐이다. 무엇이 이 민중, 이 민족에게 생명과 평화를 지향하게 할 것인지가 중요하다.

'지금 여기'에서 우리가 외면할래야 외면할 수 없이 맞닥뜨려야 할 가장 큰 문제는 두말할 것 없이 민족의 평화통일이라는 거족적인 문제이다. 이런 민족의 비원을 외면하고 한국교회의 신학이 무엇을 문제 삼을 수 있을까. 당연히 민중신학의 관점에서 평화통일을 위한 신학이 하루 속히 모색되어야 한다. 그것은 유물론자들인 북측의 주체주의자들과 허심탄회하게 대화를 나누는 신학이어야 할 것이다. 교회를 박멸하던 그들, 도저히 한 자리에 앉을 수 없다고 피차 생각하던 그들과 한 형제가 되는 화해의 신학이어야 한다. 적당히 덮어서 얼버무리는 화해가 아니라 살을 베어내는 '회개'와 자기혁신이 요청되는 신앙적 실천이 전제되는, 예수 그리스도의 십자가 사랑에 근거를 둔 '화해의 신학'49이 절실한 것이다. 이런 신학적 모색을 민중신

---

49 문익환, "남북통일과 한국교회,"『기독교사상 300호 기념논문집』(서울: 대한기독교
    서회, 1983), 333.

학이 앞장서서 북측의 인민신학[50]과 대화하며 시도해야 한다.

일찍이 임진왜란 때 피난길에 오른 선조가 출렁이는 임진강을 건널 수 없어 멈췄을 때, 백성들이 임금을 위해 문을 뜯어 이어 다리를 만들어 주었다 하여 '널문리'라 불리게 되었고 그리고 약 450년이 흐른 1951년 10월, 남과 북의 중간에 위치했던 그 널문리에서 한국전쟁 휴전회담이 열리고, 중공군이 쉽게 이해하도록 순우리말이던 널문리 가게(商店)를 한자인 '판문점'(板門店)으로 표기하면서 이름이 그렇게 굳어졌다. 2018년 7월, 평범한 백성이 다리를 놓았던 그 자리에서 우리는 또 한 번 기대와 불안을 동시에 느끼며 긴 숨을 고르면서 "이제 남과 북은 어떤 모습으로 건널 것인가?"[51]라는 과제를 눈앞에 두고 있다.

참담했던 전쟁과 공포의 기억과, 서로 원수로 삼아 증오하며 죽이려 했던 분단의 죄와, 그와 동시에 새로운 변화에 대한 희망과 불안이 교차하고 있는 지금, 우리는 모든 것을 내려놓고 하나님 앞에 서야 한다. 지금의 심정을 토로하며 죄책고백과 함께 서로를 용납하는 회개의 눈물을 쏟아야 한다. 온 민족 앞에 분단의 책임을 고백하고 용서를 빌어야 한다. 그리고 화해의 주님께 평화통일을 기원하는 가칭 '널문리 신앙고백'을 토로해야 한다.

현재 각 지역에서 여전히 실재하는 <생명선교연대>에 속해 있는 민중교회는 역사의 변곡점에 서 있는 지금 '예수 그리스도의 십자가와 부활' 사건 속으로 들어가는 공동체여야 할 것이다. 지금 우리가 져야 할 십자가는 무엇이고 어디 있는가를 고민하고 천착하는 목회적·신학적 성찰을 게을리하지 말아야 할 것이다.

---

50 노정선, 『지속가능한 평화와 통일전략』 (서울: 한울, 2016), 71.
51 손석희, '앵커브리핑', jtbc. 2018.4.19.

일찍이 민중교회운동에 앞장섰던 노창식 목사의 진술로 글을 마친다.

민중교회에는 깊고 치열한 역사성이 배어있다. 겉으로는 보이지 않는 '질'이 서려있다. 그것은 '남은 자' 사상과 맥을 같이하는 것이라 볼 수 있을 것이다. 여전히 '바알 신앙'에 대적하는 '야훼 신앙'이 깊게 숨 쉬고 있다. 세속적 현실에 타협하지 않으려는 당파성이 도사리고 있음을 느낀다. '남은 자'들이 자신 속에 체화된 '질'의 힘으로 민중을 끝까지 섬길 것이다. 정의와 평화와 생명의 역사를 섬길 것이다. 흙처럼 겸손한 모습으로, 맑고 투명한 영성으로, 뜨거운 믿음으로 하나님나라를 일구어갈 것이다. 스포트라이트를 받는 화려한 무대 위 주인공으로서가 아니라, 이름 없이 소리 없이 그리스도의 향기를 은은하게 풍길 것이다. 앞으로 어떤 결실을 맺을지는 전혀 알 수 없다. 다만 역사의 거름으로 만족할 것이다. 그리고 그 사명을 감당하는 자체를 감사할 것이다. 로마로부터 해방시켜줄 해방자를 기대했던 가룟 유다에게 한가하게 제자들의 발이나 씻어주는 모습을 보임으로 배반당함을 자초했던 예수 그리스도의 모습, 짓눌리고 볼품없는 모습으로 역사를 섬겨온 민중의 모습, 그것이 바로 민중교회의 앞으로의 모습이고 방향이다.[52]

그는 주 앞에서 마치 연한 순과 같이, 마른 땅에서 나온 싹과 같이 자라서, 그에게는 고운 모양도 없고 훌륭한 풍채도 없으니, 우리가 보기에는 흠모할 아름다운 모습도 없다. … 마치 도살장으로 끌려가는 어린 양처럼, 마치 털 깎는 사람 앞에서 잠잠한 암양처럼 끌려가기만 할 뿐, 아무 말도 하지 않았다(사53:2,7).

---

52 노창식, "민중교회운동의 발자취,"(『갈릴리로 가신 예수』, 1996), 35.

'Open end'로서의 민중교회운동

김종수
(기독교사회선교연대 회장)

I. Open end(열려진 끝)

죽재는 "민담에 대한 脫神學的 고찰"의 마지막 부분에서 "예수의 이야기인 마르코복음서는 16장 8절까지라고 하는데 신약학자 큄멜(Werner Kümmel)에 의하면 마르코복음서 저자의 본래 의도대로 그것은 open end로 끝낸 것"이라는 말을 인용하면서 이렇게 이어갔다. "예수의 이야기에는 끝이 없다. 재미나고 신나는 이야기는 끝이 있어서는 안 될 것이다"라고 하였다. 또 다른 그의 글 "貧困의 사회학과 貧民의 신학"을 주제로 한 글을 맺으며, 자신의 글의 끝맺음은 'open end'(열려진 끝)라 하였다. 이 의미는 예수의 사역도 민중의 이야기도, 끝나지 않을 그래서 누구도 끝낼 수 없는 이야기라는 뜻으로 받아들여진다. 인류가 존재하는 한 사회적 약자와 빈자가 사라지는 유토피아는 없을 것이기 때문에 따라서 민중의 이야기는 어제도, 오늘도 또 내일도 계속될 것이라는 의미이다.

II. 계속되는 이야기로서의 민중교회

1970년 전태일 열사의 죽음으로 한국 사회는 사회운동의 커다란 변화를 맞이하는 계기가 되었다. 가장 아픈 곳이 몸의 중심이 되듯 '민중'은 '교회와 선교'의 매우 중요한 주제가 되었다. 한국기독교장로회 민중교회는 1973년 3월 주민교회(성남)를 시작으로 1976년 12월 동월교회(서울), 1978년 9월 신명교회(서울) 등 3개의 민중교회가 세워졌다. 그리고 80년대에 들어서는 80년 11월 무등교회(광주), 81년 10월 청암교회(서울), 82년 12월 새봄교회(인천), 83년 10월 사랑교회(서울), 84년 4월에 세광교회(공주), 8월 소성교회(인천), 12월에 성수교회(서울) 그리고 한 달 뒤인 1985년 1월에 태백선린교회가 세워졌다. 그러한 가운데 비로소 민중교회의 선교협의체로서 1985년 1월 '한국민중선교협의회'가 창립되었다. 그리고 2년 뒤인 1987년에 '기장 민중교회운동협의회'로 명칭을 변경하였다. 그리고 1년 뒤인 1988년 7월에 여러 교단의 민중교회연대체로서 '한국민중교회운동연합'이 설립되었다.

한편, 1987년 '기장 민중교회운동협의회'로 명칭 변경 후, 4년 뒤 1991년에는 '한국기독교장로회 민중교회운동연합'으로 명칭을 변경하였다. 그리고 6년 뒤 1997년에는 '기장 생명선교연대'로 또 다시 명칭을 변경하였다. 이름을 왜 그리 자주 바꾸었는지, 그것이 필연적

인 것이었는지는 논란의 여지가 많았지만, 긍정적으로 보자면 시대
적 변화에 늘 민감하게 반응해왔던 민중교회 목회자들의 역동적인,
그래서 완결이 아닌 지속적인 변화로 이해하고자 한다.

III. 우리의 우물에서 생수를 마시련다

너는 네 우물에서 물을 마시며 네 샘에서 흐르는 물을 마시라
(잠언5:15).

해방신학자 구티에레쯔는 신학하는 자리와 주체, 선교하는 자리
와 주체에 대한 깊은 질문을 던져 주었다. 민중교회는 전태일의 죽음
으로부터 신학의 자리와 선교의 자리가 '지금 여기'임을 자각하였고,
교회가 민중들과 함께 하나님의 사역을 위해 부름 받은 일꾼임을 자
임했다.

민중교회들은 국가와 자본가들로부터 민중(노동자, 농민, 도시빈
민)들이 빼앗긴 제 권리들을 옹호하며 대신 투쟁하였고 그 권리들을
찾아주는 역할을 하였다. 그러한 가운데 민중교육과 훈련과정을 거
치며 선교의 대상이었던 노동자, 농민, 도시빈민들이 선교의 주체로
성장한 교회는 처음 선교지향을 잃지 않고 광야 40년을 지나 새로운
선교지평을 열어가고 있다. 하지만 민중이 선교의 대상에 머물고 만
채, 목회자와 선교활동가만 열심히 사역한 교회와 선교현장은 차차
사라지거나 흡수되거나 기성교회 혹은 시민사회단체 또는 복지기관
등으로 변해갔다.

급속하게 변하는 시대를 살아가면서 민중교회와 선교는 끝없이

새로운 시대적 과제를 소명으로 부여 받는다. 이 소명을 무겁게 받아들이거나 자기 한계를 넘어선 교회와 선교현장은 스스로 진 십자가를 메고 고난의 행군을 하고 있다. 이러한 때에 생명선교연대는 회원교회가 바닥에서 일하시는 하나님의 짐을 나눠지기 위해 애쓰고 노력해온 사역들을 상호격려하며, 무거운 짐을 조금씩 나눠질 수 있는 구조가 되도록 다양한 시스템을 구상해가야 할 것이다.

IV. 역사와 지향 그리고 지평

1. 역사 - 민중교회와 선교의 원점에 대한 논의가 필요하다

1985년 1월 '한국민중선교협의회'가 창립된 시점을 민중교회 운동의 원점으로 본다면 33년이라고 할 수 있다. 그러나 조직이 만들어지기 이전에 주민, 동월, 신명, 광주 무등, 청암, 새봄, 사랑, 공주세광, 소성, 성수, 태백선린교회에서 실시되던 빈민선교, 노동자선교, 의료선교, 협동조합선교, 장애자선교, 노숙자 선교, 야학, 공부방 등 다양한 영역에서의 활동들은 민중교회운동의 영역 밖이 되어버리고만다. 소중한 역사적 유산을 포기할 필요는 없지 않을까?

이는 민중교회운동을 사회운동의 한 영역으로서만 바라보는 한계를 드러내는 것이다. 오히려 풀뿌리 민중교회의 선교운동사를 민중교회와 민중선교의 원점으로 삼아가는 것이 옳지 않았을까?

한국기독교장로회 민중교회운동연합이 1996년에 펴낸 「갈릴리로 가신 예수」의 부록에 기장 민중교회 연보를 소중한 역사로 기록해 두었다. 이 연보를 기점으로 이제 2023년이 되면, 민중교회와 선교가 시작된 지 50년째를 맞이하게 된다. 바라기는 논의를 통해 민중교회와 선교의 원점을 1973년을 기점으로 잡고 기장생명선교연대가 중심이 되어 한국기독교장로회 총회 역사위원회와 50년사 편찬을 위한 5년간의 프로젝트를 진행을 시켜나갈 수 있는 공감대를 기대해 본다.

2. 지향 - 민중교회간 연대와 선교활동가들의 참여

기장 민중교회운동연합을 기장 생명선교연대로 명칭을 변경하던 당시의 상황을 한기양 목사의 글에서 볼 수 있다. "당시 상황은 일반 민중운동 영역에서 모두들 보따리 싸는 분위기에 젖어 스스로 '민중교회운동'을 무거운 짐으로 느끼고 있었던 듯하다. 이에 대한 대안으로 21세기의 주요한 키워드로서 '생명'과 '네트워크'를 새로운 지향점으로 붙잡고, '개방성과 다양성과 포용성'을 조직의 리더쉽으로 삼아가고자 하였다."

그러나 이를 계기로 기장생명선교연대는 민중교회운동이라는 지향을 수정했고, 목회자 네트워크로 변화되어 교회나 선교기관, 혹은 시민단체, 복지기관에서 일하는 목회자 회원조직이 되었다. 그래서 민중교회 교인들이 역사변혁의 현장에서 만나도 기장생명선교연대가 아닌 다른 기독운동조직의 깃발을 들고 만나는 상황이 되었던 것이다.

최근 생선연 임원들은 이러한 아쉬움과 새로운 교회간 연대의 필요성을 느끼며 사안에 따른 연대를 모색하기도 하고, 다양한 영역에서 활동하고 있는 신도들 간의 연대활동의 필요성도 제기되고 있다. 그러기 위해 개방성과 다양성 그리고 포용성을 리더쉽으로 한 생선연으로 나아가야 할 것이다.

3. 지평

선교의 지평이 매우 넓어졌다. 기장생명선교연대 소속 회원들은 지역아동센터, 이주노동자센터, 청소년 대안학교, 장애인복지, 성매매여성 및 성소수자들의 인권옹호, 환경운동, 문화운동, 평화와 통일운동, 협동조합, 한일역사문제, 난민문제 등에서 다양하고 전문적인 활동을 해오고 있다. 또한 선교지원을 받던 나라에서 세계로 선교지원을 하는 활동으로 그 지평이 매우 넓어지고 있다. 이렇게 넓어진 선교영역의 확장은 정의·평화·생명의 선교신학으로서 세심하게 정리되어야 하며, 더 나아가 하부주제로 세분화되어야 할 것이다.

선교의 지평을 넓히려 할 때 가장 중요한 점은 역시 구심력이 있어야 한다. 구심력을 잃는다면 목적은 사라지고 목표가 목적으로 둔갑되기도 하며, 지탱가능하기 조차 힘들어 스스로가 진 자기십자가에 짓눌려 아웃되기도 한다. 생선연 회원들의 자원은 매우 훌륭했고 아직까지 여전히 훌륭하다. 다만 유효기간이 얼마 남지 않았다. 민중교회와 선교현장을 위해 그리고 하나님의 일꾼으로 사역하는 목회자와 활동가들을 위해 각자가 지니고 있는 자원의 양과 질을 분석하여 조직적 활용을 통해 재생산구조로 만들어가야 한다. 조직은 구심력을 가져야 하며, 각기 튼튼한 구심력을 지닌 조직들과 연대하여 시너지 효과를 발휘할 수 있어야 한다.

얼마 전 농목과 생선연이 함께 '마을목회와 협동조합'을 주제로 함께 공동과제를 풀어갈 하나의 고리를 만들게 되었다. 농목과 생선연이 새로운 선교 패러다임과 급변하는 사회 속에서 민중선교활성화를 위한 목회자와 성도간의 교류가 활발해질 수 있는 다양한 시도를 해간다면 민중선교지평은 확실히 넓어질 수 있을 것이며, 서로 힘을 받을 수 있게 될 것이다.

V. 재미있고 신나는 민중교회 이야기

1. Open end - 다시 부르는 노래

서남동 선생은 "예수의 이야기에는 끝이 없다. 재미나고 신나는 이야기는 끝이 있어서는 안 될 것이다"라고 했다. 민중신학자로서 서남동 선생은 3.1 민주구국선언 사건, 김대중 내란음모사건에 연루되어 옥고를 치렀고, 김경재 교수는 "기장의 목회지향성은 '민중의 한(恨)의 사제'(서남동)가 되는 것을 부끄러워하거나, 아모스 예언자 소리를 잠깐이라도 잊어버리면 참된 교회의 자리를 일탈하는 것임을 명심해야 한다"(2009. 기장교역자대회)라고 하였다.

그런데 서남동 선생이 이런 민중의 恨의 사제를 강조하였지만, 동시에 매우 낭만적인 감성을 소유한 분이라 생각된다. "민담에 관한 탈신학적 고찰"의 글 마무리에 이야기의 끝을 남궁옥분의 노래로 잇는다며 노래를 소개한 바가 있다.[1]

---

1 남궁옥분, 다시 부르는 노래(부활의 노래)
　서러워 말아요 꽃잎이 지는 것을
　그 향기 하늘 아래 끝없이 흐를텐데
　그 향기 하늘 아래 끝없이 흐를텐데
　아쉬워 말아요 지나간 바람을
　밀려오는 저 바람은 모두가 하나인데
　밀려오는 저 바람은 모두가 하나인데
　부르지 말아요 마지막 노래를
　마지막 그 순간은 또다시 시작인데
　마지막 그 순간은 또다시 시작인데.

민중교회 사역자들도 죽재처럼 낭만적인 감성을 소유한 목회자들이 많았다. 멋지게 시를 읊고, 구성지게 노래하고, 아름답게 연주하고, 그러다가 둘러엎고 피터지게 싸우는 모습도 종종 보았다. 그렇다고 영영 안보는 원수가 된 사람을 본 적이 없다.

2. 恨 → 情 → 興 → 通으로 다시 역동을 되찾기를 바라며…

'恨'만으로는 민중교회를 계속할 수도 없고 선교의 동력을 삼아갈 수도 없다. 낭만은 恨을 넘어서는 동지들 간의 '情'이 있어야 하며, 이 情이 흥이 될 때 비로소 낭만이 된다. 恨과 情이 빠진 낭만은 집단의 '興'을 만들어 가지 못한다. 집단의 興은 다이내믹하다. 恨과 情이 깊은 한국-조선인의 興은 세계를 깜짝 놀라게 할 만한 사건들을 만들어내며, 恨과 情이 어우러지면 폭력 없고 타락하지 않는 興文化를 만들어낸다. 그럴 수 있는 것은 서로를 향한 존중과 깊은 배려가 있기 때문이다. 이 興이 예배가 되고 축제가 될 때, 하나님과 뜻이 '通'하게 되며, 동지들과 연대체들과의 疏通의 리더십을 갖게 된다. 아마도 죽재가 지금 살아있었다면 역사 속의 이야기만이 아니라 지금 여기에서 민중들이 만들어내는 이야기에 귀를 기울였을 것이고 기록했을 것이다. 또한 민중들이 역사를 바꾸어내는 현장에서 광장의 시민들과 함께 끝나지 않을 재미있고 신나는 이야기를 주고받으며 역동적인 민중신학을 발전시켜갔을 것이다.

Open end로서의 민중신학 그리고 민중선교는 더욱 재미있게 신나게 계속되어야 한다.

한기양, "민중신학과 민중교회의 전망"

김희헌

(향린교회 목사)

I.

지난 시기의 민중교회운동과 민중신학에 대한 한기양 목사의 평가는 오랜 경험에 기초한 것으로서 진보적 교회운동을 해 온 사람들의 마음을 대변한 글이라고 생각한다. 한국교회가 새로운 시대를 살아가기 위해서는 '널문리 신앙고백'이 필요하다는 제안에 동의하며, 특히 민중선교의 전통을 지닌 신앙공동체들이 보다 체계적인 대처를 해가야 할 때라고 본다.

이 글에서 '예수운동'은 하나님이 일하시는 '지금 여기'의 현장에 참여하는 것으로서, 오늘도 다양한 모습으로 전개되고 있는 신앙공동체의 생명선교 활동이다. 이 운동에는 지난 시기의 좌절/실패에 대한 성찰이 담겨 있다. 이 글은 1980년대에 태동한 민중교회운동의 의의를 언급하면서도 '신학진술의 부재'로 빚어진 운동의 한계를 다섯 가지로 지적한다. 또한 1990년대에 신앙공동체의 운동과 신학이 서로 보조를 맞추지 못하면서 역동성을 잃어갔던 점 역시 고백된다. 하지만 이러한 실패에 대한 경험이 새로운 열정과 지혜가 되어 오늘날 다양한 방식의 생명선교 활동으로 펼쳐지고 있다고 소개한다. 이 활동에는 글의 말미에 인용된 노창식 목사님의 진술에 담긴 신앙정신, 즉 '민중선교를 가능케 한 원초적 믿음'이 면면히 흐르고 있다.

이 글이 서술하고 있는 그간의 민중선교 활동에 대한 평가는 다른 논평자에게 맡기고, 저는 <서남동 목사 탄생 100주년 기념 심포지엄>의 취지를 살려, 그분의 민중신학적 가르침의 성격과 계승에 관하여 이야기하고 싶다.

II.

서남동의 민중신학을 본격적으로 보여주는 글은 1975년에 나온 「예수·교회사·한국교회」이다. 이 글은 예수와 교회사를 민중의 해방이란 관점에서 재해석하고, 한국교회의 참된 모습을 "민중과 씨을의 소리를 듣고 그것을 대변하는 예언자적 교회"의 모습에서 찾는다. 1976년 3월부터 22개월간 <3.1민주구국선언> 사건으로 감옥생활을 마치고 나온 죽재는 보다 분명하게 민중신학의 과제와 방향을 제시한다. 1979년 봄에 쓴 「두 이야기의 합류」는 이전에 이룩한 신학적 성과물을 토대로 하여 자신의 민중신학적 사유를 명료하게 대변한 글이라고 할 수 있다. 여기서 밝힌 한국 민중신학의 과제는 다음과 같다.

한국의 민중신학의 과제는 기독교의 민중전통과 한국의 민중전통이 현재 한국교회의 '신의 선교' 활동에서 합류되고 있는 것을 증언하는 것이다. 현재 눈앞에 전개되는 사실과 사건을 '하느님의 역사개입' 성령의 역사, 출애굽의 사건으로 알고 거기에 동참하고 그것을 신학적으로 해석하는 일이다. 거기에 동참한다는 것은 그 전통을 이어받는다는 것이며 그것을 신학적으로 해석할 때에 위에 전제한 전거들이 필요불가결하게 된다. 이것을 필자는 성령론적·공시적 해석이라 하고, 전통적인 기독론적·통시적 해석과 대조시킨다.

죽재의 민중신학 방법론과 주요개념이 여기서부터 쏟아져 나오고 있는데, 사실 그것들은 소위 민중신학의 시대에 발견된 새로운 사유방식이라기보다는, 죽재 개인의 사상사에서 이미 등장하여 오랜 시간동안 발전되고 가다듬어진 것으로 보는 것이 옳다. '두 이야기의 합류'라는 개념은 죽재가 자기 신학의 필생의 주제로 삼아왔던 '역사적 실재'와 '하나님의 영의 임재'의 합류를 지칭하는 것으로 볼 수 있다. 또한 '기독론적·통시적 해석'에 대한 비판은 이미 십여 년 전 세속화신학과 신 죽음의 신학과의 대화에서 분명히 한 것으로서, 세속화된 '탈기독교시대'의 등장 자체가 전통적인 기독론적 사유와 언어의 몰락을 의미하는 것이다.

죽재의 민중신학은 그가 기독교신학의 핵심주제를 붙들고 매 시기 밀려오던 신학적 파도를 타고 넘으면서 정립해온 사상들의 종합적 표출이었다고 하는 것이 옳다. 그는 민중신학을 통해서 "특별한 것을 새로 만들어내는 것이 아니라 기독교의 원점을 강조"하려했다고 말한 바 있다(『민중신학의 탐구』, 259). 그 기독교의 원점을 오늘 우리 시대의 사상과 언어로 증언하는 방법이 '성령론적·공시적 해석'

이요, 이 해석을 통해 드러나는 장면이 '두 이야기의 합류'요, 그 합류로 이루어지는 지평이 '신과 혁명의 통일'이며, 이 통일을 증거할 역사적 실재가 바로 '민중'이라 할 것이다.

죽재의 마지막 신학 작업을 특징짓는 '탈(脫)신학' 또는 '반(反)신학'은 '민중의 언어를 찾는 작업'이었다(『민탐』, 145). 1982년대에 들어서면서 죽재는 한편으로는 민중의 언어가 담겨있는 민담을 소재로 해서 '이야기 신학'을 전개하고, 다른 한편으로는 민중현실을 구체적으로 드러낼 수 있는 '사회경제학적 방법'을 사용하면서 '계시의 하부구조'를 보여주려고 했다. 그것은 철학적 사유에 기초한 전통적인 기독교 신학 방법론과는 분명히 달랐기 때문에, '반신학' 혹은 '탈신학'이라고 불렸다. 그는 전통적인 기독교신학 방법론을 의도적으로 '유예'(moratorium)시키면서, 한국의 문화와 정치경제적 상황에 기초한 신학적 구체성을 살려내려 한 것이다. 이것은 현대신학에 요구되는 상황신학으로서의 자의식 즉, 모든 신학은 특정한 상황 속에서 전개되는 것이요 따라서 실제적인 신학 작업이란 자신이 처한 상황에 대한 해석과 그 상황이 요청하는 희망에 응답하는 학문이어야만 한다는 사실에 입각한 것이었다. 죽재의 관심은 기독교 신학의 종교사상적 고유성을 한국민중의 언어로 되살려내려는 것이었다.

III.

본 논평자는 『서남동의 철학』(이화여대출판부, 2013년)에서 죽재의 사상사를 통전적으로 해석하려고 시도한 적이 있다. 그것은 그의 민중신학을 이전의 신학 작업과의 '단절이나 전환'으로서가 아니라,

'도약이자 완성'으로 평가하려는 것이었다. 다시 말해서, 죽재가 1974/5년을 기점으로 해서 이전 시기와는 단절된/다른 신학적 물음과 과제를 갖고 민중신학을 전개한 것이 아니라, 그 이전에 구축해놓은 신학사상을 토대로 정치신학적 비상, 즉 신학의 실천론적 집중을 했다고 평가한 것이다. 죽재가 고백했듯이, 그가 한국민중의 억압적 현실에 눈을 뜨고 신학적 회심의 계기를 1974년경에 가진 것은 사실이다. 하지만 그 시기에 가시화된 정치신학적 '비상'과 실천론적 '집중'은 이전에 이루어놓은 작업의 토대 위에서 가능한 것이었지, 그것을 무효화시키는 것은 아니었다는 판단이다.

죽재의 사상사의 궤적을 꿰뚫는 일관된 신학적 주제는 '역사적 실재'와 '하나님의 현존'이라는 두 차원이 현실세계의 지평 위에서 함께 어우러지며 빚어내는 역동성을 포착하려는 것이었다. ① 실존주의 신학의 단계에서 그는 "비역사화된 종말론을 역사의 영혼으로 변경시켜 역사적 실재를 획득하게" 하려고 했으며(학위논문, 117쪽), ② 세속화신학의 단계에서, 전통적인 기독론적 계시신학의 죽음을 목격하고, 한편으로는 세속화를 "복음의 내적 충동"으로 보면서도, 다른 한편으로는 신 부재의 현실 속에서 신의 현존을 설명할 수 있는 신학적 세계관의 필요성을 절감하였다. ③ 자연신학의 단계에서는 유기체적 사상을 도입하여, 역사적 실재의 운동과 신의 현존을 동시에 해명할 새로운 기독교적 세계관(범재신론)을 구축하였다. 이를 토대로 그의 정치신학적 비상이 이뤄졌다. ④ 그의 민중신학은 억압과 고난을 당하는 민중이 타락한 역사를 구원하는 존재라는 점, 이 역사 속으로 화육하는 신의 장소가 어디인지를 밝혀주는 지표가 바로 민중이라는 점을 증언하는 작업이었다.

그렇다면 죽재의 사상을 특징짓는 '두 이야기의 합류'라는 개념의 기원을 보다 먼 곳에서 찾는 것도 가능할 것이다. 이 개념은 죽재가 원래 '민중의 신학'이라는 이름으로 발표했던 글을 보완하여 1979년 3월에 발표한 글의 새로운 제목이다. 죽재의 사상을 대표하는 이 개념은 이제까지 그의 사상적 독특성을 설명하는 매개였지만, 나는 이 개념이 1979년에 이르러서 비로소 형성된 것이라기보다는 죽재가 (암묵적으로) 줄곧 품어온 개념이라고 해석한다. 이 개념은 성서/교회사의 해방전통과 한국의 민중전통의 합류를 지칭하는 것이지만, 죽재가 민중신학 이전부터 수행해 온 조직신학적 사유 전반에도 적용될 수 있다. 민중신학 이전의 시기에 죽재는 이원론적 특징을 지닌 전통적인 신학(기독론적 계시신학)의 한계를 극복하고자 했다. 거기서 그는 여러 두 이야기들 즉, 초월-내재, 세속사-구원사, 역사적 실재-성령, 신국-천년왕국의 합류시키고자 했다. 그리고 그 합류를 증언할 수 있는 범재신론적 세계관은 민중신학을 본격적으로 전개하기 이전에 확립하였다. 죽재는 이러한 유기체적 세계관 속으로 '신과 혁명의 통일'이라는 김지하의 사상을 도입하여 민중신학을 전개했다.

나는 죽재의 민중신학을 그 이전 단계의 신학적 세계관과의 분리/전환으로서가 아니라 성숙/완성/비상이라고 해석한다. 그것은 한국의 민중신학이 소위 기독교 신학의 전통으로부터의 이탈이 아니라, 기독교 신학의 근본주제에 대한 래디칼한 충실로 보려는 것이다. 그것으로써 세계신학에 대한 한국 민중신학의 긍지를 말하고, 보수화되어가는 한국교회를 일깨우는 전략으로 삼고자 한다.

IV.

　최근 민중신학은 신앙공동체를 구성하는 사상적 동력으로서의 기능을 잃어왔다. 지난 한 세대 가까이 신자유주의 질서가 사회의 제도와 정신에 뿌리 내리는 동안 개신교회는 교단을 불문하고 부르주아적 특징을 완성시켜갔다. 가난과 청빈의 영성, 위로와 용서의 영성, 변혁과 저항의 영성으로부터 아득히 멀어지면서 교회 안에 '종교적 문맹'이 내재화되었다. 종교적 정체성을 유지해나갈 건강한 리더십과 연대는 희미해졌으며, 교회 생태계는 잡풀이 무성한 쑥대밭이 되었다. 한국 개신교가 편견과 배타성에 기초한 증오의 행위를 하는 종교로 퇴락하는 동안, 대부분의 기독교 신학이 제 기능을 발휘하지 못하였다. 민중신학도 예외는 아니었다.

　신자유주의의 물결을 타고 번영의 메시아가 가장 익숙한 얼굴로 한국교회와 사회를 지배하는 동안 민중신학은 어디에 있었는가 하는 물음이 있을 법하지만, 그것은 민중신학을 비탄에 빠뜨리고자 하는 질문은 아니다. 민중신학은 여전히 '민중의 고난'이 있는 현장을 배회했다. 사실, '민중의 고난'에 대처하는 마음은 종교정신의 꽃봉오리이다. 하지만 자기 영토의 배타성에 갇힌 위안적 종교는 스스로의 한계 속에서 몰락의 길을 밟게 된다. 민중신학이 정치신학으로서의 자기 담론에 갇혀 '기독교' 신학으로서의 총체적 면모를 결여할 때 종교사상으로서의 건강미를 잃게 될 것이다. 여기서 총체적 면모란 '방향의 제시'만이 아니라, '인간의 육성'을 목표로 하는 정신의 자격이다. 민중신학은 사람을 길러내고, 변혁적인 공동체를 구성하는 동력을 구성하는 일에 관심을 쏟아야 한다. 그것은 무기력에 빠진 한국 교회 안에서 일으키는 종교혁명과 연관된다.

한국교회가 되찾아야 할 믿음의 좌표는 민중신학이 지켜온 '기독교의 원점'으로서, 민중과 함께 했던 예수의 갈릴리 선교이다. 교회는 생동하는 공동체로서 살아가기 위해 '예수의 에토스'를 민중의 삶 속에서 피워내는 일에 관심해야 한다. 종교혁명은 민중의 종교성을 깊은 차원에서 읽고 대처함으로써 전개돼야 한다. 다시 말해서, 즉자적 현실에 만연한 편협성과 자기욕망을 소비하며 독버섯처럼 자란 개신교의 종교성은 깊은 차원의 회개를 필요로 한다. 신앙인을 반지성주의에 빠뜨리고 안락한 종교 서비스에 탐닉하게 함으로써 인간을 더욱 인간답게 타오르게 할 예수운동의 전선을 붕괴시켰던 과오를 반성해야 할 뿐만 아니라, 교리주의에 물든 정신의 무능을 떨쳐내고 성장주의 시대를 지나온 제도의 병폐를 이겨내며 새로운 시대를 준비해야 한다.

현재 한국 사회는 화해와 평화의 시대를 열어가고 있다. 새해 벽두부터 숨 가쁜 속도로 전개되고 있는 평화의 물결은 한반도와 동북아시아는 물론이요 세계의 정치 지형까지 지각변동을 일으키고 있다. 이 평화의 시대가 반북주의에 깊이 물든 한국교회에게 도전이 된다는 점은 슬픈 일이다. 한국교회는 새로운 상상력으로 자신을 변혁하며, 하나님의 사건에 참여하려는 꿈을 다시 품고 선교의 방향을 재설정해야 한다. 민중신학이 힘써야 할 때이다.

예수가 전한 복음의 특징은 복음을 전하는 예수 자신이 바로 메시지가 된다는 것에 있다. 그의 복음은 다른 무엇을 얻기 위한 도구나 수단이 아니다. 복음 자체가 추구될만한 존재론적 목적이 되는 특징을 갖고 있다. 그것이 가능한 이유는 그의 복음이 남을 지배하는 이야기가 아니라, 섬기는 자의 이야기로 구성되었기 때문이다. 이 복음에 참여하여 생명의 길을 걷고자 한 사람들이 많다. 민중신학은 그

길을 걷는 사람들과 함께하며, 그들을 통해 사건을 일으키는 하나님
의 흔적을 신학의 언어로 풀어낸다. 그 꿈이 펼쳐지는 신앙공동체가
교회이며, 공동체의 존재 자체가 사건이 되도록 하는 것에 민중신학
의 꿈이 있다. 서남동 목사를 기리는 것도 그 꿈의 간절함 때문이
아니겠는가!